HISTOIRE
DE LA
QUESTION COLONIALE
EN FRANCE

PAR

Léon DESCHAMPS
PROFESSEUR D'HISTOIRE AU LYCÉE DU MANS

« Coloniser est le plus vaste problème
qu'un peuple puisse se proposer. »
Éd. LABOULAYE
(Préface à l'Algérie de J. Duval.)

PARIS
LIBRAIRIE PLON
E. PLON, NOURRIT ET Cⁱᵉ, IMPRIMEURS-ÉDITEURS
RUE GARANCIÈRE, 10

1891
Tous droits réservés

HISTOIRE

DE LA

QUESTION COLONIALE

EN FRANCE

L'auteur et les éditeurs déclarent réserver leurs droits de traduction et de reproduction à l'étranger.

Cet ouvrage a été déposé au ministère de l'intérieur (section de la librairie) en juin 1891.

DU MÊME AUTEUR :

Un colonisateur du temps de Richelieu : **Isaac de Razilly.**
— Biographie, Mémoire inédit (Delagrave, 1887), brochure in-8°,
35 pages . . . . 1 fr.

PARIS. TYPOGRAPHIE DE E. PLON, NOURRIT ET Cie, RUE GARANCIÈRE, 8.

HISTOIRE
DE LA
QUESTION COLONIALE
EN FRANCE

PAR

Léon DESCHAMPS

PROFESSEUR D'HISTOIRE AU LYCÉE DU MANS

« Coloniser est le plus vaste problème
qu'un peuple puisse se proposer. »
Ed. LABOULAYE.
(Préface à l'*Algérie* de J. Duval)

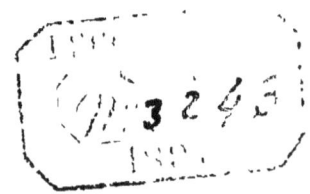

PARIS
LIBRAIRIE PLON
E. PLON, NOURRIT et Cie, IMPRIMEURS-ÉDITEURS
RUE GARANCIÈRE, 10
—
1891
Tous droits réservés

A mon honoré maître,

M. PIGEONNEAU.

Hommage respectueux,

L. Deschamps.

HISTOIRE
DE LA
QUESTION COLONIALE
EN FRANCE

AVANT-PROPOS

IDÉE DU LIVRE. — ÉTAT PRESENT DE LA QUESTION.
DIVISIONS DU SUJET.

I

La question coloniale a soulevé tant de controverses depuis une dizaine d'années, elle a tenu une si grande place dans les préoccupations des gouvernements et du public en France et en Europe, qu'elle apparaît comme une sorte de force ou de personnalité politique dont le rôle est assez important pour mériter une histoire.

Mais cette histoire nous semble nécessaire pour

d'autres raisons. La colonisation, en effet, n'est pas affaire de caprice gouvernemental; elle doit, pour réussir, être voulue et soutenue par la nation entière. C'est une œuvre de foi et de persévérance, « un placement à long terme ». L'étude des fluctuations de l'opinion à propos des colonies paraît donc être le complément obligé de l'histoire de la colonisation.

N'est-elle pas, en outre, aussi utile? La discussion instruit non moins bien que l'exemple; nos polémiques d'aujourd'hui ne peuvent qu'être éclairées par celles d'autrefois.

Personne, que nous sachions, ne s'en est préoccupé jusqu'à présent en France. Nous avons, par centaines, des études partielles sur la colonisation française; nous n'avons pas une seule étude d'ensemble; nous n'avons pas surtout un livre qui traite de la participation spéculative et effective de la nation à l'œuvre coloniale. Or, c'est le point capital!

Il nous a donc paru qu'il y avait là une lacune à combler, et nous avons entrepris cette tâche délicate.

L'action coloniale étant connue, nous l'avons négligée pour suivre l'idée. Nous n'avons rappelé que pour mémoire les actes de nos explorateurs, colonisateurs ou ministres. Mais nous avons recherché avec soin les traces du retentissement que ces actes ont eu en France, les discussions qu'ils ont soulevées, l'influence qu'ils ont eue sur l'esprit public. La littérature, les mémoires, l'écho des salons, la presse ou ce qui en tient lieu sous l'ancien régime, les recueils bibliographiques nous ont fourni les principaux éléments de nos recherches. Nous avons aussi exploré les *Archives* des affaires étrangères et de la marine pour y recueillir les consultations, spontanées ou commandées, dont les ministres ont fait leur profit. Nous n'avons pas, certes, la prétention d'avoir tout vu. Mais nous avons consulté les personnes et les groupes les plus intéressés ou les plus compétents dans la question. Ne sont-ils pas les meilleurs témoins de cette chose si fluide et souvent presque insaisissable qu'on appelle un état d'opinion?

Notre travail aspire à donner une solution raisonnée et documentaire à ces problèmes historiques et politiques, qui ont été le plus souvent livrés en pâture à l'ignorance ou au parti pris.

Les Français ont-ils le goût de la colonisation?

En ont-ils le génie?

L'action coloniale de la France s'est-elle faite avec ou contre le sentiment national?

Si les colonies ont été en défaveur, quand et pour quelles causes s'est-elle manifestée?

Tout le monde s'est posé ces questions. Si nous y répondons, peut-être estimera-t-on que nous n'avons pas perdu notre peine.

II

Quel est, en effet, l'état présent de la question coloniale?

La France contemporaine n'a pas failli aux traditions de l'ancienne France en matière de colonisation. En 1815, après la seconde guerre de cent ans avec l'Angleterre, elle n'a retrouvé que des lambeaux de son ancien domaine d'outre-mer : Saint-Pierre et Miquelon, la Martinique, la Guadeloupe et dépendances, la Guyane, Saint-Louis du Sénégal, la Réunion, cinq comptoirs dans l'Hindoustan, en tout cent cinquante mille kilomètres carrés environ. Ce domaine si réduit, elle ne l'a pas seulement conservé intact, elle l'a considérablement accru. Par développement naturel, comme au Sénégal depuis 1854, par revendication de droits historiques, comme à Madagascar, 1882-85, ou simplement par conquête, elle a tellement agrandi son empire qu'elle occupe le second rang parmi les puissances coloniales, et qu'elle a de nouveau mérité la jalousie de l'Angleterre. Rappelons seulement ces acquisitions.

En Afrique : Algérie, 1830-47, et protectorat sur la Tunisie, 1881-82; Haut-Sénégal et Haut-Niger, 1854-81-83; comptoirs de Guinée (Grand-Bassam et Assinie, 1843; Grand-Popo, 1857; Kotonou et Porto-Novo, 1863-68; Petit-Popo, 1864; Agoué, 1868; Porto-Seguro, 1868); Gabon, 1845; Congo, 1875-83; Nossi-bé et Comores, 1841-86; Obock, 1855-82; Diego Suarez et protectorat de Madagascar, 1885.

En Asie : Cochinchine, 1859-62-67; protectorat sur le Cambodge, 1863; Tonkin et protectorat sur l'Annam, 1873-85; Cheik-Saïd, 1886.

En Océanie : Nouvelle-Calédonie, 1853; îles Tahiti et Tuamoutou, 1842-80; îles Marquises, 1842; îles Gambier, 1844-81; îles sous le Vent, 1840-88; îles Toubouaï, 1882.

Ces possessions nouvelles, jointes aux anciennes, forment un total de trois millions de kilomètres carrés, le tiers peut-être de notre ancien empire colonial au temps de sa plus grande extension.

Tous les gouvernements qui se sont succédé depuis 1815 ont contribué à ce résultat. Mais tous, embarrassés à l'intérieur ou dédaigneux de cette action lointaine, ont agi avec une hésitation parfois honteuse et toujours mesquine. Ils ont maintes fois offert à l'Angleterre des territoires que les circonstances leur avaient comme imposés. Seule la République actuelle a osé s'engager délibérément dans les entreprises coloniales. Son exemple a même déterminé en Europe un goût général pour ce genre d'activité nationale. Elle n'a pourtant pas échappé à cette indécision qui semble traditionnelle en France depuis plus d'un siècle. Un seul de ses hommes d'Etat a fermement défendu et suivi la politique dite « d'expansion »; encore est-il accusé d'avoir manqué, dans l'exécution, de tact et d'énergie (1). Grâce à lui, la France républicaine est aujourd'hui engagée sans retour dans cette voie. Elle a obtenu, d'ailleurs, de beaux résultats. On peut estimer à un million sept cent mille kilomètres carrés la superficie des territoires annexés depuis 1870, soit près des deux tiers de nos possessions actuelles.

Mais il s'en faut que tout le monde, en France, ait applaudi à ce succès. Il s'est élevé contre cette politique et son représentant le plus en vue une opposition passionnée. Les adversaires du régime républicain par haine de la République, les républicains avancés par haine des républicains modérés, ont critiqué avec une violence inouïe les entreprises

---

(1) M. Ferry vient de plaider sa cause dans un livre important sur le Tonkin (1890).

en apparence les plus avantageuses. Ils en ont fait une « plate-forme électorale », et les électeurs ont semblé leur donner raison en dissolvant la majorité qui avait approuvé ces actes. Les élections de 1885 ont ressemblé à un plébiscite anticolonial; le mot « Tonkinois » est devenu une injure.

Les arguments produits ont été ou politiques et de circonstance, ou scientifiques et de principe.

Dans l'état actuel de l'Europe, a-t-on dit, et en présence des menaces de l'Allemagne, c'est plus qu'une faute, c'est un crime de disperser nos forces.

Dans l'état de division où sont les esprits en France et devant l'opposition monarchique toujours aux aguets, c'est une trahison d'obérer nos finances et d'écarter l'idée de revanche; car, pour s'implanter dans le cœur de tous les Français, la République a le devoir de réparer les gaspillages monarchiques et la honte de 1870.

D'ailleurs, les Français ne sont pas colonisateurs. Ils n'essaiment pas, comme les Anglais ou les Allemands; la population de la métropole progresse à peine assez pour sa sécurité en Europe. Le Français, de plus, n'est ni voyageur ni géographe. Les découvertes du seizième siècle se sont faites sans la participation de la France. La colonisation du dix-septième siècle a été purement factice et de commande. Elle n'a du reste pas réussi, et elle ne pouvait réussir, à cause de notre impatience naturelle et de nos habitudes bureaucratiques.

En théorie, comme en fait, les colonies sont des causes de ruine pour la métropole. Les penseurs du dix-huitième siècle, philosophes et économistes, s'accordent à condamner les acquisitions coloniales (1).

A ces raisons, les partisans de la politique d'expansion ont répondu :

En niant le danger intérieur et extérieur;

En exaltant notre histoire coloniale ;

En affirmant que la colonisation est devenue, pour tous les États de l'Europe, et surtout pour la France mutilée, une nécessité d'influence, de puissance, d'existence (2);

En proclamant en théorie, et selon la formule de Stuart Mill, que « la fondation des colonies est le meilleur genre d'affaires dans lequel puissent s'engager les capitaux d'un pays vieux et riche ».

Ces discussions ne sont pas finies, et le trouble qu'elles ont causé dure encore.

(1) Cf. les débats de la Chambre, 1883-84-85. — Les journaux *la Justice, le Pays, la Lanterne*, etc. — Les livres de M. Yves Guyot : *Notice sur Colbert, Lettres sur la politique coloniale*. — Les économistes J.-B. Say, Molinari, de Laveleye, etc. (sauf M. Leroy-Beaulieu).

(2) Discours de M. J. Ferry, 27 mars 1884. — *Revue de géographie*, janvier et février 1886 (articles de M. Gide). — M. Vignon : *Les colonies françaises* (1886), etc.

III

Il est clair que notre étude, en supposant connue notre histoire coloniale, doit en suivre les divisions et s'y encadrer. L'opinion publique, en effet, est toujours l'esclave des circonstances présentes. Qu'elle les comprenne ou non, qu'elle les domine ou en soit dominée, elle les reflète dans ses manifestations. Elle varie donc de forme, bien qu'elle puisse rester la même au fond. Ainsi la curiosité naïve qu'on apporte aux récits de voyages au seizième siècle et la critique pénétrante qu'on porte, au dix-huitième, dans les questions de l'esclavage et du monopole, sont des formes différentes de la même préoccupation, sinon de la même approbation pour les colonies.

On distingue généralement, dans l'histoire de la colonisation française, trois époques : celle des découvertes, jusqu'à Henri IV inclusivement; celle de la plus grande expansion, de Henri IV à 1713; celle du déclin et des pertes, qu'on arrête à 1763.

Nous nous permettrons de reculer cette dernière date jusqu'en 1815 : ce n'est qu'à ce moment que l'Angleterre a achevé l'œuvre de spoliation commencée en 1713 à nos dépens.

Toutefois, dans l'intervalle, s'est accompli le grand acte de la Révolution. La Révolution n'a vidé aucune question en matière coloniale, pas même celle de l'esclavage. Mais elle a créé un nouvel esprit en France et aux colonies, imposé un nouveau droit, substitué un nouveau mode gouvernemental à celui de l'ancien régime. L'Empire, qui en dérive, a donné aux Français de nouveaux goûts et fait naître pour eux de nouveaux intérêts; nous en apprécierons plus tard l'influence. Il suit de là qu'on ne peut confondre, dans les manifestations d'opinion, la période de 1789 à 1815 avec celle qui la précède. Nous l'examinerons donc à part.

L'étude des tergiversations du dix-neuvième siècle s'en trouvera éclairée. Les enthousiasmes hâtifs et les répugnances de nos pères et de nous-mêmes, les résolutions timides ou brusques des gouvernements ont leur origine et leur explication dans cette époque. Peut-être découvrirons-nous qu'en matière coloniale, comme dans l'ordre politique, le programme de 89 n'est, de nos jours, ni apprécié ni appliqué comme il faut.

LIVRE PREMIER

PREMIÈRE ÉPOQUE

Des débuts du seizième siècle jusqu'au ministère de Richelieu.

LES DÉCOUVERTES

CHAPITRE PREMIER

L'ACTION.

Les découvertes.

C'était une opinion généralement répandue jusqu'à ces derniers temps, et accréditée par les plus savants écrivains, que les Français ne manifestèrent aucun goût pour les découvertes, au seizième siècle. « Ils ne prirent, disait-on, aucune part au grand mouvement maritime et commercial qui entraînait les États riverains de l'Océan : Portugal, Espagne, Hollande, Angleterre (1). » On s'accordait à célébrer Champlain comme le premier explorateur français. Voltaire, qui a si souvent représenté ou fait l'opinion, n'avait-il pas produit cette affirmation tranchante : « Les Français n'eurent part ni aux grandes découvertes, ni aux inventions admirables des autres nations.....; ils faisaient des tournois, pendant que les Portugais et les Espagnols découvraient et conquéraient les nouveaux mondes à l'orient et à l'occident du monde connu (2). »

C'est là une grave erreur, qu'il importe de rectifier pour la gloire de notre pays.

---

(1) LEVASSEUR : *Histoire des classes ouvrières*, t. II, p. 38.
(2) *Siècle de Louis XIV*. Introduction.

Il faut le proclamer bien haut : la France n'est pas restée étrangère au mouvement des découvertes! Elle mérite bien plutôt, par l'intérêt qu'y a apporté le public, par l'ardeur qu'y ont déployée ses hommes d'État et ses navigateurs, la première place après le Portugal et l'Espagne. L'Angleterre et la Hollande ne viennent qu'après, *longo proximæ intervallo.*

Un historien des premières découvertes, Lescarbot, disait que les Français « ont mérité, avant même les Espagnols et les Portugais, la palme de la navigation ». Il ne serait pas, en effet, si difficile de l'établir. Sans remonter jusqu'aux croisades, que de faits dans les temps modernes, faits oubliés ou trop peu rappelés, pourraient servir de preuve!

Les Dieppois trafiquaient à la côte de Guinée plus d'un siècle avant que les Portugais eussent passé la ligne du Tropique, qui les effrayait tant. Jean de Béthencourt avait fait son établissement aux Canaries en 1402, avant que Portugais et Espagnols eussent quitté leurs ports. Si l'on ne peut prouver que Jean Cousin ait abordé à la terre d'Amérique avant Christophe Colomb, on sait que Colomb s'adressa à la France, avant de s'adresser à l'Espagne, pour faire les frais de l'expédition qu'il rêvait. C'était un hommage rendu sans doute à la puissance politique de la France, mais aussi à sa renommée maritime, consacrée par J. Cœur dans la Méditerranée, par les Dieppois dans l'Océan. Enfin, qui pourrait dire si c'est avant ou après le voyage du grand navigateur génois que les Cap-Bretonnais ont trouvé le chemin de Terre-Neuve et de l'île du Cap-Breton? Ils s'y rendaient en tout cas, annuellement, pour pêcher la baleine et la morue, dès les premières années du seizième siècle.

Mais laissons, puisque la tradition est reçue et ne peut être détruite (1), la priorité aux Espagnols. Laissons-leur, ainsi qu'aux Portugais, qui n'ont pas cette priorité pour l'Afrique, le mérite d'avoir apporté le plus d'ardeur aux découvertes, et d'avoir, les premiers, fondé des établissements. Les Français ne marchent-ils donc pas sur leurs traces dès le premier moment? Autour des Ango, de Dieppe, ces « rois du commerce » qui peuvent faire la guerre aux rois (2), il se forme une pléiade de hardis navigateurs qui sont, eux aussi, de grands « découvreurs » de terres neuves. En 1504, Paulmier de Gonneville aborde au Brésil et en ramène un prince indien, Essomméric, dont il fait son gendre (3). En 1506, Denys de Honfleur fait le premier relevé de la côte de Terre-Neuve, et en 1509, il

(1) On sait que les Archives de Dieppe ont été brûlées par les Anglais dans le bombardement de 1694. — Cf. DESMARQUETS : *Mémoire chronologique pour servir à l'histoire de Dieppe et de la navigation française* (1785), 2 vol. in-12. — ESTANCELIN : *Recherches sur les voyages et découvertes des navigateurs normands.* — VITET : *Histoire de Dieppe.* — MARGRY : *Les navigateurs français et la révolution maritime du quatorzième au quinzième siècle.*
(2) Croisière du Dieppois Jean Florin, qui enlève les galions portant le trésor de Montézuma, 23 mai 1523, etc.
(3) Son arrière petit-fils, Paulmyer, chanoine à Lisieux, a publié, en 1663, un mémoire sur la *Terre Australe.*

ramène à Rouen sept sauvages brésiliens (1). Gamart de Rouen, Aubert de Dieppe, durant les quinze premières années du siècle, abordent plusieurs fois aux deux Amériques, et Aubert ramène en France, en 1508, un sauvage du Canada.

Ces voyages, il est vrai, n'aboutissent pas à la fondation de colonies. Pourtant, les pêcheries de Terre-Neuve, exploitées régulièrement par les Basques et les Normands, peuvent passer pour un établissement qui vaut peut-être bien ceux des Espagnols. Mais quand ce ne seraient que des voyages d'exploration, quelle nation d'Europe, autre que l'Espagne et le Portugal, en peut compter autant?

L'Angleterre cite le voyage de Jean Gabotto ou Cabot, qui fut entrepris en 1496, pour chercher par le nord-ouest la route vers le Cathay (2). Mais Cabot songeait si peu à faire un établissement qu'il déclara avoir été très fâché de rencontrer sur sa route une terre qui lui faisait obstacle et dont il s'éloigna tout aussitôt. On a supposé depuis que c'était Terre-Neuve. La tentative ne fut, d'ailleurs, pas renouvelée avant 1553, et Cabot quitta le service du roi anglais. Jusqu'au règne d'Élisabeth, l'Angleterre eut précisément cette insouciance des explorations maritimes, que l'on attribue à la France si arbitrairement.

(1) *Eusebii Cæsariensis Chronicon*, cum additionibus Prosperi et *Mathiæ Palmerii*. (Parisiis, H. Steph., 1510, 2ᵉ édit., Bâle, 1529.)
(2) Lettres patentes de Henri VII, 5 mai 1496. — Henri, loin d'en faire les frais, retient le cinquième des profits.

Quant à la Hollande, est-il besoin de dire qu'avant d'être affranchie de l'Espagne, c'est-à-dire avant 1572 au plus tôt, elle ne peut rien entreprendre à son compte? Les Hollandais ne coopérèrent même pas à l'œuvre de leurs maîtres. Parmi les navigateurs qu'emploie l'Espagne, on trouve des Italiens, des Portugais et des Espagnols, mais pas un sujet des Pays-Bas. C'est seulement en 1594 que Maurice de Nassau envoya à la recherche du passage nord-est la flottille commandée par Barentz et dont Jean Huyghen a raconté le voyage dans les parages de la Nouvelle-Zemble.

Enfin, parmi les autres nations de l'Europe, quelle est celle qui semble se préoccuper de l'œuvre qui s'accomplit par les soins des Espagnols, des Portugais et des Français? Les Allemands suivent avec curiosité les progrès des découvertes et essayent de les fixer par leurs travaux de cartographie, mais ils ne comptent qu'une exploration : Alsinger, en 1529, visita le Venezuela pour la maison des Welser, négociants d'Augsbourg, à qui Charles-Quint en avait fait la concession. Les Danois n'en comptent qu'une également, et qui est douteuse, celle de Frédéric Anschild à la baie d'Hudson, en 1591 (1). Ce n'est qu'en 1584 que le Cosaque Yermak commence cette conquête de la Sibérie qui durera deux siècles.

(1) Nous n'oublions pas la colonisation de l'Islande et du Groënland; mais elle ne rentre pas plus dans notre sujet que les croisades ou l'établissement normand de Naples et de Sicile.

On voit déjà l'avantage des Français pour la première époque. Ils l'ont obtenu, — et c'est une supériorité sur les Portugais et les Espagnols eux-mêmes, — par le seul effort de l'initiative privée. Mais bientôt les hommes d'État s'en mêleront. Les amiraux Chabot et Coligny pousseront leurs maîtres, François Ier, Henri II et Charles IX, à attaquer par ce côté la puissance espagnole ou à chercher par ces établissements une solution à la question religieuse (1). Henri IV comprendra ce que ces entreprises peuvent ajouter à la puissance politique et commerciale, comme à la gloire de son royaume. Alors les grands noms et les grands faits se multiplient.

Verazzano, en 1523-24, sur l'ordre de François Ier, explore toute la côte américaine, depuis la Floride jusqu'à la Nouvelle-Écosse, entre 34° et 41° 10' latitude nord. Les Espagnols Jean Ponce de Léon (1512) et Luc Velasquez d'Ayllon (1520) s'étaient arrêtés à la Floride. Estevan Gomez n'a été envoyé au delà par Charles-Quint, en 1525, que sur l'avis reçu du voyage de Verazzano. Aussi Carli, qui nous a conservé, dans une lettre à son père, du 4 août 1524, la relation de Verazzano, a-t-il pu dire qu'on l'estime à l'égal d'Améric Vespuce et de Magellan. La carte que Jérôme Veraz-

---

(1) Coligny dit aussi, dans un récit de son voyage à Paris en 1565 : « Cependant que je suis en ma maison, je regarde à trouver nouveaux moyens par lesquels lon poura trafiquer et faire son profict aux pays estranges... J'espère en peu de temps faire en sorte que nous ferons le plus beau traficq qui soit en chrestienté... » (Pièces sur l'*Histoire de France*, VIII, année 1565.)

zano a faite des contrées explorées par son frère et
qu'il a offerte, par dépit ou convoitise, à Henri VIII,
a servi de modèle à une partie des cartes du seizième
siècle. Le Ptolémée de 1540, le planisphère de Mercator de 1541, le globe d'Ulpius de 1542, la carte du
Recueil de Ramusio de 1550, celle de Mercator de 1569,
celle de Locke de 1582 reproduisent à peu près les
contours de la côte et exactement les noms de Dieppe,
Livourne, Longueville, Angoulême, etc., proposés par
le navigateur français. Toutes écrivent en grosses lettres
sur ces contrées, qui comprennent la moitié des États-
Unis actuels, la suscription glorieuse *Gallia nova,* que
nous avons laissé effacer (1).

Dans plusieurs voyages accomplis en 1534, 1535 et
1540, l'illustre Jacques Cartier explore Terre-Neuve,
qui est déjà connue, le golfe du Saint-Laurent avec
ses îles et le fleuve lui-même, qu'il remonte jusqu'à
Hochelaga (plus tard Mont-Royal) à cent quatre-vingts
lieues de l'embouchure. Il prend possession, au nom
du Roi, de tout ce pays, encore inconnu, qu'il appelle
aussi la *Nouvelle-France.*

Jean-François de la Roque, sire de Roberval, « le

(1) L'authenticité du voyage de Verazzano a été contestée par l'Américain Buckingham Smith, dans un Mémoire lu à la Société historique
de New-York, 4 octobre 1864, plus récemment par M. MURPHY (*Voyage
de Verazzano,* New-York, 1875) et par M. HARISSE (*Revue critique,*
janvier 1876). — Mais elle a été établie par MM. MAJOR (*Pall-mall
Gaz.,* 26 mars 1876), DE COSTA (*Verazzano,* 1881), DE SIMONIS (*Arch.
storico,* août 1877). — On a cessé de le confondre avec le corsaire dieppois Jean Florin, pendu en Espagne en 1527.

petit roi de Vimeu », s'offre lui-même pour faire, avec Jacques Cartier, une nouvelle exploration et un établissement dans ces possessions désormais françaises. Des lettres patentes du 15 janvier 1540 lui donnent le titre et les pouvoirs de « vice-roy et lieutenant général au Canada, Hochelaga, Saguenay, Terre-Neuve, Belle-Isle, Carpon, Labrador, la Grande-Baye et Braccialaos (cap Breton) », c'est-à-dire dans un empire colonial presque aussi grand que celui de l'Espagne en Amérique. Il précise ainsi la date de notre prise de possession effective de ces contrées, qui formeront durant deux siècles la meilleure part de notre empire colonial. Cette possession était purement nominale, dira-t-on. Mais qu'est donc l'empire espagnol à ce moment?

La France, d'ailleurs, ne s'en tint pas là. Sur l'ordre de Coligny, le sire de Villegagnon, chevalier de Malte, conduit en 1555 une colonie protestante dans une île de la côte du Brésil, devant Rio de Janeiro. Ribaut et Laudonnière, en 1562-64, retournent aux pays découverts par Verazzano et fondent, à l'entrée « de la rivière de May », Charlesfort et le fort Caroline, où ils laissent près de mille colons. C'était dans le voisinage de la Floride, que les Espagnols s'attribuaient sans l'avoir occupée; et les Espagnols avaient alors les prétentions des Anglais d'aujourd'hui sur toutes les terres neuves. Le capitaine Melandez est envoyé sans retard par le gouverneur des îles espagnoles, pour détruire à sa naissance cette colonie française. Il en massacre les membres, qu'essayèrent de défendre les indigènes, et il colore d'hypocrites raisons religieuses cette barbarie politique. Mais, en 1567, un brave capitaine gascon, Fr. de Gourgues, voulut à ses frais venger cette insulte et punir ce guet-apens. Il tue jusqu'au dernier homme la garnison laissée par Melandez ; à l'odieuse pancarte de l'Espagnol : « *Trucidati, non quia Galli, sed quia Huguenotes* », il substitue un pilori avec cette mention : « Mis à mort, non comme Espagnols, mais comme bandits. »

Sous Henri IV et Louis XIII, l'illustre Champlain achève l'exploration du Canada, où il crée Québec en 1608, parcourt l'Acadie, fonde réellement la Nouvelle-France. Il consacre sa vie à cette œuvre, et de 1602 à 1632 s'emploie à recruter, amener et installer des colons, à défricher des terres, à créer des villages, à construire des forts, à mettre enfin cette contrée sans limites en bon état d'exploitation. S'il n'est pas le premier de nos colonisateurs, comme on a voulu le croire, il est certes le plus grand.

Que d'autres ne pourrait-on pas citer de son temps ! De Montz, de Pontgravé, de Poutraincourt, de Pézieu, dans les deux Amériques ; Godefroy, Le Lièvré, de Beaulieu, dans les Indes orientales, essayent de faire des établissements ou d'ouvrir des voies commerciales pour leur compte, pour celui de compagnies libres, pour celui même du Roi.

Il n'y a qu'une courte période de trente et un ans (1567-98) durant laquelle la guerre civile semble détourner les Français de leur goût si brillamment manifesté pour les entreprises d'outre-mer.

C'est celle précisément qui voit les plus grands efforts des Anglais. Élisabeth les a poussés sur nos traces; mais il s'en faut de beaucoup qu'ils soient, à la fin du siècle, aussi avancés que nous. Tout d'abord, ils ont cherché par l'est ou par l'ouest la route vers le Cathay. Willoughby et Barrow (1553 56), Parr et Jackmann (1580), ont exploré la Nouvelle-Zemble et le détroit de Waïgatz; Frobisher (1576-78) a paru dans les mers glacées que Davis (1585-86-90), Hudson, Burton et Hall (1609-11-13), et enfin Baffin (1622), ont reconnues plus amplement et nommées. Les Anglais s'attardèrent donc plus longtemps que nous dans les errements de Colomb et de Cabot, et la recherche qu'ils faisaient avec obstination ne pouvait aboutir à un établissement colonial. Drake, il est vrai, dans son voyage autour du monde, dit avoir pris terre au nord de la Californie (1576); Humphrey Gilbert, en 1583, prétendit avoir pris possession de Terre-Neuve et de la Floride, Walter Raleigh et Greenville de la Virginie, en 1584-85, Smith de la baie de Chesapeake, en 1607. Mais plusieurs de ces contrées avaient déjà des maîtres, et l'on a reconnu plus tard, notamment dans l'enquête contradictoire faite en 1750, à propos de l'Acadie, sur les origines coloniales en Amérique, que les récits des navigateurs anglais avaient été fort exagérés (1). Une date, d'ailleurs, est plus significative que tout le reste : c'est seulement en 1620 qu'a été fondée New-Plymouth, la première bourgade anglaise sur le continent américain.

Vers l'Orient, les efforts d'Élisabeth ne furent pas moindres, mais le résultat fut aussi précaire. En 1583, elle envoie Ralph Fitch et John Newberry auprès du Grand Mogol et en Chine ; elle fait offrir, en 1599, par John Mildenhall, un présent au Grand Mogol. Son successeur, Jacques Ier, suit son exemple. Un agent de la récente Compagnie des Indes, Hawkins, est autorisé à commercer dans l'Inde et y séjourne de 1608 à 1611 ; Th. Best, en 1611, et Th. Roe, en 1616, obtiennent même des traités de commerce. Mais qu'en est-il résulté? Les Anglais ont-ils obtenu dans l'extrême Orient la situation prépondérante que la France a recouvrée en 1605 dans l'Empire turc? Il s'en faut bien : les présents ont été acceptés, mais comme un hommage ; les traités sont restés lettre morte.

L'Angleterre pourtant, et la Hollande, dont le premier établissement aux Moluques est de 1607, ont devancé la France en un point. Elles ont, les premières, constitué une Compagnie des Indes ayant le privilège

---

(1) V. *Mémoire des commissaires du Roi*, du 4 octobre 1751, dans le *Recueil des Mémoires et actes touchant les limites de l'Acadie et Sainte-Lucie* (t. Ier). — Cf. *Abrégé des descouvertures de la Nouvelle-France, tant de ce que nous avons descouvert, comme aussi les Anglais*, à la suite des voyages de Champlain (édition 1830).

du commerce colonial. Mais qu'en faut-il conclure, sinon qu'elles ont ainsi devancé leur propre colonisation? La France, d'ailleurs, pour l'exploitation de ses colonies, ne tardera pas à imiter ses rivales, et elle garde le mérite d'avoir été une ouvrière de la première heure.

CHAPITRE II

L'INTÉRÊT.

L'opinion. — L'initiation du public.

L'activité des explorateurs français est à coup sûr une excellente preuve de l'intérêt apporté en France aux découvertes. Nous devons cependant consulter l'opinion. Le nombre et la vogue des relations de voyage, la place que la question occupe dans les œuvres de pure littérature, nous permettront de reconnaître l'intensité, la nature et les progrès de cet intérêt déjà manifesté par l'action.

I

AVANT VILLEGAGNON.

Le total des livres de voyage publiés en France de 1494 à 1624 est de plus de trois cents. Sauf une trentaine, qui ont pour objet les Lieux saints, tous traitent de pays inconnus, terres neuves à acquérir ou terres vieilles à occuper commercialement. Tous ont, par suite, le caractère colonial.

Laissons de côté, cependant, ceux qui sont relatifs aux contrées, sinon exactement connues, du moins fréquentées déjà par les Européens, c'est-à-dire l'Afrique septentrionale et l'Asie occidentale. Ils sont au nombre d'environ quatre-vingts. Retenons seulement les récits concernant les terres vraiment neuves : Afrique, moins les côtes barbareques, Asie orientale et méridionale, îles océaniennes, continent américain. C'étaient ces pays, en effet, qui pouvaient le mieux attirer le génie de la colonisation, et les livres qu'ils inspirent ont vraiment le caractère colonial.

Ce qui frappe tout d'abord, c'est que jusqu'au delà de la moitié du siècle, le public français ne fut initié aux découvertes que par des traductions. L'Italie, que ses divisions et son anarchie rendaient incapable d'une entreprise nationale, mais qui fournissait aux autres nations de grands explorateurs, Colombo, Gabotto, Verazzano, etc., leur fournit aussi les meilleurs récits de voyage. L'italien semblait la langue maternelle des navigateurs. La première relation de Jacques Cartier (1534) n'a été connue d'abord qu'en cette langue; de même celle que Verazzano adressa, en français ou en latin, à François Ier, le 8 juillet 1524. Ce sont deux Italiens, Pierre Martyr, de Milan (1516), et Ramusio, de Venise (1550-56), qui firent les premières grandes histoires d'ensemble des découvertes.

C'est donc d'après l'italien ou l'espagnol que Mathurin du Redouet ou Redouer fit connaître, en 1516, la navigation d'Émeric Vespuce (1); qu'Antonin Fabre, en 1526 ou 1527, raconta le voyage de Magellan; que Jean Poleur, en 1536, mit en français l'*Histoire naturelle et générale des Indes* du Castillan Oviedo; que Jean Temporal, en 1556, donna la *Description de l'Afrique* de Jean-Léon Africain, « parue premièrement en langue arabesque, puis en toscane ». C'est du latin de P. Martyr qu'un anonyme, le 12 janvier 1532, « translata l'extrait ou recueil des isles nouvellement trouvées au temps du roi d'Espagne Ferdinand et de la reine Élizabeth sa femme ». C'est enfin P. Martyr qui eut le premier les honneurs d'une publication intégrale à Paris.

Sauf la relation du troisième voyage de J. Cartier, publiée en français en 1545, et les *Singularités de la France antarctique*, d'André Thevet (1553), il ne parut en France aucun ouvrage original touchant les découvertes d'Occident, jusqu'au temps de Villegagnon.

Les découvertes d'Orient n'ont guère été plus favorisées. Elles sont représentées en France d'abord par deux traductions : celle de Maximilien Transylvain, en 1523(2), et celle de Fern. Lopez, faite par Nicolas de Grouchy en 1553 (3). Elles fournissent ensuite

---

(1) Ouvrage dit *Recueil de Vicence* (1507), publié par Aless. Zorzi, sous le titre : *Mondonovo e paesi nuovamente retrovati da Alberio Vespuzio, Fiorentino*.

(2) *Le voyage de navigation faict par les Espagnols aux îles des Molluques.*

(3) *Le premier livre de l'histoire de l'Inde.*

trois relations originales. L'une d'elles est le curieux récit « en rithmes françaises » fait par Jean Parmentier (1531) « de sa dernière navigation en l'isle Taprobane, autrement dite Sumatra », recueilli et édité par P. Crignon, de Rouen (1), sous le titre : *Description nouvelle des merveilles de ce monde*. Les deux autres sont des lettres de missionnaires, imprimées à Toulouse et à Paris en 1532 et 1545 ; la dernière était adressée par François Xavier à Ignace de Loyola.

Cette infériorité relative des publications françaises est-elle une preuve que l'opinion en France était indifférente aux découvertes? On aurait tort de conclure trop vite. La publication à Paris de la lettre de Colomb (1494), les nombreuses éditions de Math. du Redouet, qui sont sans date, mais à coup sûr de la première moitié du siècle, l'édition parisienne des œuvres de P. Martyr témoignent du contraire. Mais d'autres faits le démontrent mieux encore.

En Normandie, et particulièrement à Dieppe et à Rouen, on était comme enfiévré des « Terres Neufves ». Les artistes représentaient sur les boiseries de la maison des Ango ou sur un mur de l'église Saint-Jacques toutes les « estrangetés » des pays nouvellement découverts. Ango avait fait de sa maison comme un musée de curiosités exotiques, que François Ier vint visiter

---

(1) Estancelin a retrouvé à Sens l'original de la relation publiée par Ramusio (t. III).

en 1532 (1). Deux familiers d'Ango, P. Descelliers, curé d'Arques, et Guillaume Le Testu, pilote, firent en 1553-55 les meilleurs portulans de l'époque, soit du monde connu, soit de « l'Isle de Brésil (2) ». P. Descelliers, qui était un des plus savants mathématiciens de son siècle, créa à Dieppe une école d'hydrographie qui subsista libre jusqu'au moment où Colbert la transforma en école royale. Les Rouennais enfin, voulant en 1550 faire une réception mémorable à Henri II et à Catherine de Médicis, arrangèrent cette fameuse « fête brésilienne », qui eut alors tant de retentissement et fit école (3).

Était-ce seulement en Normandie que l'opinion se manifestait ainsi? Il faut convenir que les Normands, étant les plus intéressés, furent les plus enthousiastes. Mais le reste des Français n'est nullement indifférent.

Un premier fait constitue une forte présomption en ce sens : c'est le goût prononcé qu'on reconnaît au seizième siècle pour la science géographique. Qui dit colonisateur, dit géographe, et inversement. Or, il y

---

(1) VITET : *Histoire de Dieppe*, t. II, p. 126. — La maison fut brûlée en 1694.

(2) La carte de Descelliers a été révélée au congrès géographique de 1875; celle de Guill. Le Testu est au dépôt de la guerre.

(3) « La déduction des sumptueux ordre, plaisants spectacles et magnifiques théâtres dressés et exhibés par les citoyens de Rouen... » — GODEFROY : *Le cérémonial de la France*, décrit des fêtes semblables à Troyes, 23 mars 1564; à Bordeaux, 9 avril 1565. — V. DENIS : *Une fête brésilienne à Rouen en 1550* (Paris, 1850).

aurait une intéressante étude à faire sur le mouvement géographique de la Renaissance. On aurait à compter d'abord les nombreuses éditions des géographes anciens, Solinus, Denys d'Alexandrie, Pomponius Mela, Arrien, Dicéarque, Strabon, Ptolémée. On aurait à analyser l'influence du Ptolémée de 1540, qui fait époque dans les annales géographiques. Ce livre donna le goût de ces descriptions d'ensemble qu'on appela des « cosmographies » et qui sont nombreuses au seizième siècle. Celle de Pie II, composée en 1461 en vue de la Croisade, fut maintes fois réimprimée. Jean-Alfonse « le Xainctongeois », le compagnon de Roberval et de Cartier, en a laissé une qui est encore inédite (1). Un anonyme en dédia une autre à Charles-Quint, lors de son passage en France, en 1538. André Thevet, Guillaume Postel, La Popelinière, Fr. de Belleforest ont plus ou moins illustré ce genre et fait assaut d'érudition ancienne et moderne.

D'autre part, la cour ne cesse de manifester l'intérêt qu'elle porte à l'œuvre qui s'accomplit, avec ou sans sa participation. François Ier demandait à voir l'article du testament d'Adam qui réservait aux Portugais et aux Espagnols les nouvelles terres trouvées sur le globe. Malgré la malencontreuse ordonnance du 22 décembre 1538, qui interdisait le commerce de mer

---

(1) Bibliothèque nationale, fonds Baluze, $\frac{7125}{a.\ a.}$ ancien 503 (in-fol. de 194 f. f. papier).

et qui fut, d'ailleurs, rapportée, il protégea le commerce et les voyages. Nous avons parlé des Ango, de Verazzano et de Cartier. On vient de retrouver (1) les titres de nombreuses missions commandées et défrayées par le Roi « amateur de nouvelletés » : Paillard en Tunisie, Pitou au Maroc, de Bizeretz au Brésil, le savant Gille au Levant et en Afrique. Henri II et Catherine de Médicis furent si émerveillés de « la fête brésilienne » de 1550, qu'ils voulurent, d'après la légende, tenir sur les fonts la touchante Brésilienne Paraguasu (2). Les grands se faisaient un honneur de subventionner ou même de défrayer les explorateurs. L'amiral Chabot équipa les navires de Verazzano et de J. Cartier; le cardinal de Tournon entretint durant trois ans (1546-49) en Orient le naturaliste manceau P. Belon (3); le cardinal de Lorraine donna au Cordelier augoumoisin André Thevet les moyens de parcourir durant quinze ans toutes les terres et mers connues et inconnues.

Mais à quoi bon relever tous ces faits? N'avons-nous pas un livre d'une observation intense, qui reflète toutes les pensées de l'époque? C'est au *Pantagruel*

---

(1) D. Hamy : Communication à la Société de géographie, 17 janvier 1890.

(2) *Histoire de Paraguasu et Caramuru*, ap. Fr. Denis : *le Brésil, Univers pittoresque*, 35-38. — Warden : *Histoire de l'empire du Brésil*, I, p. 252 à 255; Brito Freyre : *America portuguesa*, l. Ier, p. 95-101. — Cf. *Poème*, traduit en français, par Eugène de Montglave, en 1829.

(3) V. sur P. Belon nos articles à la *Revue de géographie,* novembre et décembre 1887.

qu'il faut demander l'opinion des Français de la première moitié du seizième siècle sur le sujet qui nous occupe. Rabelais a achevé d'écrire son épopée « de haute gresse », mais « de substantifique moelle », en 1552. Il n'a donc pu connaître que les explorations portugaises et espagnoles et les premières des explorations françaises. P. Martyr et Oviedo, les relations de Colomb, de Vespuce et de J. Cartier ont été à peu près ses seules sources d'information. Mais Rabelais savait voir autour de lui. Une œuvre aussi importante que celle qui s'accomplit et le mouvement d'opinion qu'elle devait faire naitre ne pouvaient lui échapper.

Or, examinez la contexture même du *Pantagruel*. Que fait le roi débonnaire, avec ses gais compagnons Panurge et frère Jean, si ce n'est un voyage d'exploration? Il part de « Thalasse, près Sammalo », ou de Saint-Malo sur mer, comme J. Cartier. Il est accompagné de « Xenomanès, le grand voyageur et traverseur de voies périlleuses ». Il reconnaît des îles nombreuses, essuie des tempêtes violentes, durant lesquelles « Panurge restait de cul sur le tillac, plourant et lamentant ». Il collectionne, pour envoyer à son père, le très débonnaire Gargantua, « les nouveaultés d'animaux, de plantes, d'oiseaulx, de pierreries que trover pouvait et recouvrer en toute sa pérégrination ». En un mot, Rabelais n'a rien trouvé de mieux pour appeler l'intérêt sur son héros que d'en faire un plaisant émule des Colomb et des Cartier. Pour accentuer l'illusion, le savant conteur multiplie les termes techniques de navigation. Il a soin de placer dans sa fantastique bibliothèque de Saint-Victor des livres tels que la *Cosmographia Purgatorii*, les *Brimbelettes d'un voyageur*, etc., montrant par là et par tout le reste que la géographie et les voyages sont une des premières préoccupations des lettrés de son temps.

Mais Rabelais nous donne une indication plus précise encore. Vers le milieu du siècle, on ne connaît pas seulement, on discute et l'on compare les voies maritimes qui mènent aux Indes ; on essaye d'établir la science des navigations transocéaniennes. Mais l'erreur de Christophe Colomb est toujours dominante ; on ignore encore les contours du continent américain. « L'avis du pilote Jamet Brayer, dit Rabelais, et de Xenomanès aussi, fut, vu que l'oracle de la dive Bacbuc estait près le Catay, en Indie supérieure : ne prendre la route ordinaire des Portugalois, lesquels passant la ceinture ardente et le cap de Bona-Speranza sur la poincte méridionale d'Afrique oultre équinoctiale, et perdant la vue et guide de l'asseuil septentrional, font navigation énorme ; ains, suivre au plus près le parallèle de la dicte Indie et gyrer autour d'icellui pôle par occident, de manière que, tournoyant soubs septentrion, l'eussent en pareille élévation comme il est au port de Olone, sans plus en approcher, de peur d'entrer et estre retenus en la mer glaciale, et, suivant ce canonique destour, par mesme parallèle, l'eussent à dextre vers le levant, qui au despartement leur estait à senestre. Ce que leur vint à profit incroyable; car sans naufrage, sans danger, sans perte de leurs gens, en grande sérénité (exceptez un jour près l'isle des Macréons) firent le voyage en Indie supérieure en moins de quatre mois; lequel à peine feraient les Portugalois en trois ans, avecque mille fascheries et dangers innumérables. »

Que peut-on conclure du témoignage de Rabelais? Ceci, croyons-nous, qui s'accorde avec les faits relevés plus haut. Les contemporains du curé de Meudon, et lui-même, ont un goût très vif pour les récits de voyages; ils sont au courant des résultats acquis, et ils en raisonnent, pour faire mieux. Mais ils se laissent guider par les étrangers (*Xeno*...manès) et partagent leurs erreurs. Ils ne montrent, en somme, qu'une curiosité sympathique, et peu ou point d'initiative.

II

VILLEGAGNON.

Mais voici qu'un explorateur français va fouetter cette curiosité; il va donner à ces voyages lointains et aux établissements coloniaux, où le public français n'a guère vu jusqu'alors que *cosas de Esvaña,* tout l'attrait des questions religieuses, si passionnantes alors, et tout l'intérêt des ambitions nationales.

On connaît l'aventure de Villegagnon. Coligny le choisit pour fonder sa colonie protestante à cause de sa valeur éprouvée et des sentiments qu'il manifestait en faveur de la Réforme. Mais au delà des mers, le chevalier de l'Ordre retrouva son orgueil et sa foi. Il eut la prétention d'imposer à ses compagnons ses propres croyances religieuses, et notamment son interprétation de la Cène. Il se brouilla à ce propos avec les pasteurs P. du Pont et P. Richer, rigides doctrinaires de Genève. Ceux-ci l'abandonnèrent en 1558; mais ceux qui restèrent n'en furent pas plus soumis. Après beaucoup de violences, Villegagnon abandonna tout à coup colonie et colons à la merci des Portugais, et revint en France. Retiré dans sa commanderie de « Beaulvais, près Nemours », il soutint contre Calvin et son élève Richer une ardente polémique, qui dura jusqu'à sa mort, en 1571. On pense bien qu'il fut fort maltraité par le parti protestant. Il était appelé « le Caïn de l'Amérique », et Th. de Bèze le qualifiait de « présomptueux et fantasque ». Plus tard, Agrippa d'Aubigné le stigmatisera dans ses *Tragiques,* en louant les martyrs qu'il a faits :

> Dieu poursuivit Satan et lui fit guerre ouverte
> Jusques en l'Améric, où ces peuples nouveaux
> Ont été spectateurs des fruits de nos bourreaux.....
>
> (*Les Feux.*)

Ce fut un débordement de libelles contre lui, où naturellement était contée de diverses façons sa navigation. Il y répondit avec vigueur et prolixité. Ainsi se trouva formée toute une bibliographie française des découvertes. Ainsi furent mises à la mode en France « les terres neuves d'Amérique (1) ».

Jean de Léry, un des compagnons mécontents du despote, résuma le débat en 1578, dans son *Histoire du voyage faict au Brésil*..... C'était encore une œuvre de parti, car l'auteur était un pasteur protestant, comme Richer et du Pont. Mais cette histoire contenait « les mœurs et façons estranges des sauvages Brasiliens, avec un colloque en leur langage », et sa vogue fut très grande. Le livre n'eut pas moins de cinq éditions avant la fin du siècle (2).

Ronsard, d'ailleurs, « le poëte qui donne les couronnes », consacra la renommée de Villegagnon et la popularité de son entreprise en lui faisant, seul de tous les explorateurs, une place d'honneur dans son œuvre poétique. Dans le *Discours contre fortune,* une de

---

(1) RELATIONS : *Copie de quelques lettres sur la navigation du chevalier de Villegaignon ès terres d'Amérique, oùltre aequinoctiale* (1557-1558). — Villegagnon : *Navigation du chevalier de Villegaignon ès terres d'Amérique, en 1555, avec les mœurs des sauvages* (1557). — POLÉMIQUE : *Discours de Nicolas Barré sur la navigation de Villegaignon en Amérique* (1558). — *La suffisance de maître Colas Durand, dit chevalier de Villegaignon* (1561). — *Le leurre de Nicolas Durand, dit Villegaignon* (1562). — *Le brief recueil de l'affliction et dispersion de l'église des fidèles au pays du Brésil* (1562), etc., etc.

(2) A Rouen, la Rochelle et Genève; traduction latine à Genève, 1594.

ses meilleures épitres adressée à Odet de Coligny, cardinal de Châtillon, publié dans le Recueil de 1578, le poète s'écrie :

> Je veux aucunes fois abandonner le monde
> Et hazarder ma vie aux fortunes de l'onde,
> Pour arriver au bord auquel Villegaignon
> Sous le pôle antarctique a semé vostre nom !

Au cours du débat avaient paru plusieurs ouvrages d'un réel intérêt, qui ne firent qu'accentuer le courant d'opinion. André Thevet, qui devait, lui aussi, prendre parti contre Villegagnon, au point de vue catholique, dans sa *Cosmographie* parue en 1575, avait déjà traité du Brésil dans ses *Singularités de la France antarctique*. Il avait écrit bien d'autres relations ou traités géographiques restés inédits (1). Nous n'en parlons ici que pour l'exemple, l'auteur méritant peu de créance. Mellin de Saint-Gelais, au contraire, fit plus tard autorité par son récit des *Voyages aventureux de Jean Alfonse, pilote xaintongeois* (1559). Il en fut de même de l'*Histoire universelle du monde* de Fr. de Belleforest (1571) et de l'*Histoire des trois mondes* de la Popelinière (1582), qui toutes deux sont citées avec honneur par le savant Jean de Laët (2).

---

(1) Bibliothèque nationale, manuscrits, fonds français, n°s 932-933; 934-655; 935-656; 936-657; 2299; 1633; 10264; 9617. — Cf. GAFFAREL : édition des *Singularitez...* (1889.)

(2) *Novus orbis seu descriptionis Indiæ occidentalis*, libri XVII (Leyde, 1633, traduction française, 1640).

Cette vogue profite aux traductions, déjà plus rares. Martin Fumée obtint un succès avec sa traduction de Gomara (1), et aussi André Chuppin avec son *Récit de la navigation de Frobisher* « translaté de l'anglais (2) ».

Mais voici que l'art se met au service de cette propagande. André Descerps dédia à Antoine de Bourbon son très curieux *Recueil de la diversité des habits qui sont à présent en usage tant ès pays d'Europe, Asie, Afrique et isles sauvages* (1562). C'est une sorte d'album dont chaque page offre une figure différente, accompagnée d'un quatrain humoristique. L'auteur déclare « avoir suivi quelque dessein du défunct Roberval et d'un certain Portugais ayant fréquenté plusieurs et divers pays ». Il donne, au naturel, « le geste et le vestement » d'abord des hommes et femmes de l'Europe, puis du « Barbare et de la Barbare, du Moresque, de l'homme et de la femme sauvages, de l'Indien et de l'Indienne, du sauvage en pompe, du Brésilien et de la Brésilienne ». Il n'oublie « ni l'evesque et le moyne de mer », êtres fantastiques auxquels on croyait alors, ni les chanoines, Chartreux, prieurs, êtres réels qu'il paraît médiocrement vénérer. Il a, du reste, l'insouciance de la vérité qui convient à un artiste, et il

---

(1) *Histoire générale des Indes occidentales et Terres neuves* (six éditions de 1569 à 1578).
(2) 1578; trois fois réimprimé jusqu'en 1600.

lui arrive plusieurs fois de dire cavalièrement au lecteur :

> Si tu as peur que ce pourtraict te trompe,
> Va sur les lieux, pour voir son vestement.

III

APRÈS VILLEGAGNON.

Ainsi, grâce à l'aventure de Villegagnon, la cause des Terres neuves est gagnée en France; l'attention se porte désormais sur les entreprises coloniales et sur les livres qui les font connaître. Malgré la guerre civile, Ribaut, Laudonnière, Gourgues, les Jésuites vont courir les mers et terres inconnues et intéresser le public à leurs voyages; de Montz, Champlain, Lescarbot, Poutraincourt, de Pézieu, les Capucins, vont explorer, coloniser et décrire une nouvelle France. Des amateurs vont vulgariser leurs relations. Les étrangers eux-mêmes les emprunteront, comme faisaient naguère les Français.

Voyez, par exemple, combien on se montre curieux des explorations toutes françaises faites en Floride et au Canada.

Pour l'exploration en Floride, trois relations. L'une se trouve dans le Recueil de Chauvelon : *Novæ novi orbis historiæ*, qui eut deux éditions à Genève, en

1578 et 1600. Cette relation avait d'abord paru en français, sous le nom de Challus ou Le Challeux, en 1566, avec la « requeste présentée au Roi, en forme de complainte, par les femmes veuves et enfants orphelins, parents et amis de ses sujets qui ont esté tués en ladicte Floride ». Elle fut traduite en italien par Jérôme Benzoni, à qui Chauvelon l'a empruntée, en la traduisant en latin. L'autre est de Jean Ribaut et parut à Lyon en 1566. La troisième fut publiée à Paris en 1586 par Basanier, d'après Laudonnière lui-même, dont le récit avait été imprimé en 1566, sous le titre : *Histoire notable de la Floride*. Mais Basanier ajoute aux trois voyages « descrits par le capitaine Laudonnière » le récit de l'expédition héroïque du capitaine Gourgues. C'est comme le livre d'or de la Floride française. Cette dernière relation, et plusieurs autres concernant les explorations françaises en Floride, ont pris place dans le *Recueil des grands voyages* de Théodore de Bry et Mathieu Mérian, publié à Francfort de 1590 à 1634 (1). Théodore de Bry donne même, pour la première fois, la relation de Le Moyne de Morgues, compagnon de Laudonnière, faite sur l'ordre de Charles IX et restée inédite par la volonté de son auteur (2). L'aventure de Villegagnon n'est pas non plus oubliée dans ce Recueil.

---

(1) *India occidentalis vel historia Americæ*.
(2) « De Morgues, dit Th. de Bry, était un peintre célèbre de Dieppe ; il a illustré son récit d'une foule de dessins et de portraits de sauvages, *ad vivum expressæ*. »

Un anonyme, qui signe C. C. A., la fait connaître par trois pièces : un récit, composé par lui-même, sous le titre : *Établissement des Français au Brésil;* la traduction d'un récit français anonyme, qui n'est qu'un des libelles dont nous avons parlé, et enfin la traduction de l'histoire de Jean de Léry. Une si grande place faite aux expéditions françaises dans un si important ouvrage étranger, et, d'autre part, un si grand nombre de relations parues à la fois sur une même contrée, ne prouvent-ils pas tout ensemble l'importance de la colonisation française et la faveur dont jouissent en France les colonisateurs?

Pour le Canada, la preuve est plus éclatante encore. Les relations se multiplient, et avec elles les œuvres de vulgarisation ; les unes et les autres ont de nombreuses éditions. Champlain eut les honneurs d'une véritable popularité. De ses trois récits, le premier, paru le 15 novembre 1603, eut deux éditions coup sur coup ; le second en eut trois, de 1613 à 1620, et le troisième également trois, de 1619 à 1627 (1). La sincérité de l'auteur, son style net et franc, sont pour quelque chose dans ce succès. Mais le goût pour les voyages et déjà le souci colonial y sont pour plus encore. La preuve en est dans les autres publications

(1) Ils ont pour titres : le premier, *Des sauvages;* le deuxième, *Voyages du sieur Champlain, Xaintongeois;* le troisième, *Voyages et découvertes en la Nouvelle-France.* — Nous ne parlons pas de l'édition de 1632, faite en l'absence de Champlain par le libraire Claude Collet, pleine d'erreurs, d'omissions, et mal écrite.

de l'époque. Celles de Lescarbot, surtout, offrent à ce point de vue un intérêt particulier. Avocat de Vervins devenu avocat au Parlement de Paris, poète, orateur et historien déjà connu (1), Lescarbot fut pris vers 1600 de la passion des voyages. Il lia connaissance avec Poutraincourt, s'embarqua avec lui, le 18 mai 1606, pour la Nouvelle-France, y séjourna pendant un an, rendit des services à Port-Royal, rentra en France le 2 octobre 1607, et depuis lors se fit l'apôtre de la colonisation. Dans son *Histoire de la Nouvelle-France,* parue en 1609 et quatre fois réimprimée en neuf ans, il raconta toutes les explorations françaises en Amérique. Il chanta les louanges de la colonie dans les *Muses de la Nouvelle-France* (1618). Il tint enfin le public au courant de ce qui se passait dans ce pays français par trois publications parues en 1610 et 1612.

Champlain et Lescarbot furent donc de véritables initiateurs. Mais ils trouvèrent un public bien préparé et sympathique. Le Canada était déjà si connu et l'on peut dire si populaire que les romanciers y transportaient la scène de leurs fables. Ainsi fit, du moins, en 1603, Antoine du Perrier, sieur de Salargue, gentilhomme bordelais. Son roman *Les Amours de Pistion et*

---

(1) *Harangue d'actions de grâces adressée au légat Alex. de Médicis,* 31 mai 1598, et publiée avec quelques petits poèmes dédiés à MM. de Bellièvre et de Sillery, à la ville de Vervins, à madame de Coucy. — *Discours sur l'origine des Russiens* (1599), réimprimé il y a quelques années par le prince LABANOFF. — Plus tard, en 1628, il composa encore un petit poème patriotique intitulé : *La chasse aux Anglais dans l'isle de Rhé, au siège de la Rochelle.*

Fortunée était « tiré du voyage de Canada, dicte France nouvelle ». Il est aujourd'hui introuvable, mais il eut alors quelque retentissement. Un avocat du parlement de Rouen, Mᵉ du Hamel, en tira aussitôt une tragédie intitulée *Acoubar* et publiée à Rouen, cette même année 1603 (1).

Mais un nouvel élément, le prosélytisme religieux, qui occupe une si grande place dans l'histoire de la colonisation, venait à ce moment se joindre à la curiosité manifestée jusqu'alors. C'est, en effet, en 1594, à Lyon, que parut la première relation française des Jésuites, rédigée par les PP. Martinez, proviseur des Indes orientales, Jean d'Atienza, provincial du Pérou, et Diez, provincial du Mexique (2). Depuis lors, les lettres et relations soit des Jésuites, soit des Capucins, se multiplièrent. On peut, sans malice, trouver là un symptôme de l'état de l'opinion. Sans mettre en doute le zèle des bons Pères, on sait qu'ils n'étaient pas gens à se lancer dans des entreprises sans profit : ils excellent à prendre le vent qui doit enfler leurs voiles. Pour avoir fait, eux aussi, leurs découvertes, et en avoir rendu, avec insistance, un compte détaillé au public, il fallait qu'ils eussent reconnu un goût à satis-

---

(1) V. l'analyse dans l'*Histoire du théâtre français*, des frères Parfait (III, p. 481).

(2) Il s'agit ici d'une relation d'ensemble; car, depuis longtemps, les missionnaires jésuites envoyaient à leur général des *Lettres*, qui furent souvent imprimées. Nous avons signalé les premières (chap. ɪɪ, § 1). Un premier recueil fut publié à Paris en 1571; de nouvelles *Lettres* en 1580, 1589, 1590, 1592 et 1593, toutes relatives à la Chine et au Japon.

faire. Quoi qu'il en soit, on compte quatre récits publiés des missionnaires jésuites, de 1594 à 1616, et autant des Capucins, dans les seules années 1612-14. Les premiers opéraient aux Indes orientales et occidentales : au Mexique, au Pérou, à la Nouvelle-France, en Chine, au Japon. Les autres s'étaient cantonnés, à la suite de Pézieu et de Fr. de Razilly, sur la côte septentrionale du Brésil, « dans l'isle appelée des Français Maragnon ».

Cette intervention des missionnaires fit complètement dévier les idées. Il y a bien encore, entre 1594 et 1624, des récits de pure curiosité, des traductions, des reproductions d'anciennes relations françaises ou étrangères, tout ce qui, enfin, avait plu jusqu'alors et caractérisait le goût du public français (1). Mais, dans presque toutes ces productions, domine la même préoccupation. Tous les auteurs, même laïques, s'étendent sur les succès des missionnaires, sur la conversion des sauvages et de leurs chefs, sur ce qu'on appelle dès lors la propagation de la foi. Champlain prêche la nécessité de convertir les sauvages (2), et

(1) J. P. T. : *Histoire véritable de plusieurs voyages aventureux faits sur la mer en diverses contrées* (1600). — Traductions de l'*Histoire naturelle et morale des Indes occidentales de d'Acosta*, par R. Regnault (1698), de l'*Atlas de Mercator*, par La Popelinière (1608). — *Relations de J. Cartier* (librairie du Petit-Val, 1598, reproduite par M. d'Avezac, 1863), de Pyrard de Laval (*Voyage aux Indes orientales*, 1611), de Pézieu (*Voyage à la Guyane*, 1613), etc.

(2) Remarquer l'expression de Champlain : « la *saincte* entreprise de Roberval, de La Roche, etc. »

Lescarbot déclare qu'il n'a pas d'autre motif pour écrire.

C'est là un indice grave. Quand on songe que les protestants ont pris l'initiative de la colonisation, et quand on compare le rôle des ministres anglais et des prêtres français dans l'œuvre coloniale des deux pays, on se prend à déplorer l'intrusion des missionnaires dans cette affaire. Le temps n'est pas loin où Colbert se plaindra de leurs ardeurs, de leur indiscipline, de leur mauvais vouloir à servir les intérêts métropolitains, de leur âpre instinct de domination. Un étranger l'a dit le premier, et on ne saurait trop le répéter après lui : « Combien différent serait le monde actuel, si une France huguenote avait grandi au delà de l'Atlantique (1) ! »

(1) SEELEY, *L'expansion de l'Angleterre*, traduction Rambaud, p. 151.

CHAPITRE III

LA DISCUSSION.

Curieux, opposants et apôtres.

Le nombre et la vogue des écrits spéciaux nous assurent de l'intérêt apporté à la question coloniale par les hommes du seizième siècle. Mais il nous faut pénétrer plus avant dans leur pensée. Ont-ils compris et approuvé la révolution économique qui est la conséquence des découvertes? Ont-ils applaudi ou résisté aux établissements d'outre-mer? Les littérateurs et les auteurs de mémoires nous le diront. Ce sont gens entendus, qui aiment la discussion et prennent volontiers parti.

I

LES CURIEUX.

Interrogeons d'abord ceux qui montrent au moins de la curiosité.

D'après ce qui précède, les curieux, au seizième siècle, c'est tout le monde. La fièvre des explorations est telle, en effet, qu'elle s'empare même du léger Brantôme. Il projette, avec Strozzi, en 1572, d'aller faire une expédition au Pérou, et il est surpris, dans ses préparatifs au Brouage, par la nouvelle de la Saint-Barthélemy. L'influence des découvertes est déjà si grande qu'elle change les mœurs. On la retrouve dans la mode des vêtements de soie à la cour et à la ville, des robes brochées d'or, des armes et morions ciselés d'or, que l'Italien Negroli vient, à la demande de son compatriote Strozzi, tout exprès fabriquer et vendre à Paris, de ces chaînes d'or que tout le monde porte, dans la coiffure, au cou, sur la poitrine, aux entournures de la robe, aux deux côtés de la ceinture. Elle se manifeste surtout dans le goût des collections d'objets exotiques, rapportés par les voyageurs. Montaigne en donne l'exemple. « Il se veoid, dit-il, en quelques lieux, et entre autres chez moy, la forme de leurs lits (aux cannibales), de leurs cordons, de leurs espées et bracelets de bois, de quoy ils couvrent leurs poignets aux combats, et de grandes cannes, ouvertes par un bout, par le son desquelles ils soutiennent la cadence de leurs danses. » (*Essais*, I, 31.)

Montaigne est précisément un de ceux dont la curiosité est vivement piquée. Il a collectionné les produits de l'industrie indienne ; mais ce n'est pas tout. Il est si curieux de ce qui touche à ces peuples nouveaux, qu'il a pris à son service « un homme qui avait demeuré dix ou douze ans en cest autre monde, qui a esté descouvert en nostre siècle, en l'endroit où Villegaignon print terre, qu'il nomma la France antarctique ». Il ne cesse de l'interroger, et avec lui les anciens compagnons de voyage qui le viennent voir. Il interroge de même fort longtemps un de ces trois Indiens « bien misérables de s'estre laissez piper au désir de la nouvelleté et avoir quitté la douceur de leur ciel pour venir veoir le nostre, qui furent à Rouan du temps que le feu roy Charles neufviesmes y estait », et il est « bien marry » d'avoir oublié une des trois réponses qu'il en tira à grand'peine « par la bestise de son truchement ». Il connaît donc et se plait à louer leurs coutumes, leurs sentiments, leurs arts, leur langage; il cite leurs chants guerriers ou d'amour; il trouve que leur langue est « le plus doux langage du monde et qui a le son le plus aggréable à l'oreille, qui retire fort aux terminaisons grecques »; il donne, comme preuve de leur civilisation, « ce chemin qui se veoit au Pérou, dressé par les rois du païs, depuis la ville de Quito jusques à celle de Cuzco (il y a trois cents lieues), droict, uny, large de vingt-cinq pas, pavé, garny de costé et d'autre de belles et hautes murailles, et le long d'icelles, par le dedans, des ruisseaux perennes bordez de beaux arbres qu'ils nomment *molly* ». C'est un travail tel que « ny Græce, ny Romme, ny Ægypte n'y peut comparer aucun de ses ouvrages ». Bref, Montaigne est mieux au courant que personne des choses de « cest autre monde que le nostre vient de trouver ». Il a même son opinion faite, ou à peu près, sur le profit qu'on en peut retirer, comme nous le verrons plus loin. Il est un des premiers à soulever les questions de pure science, qui s'agiteront aux âges suivants. Il se demande, par exemple, si ce nouveau monde n'est point l'Atlantide de Platon ou la terre d'au delà des colonnes d'Hercule, dont parle Aristote. Il conclut négativement « pour ce que les navigations plus modernes ont des-ja presque descouvert que ce n'est point une isle, ains terre ferme et continente, avec l'Inde orientale, d'un costé, et avec les terres qui sont soubs les deux pôles, d'autre part; ou, si elle en est séparée, que c'est d'un petit destroit et intervalle qu'elle ne mérite pas d'estre appelée isle pour cela ». Cette préoccupation rappelle celle de Rabelais, en témoignant du progrès accompli; elle montre que l'ère des découvertes scientifiques va bientôt s'ouvrir (1).

Mais Montaigne n'est pas le seul dont la curiosité soit éveillée. Brantôme, que nous avons vu songer à payer de sa personne, s'informa avidement en Espagne et Portugal, où il alla, de tout ce qui concernait les établissements espagnols ou portugais dans les Indes, et des héros de ces conquêtes. Il rapporta de nombreux détails anecdotiques sur Colomb, Pizarre, Cortez, dont il se montre grand admirateur. Il vit à Séville la flotte

(1) *Essais*, I, 30, 31, 36; III, 6. — Lire tout le chap. xxxi du liv. Ier : *Des cannibales*.

des galions chargés d'or arrivant des Indes, et il en fit un beau rapport à Catherine de Médicis. Il parle même des procédés de colonisation des Espagnols, que tout le monde blâme. Mais il ne montre, quant à lui, aucune indignation et ne porte aucun jugement. Juger n'est pas l'affaire de Brantôme, à qui les beaux récits suffisent (1).

On ne trouvera pas non plus d'appréciation, et la chose étonne, dans l'*Histoire* de de Thou. Habitués à compter sur la liberté d'esprit et la sagacité du grand historien du seizième siècle, nous pouvions espérer avoir son opinion motivée sur un des faits les plus importants de l'époque qu'il raconte. L'*Histoire de mon temps*, publiée de 1604 à 1614, est en effet postérieure à toutes les relations et œuvres spéciales dont nous avons parlé. Mais il n'en est rien. Sans doute, de Thou n'ignore pas les principaux détails et il connaît les sources d'information. Ainsi, il rapporte la mort de Fernand Cortez d'après Lopez de Gomara; il note la mort de Ramusio, arrivée en 1557, et il fait l'éloge du savant historien des premières explorations ; il termine son premier livre par un abrégé des découvertes espagnoles et portugaises; il raconte longuement l'aventure de Villegagnon; il parle de Champlain dans les derniers livres; il essaye même, au livre VII, une description de l'Afrique au nord de la ligne équinoxiale. Mais n'est-on pas

---

(1) *Vie des dames galantes*, t. Ier, pass. : *Les grands capitaines*, t. Ier, pass. (édition de la Société de l'Histoire de France.)

surpris qu'il ne mentionne ni Verazzano, ni Cartier, ni
Gourgues, ni aucun des explorateurs français autre que
Villegagnon et Champlain, et qu'il semble ignorer tous
les récits de voyages parus en France? Comprend-on
qu'un esprit, d'ordinaire aussi pénétrant, n'ait pas pres-
senti l'importance d'un ensemble de faits qui devait
transformer les sociétés modernes et qui exerce déjà
son influence sur la société contemporaine? Une seule
fois, il touche la question : c'est quand il rapporte qu'on
a attribué à Villegagnon et à Coligny l'intention d'enlever aux Espagnols le monopole commercial par la
fondation d'une colonie au Brésil. Mais il a soin de dire
qu'il n'y croit pas et que le vrai motif de l'entreprise
était de créer un refuge aux réformés. Il revient ainsi
bien vite aux questions religieuses, qui emplissent son
siècle et son livre. A côté du grand fait économique
des découvertes, le seizième siècle voyait, en effet, s'ac-
complir deux faits d'ordre politique, la Réforme et les
guerres entre la maison de France et celle d'Autriche,
dont l'importance était plus palpable et devait paraître
supérieure aux contemporains. De Thou, qui est un
historien de l'école de Tite-Live et du genre oratoire (1),
n'a pas su voir, au-dessous des faits de surface, le puissant courant qui va bientôt agiter la masse entière. Il
n'a ni l'esprit philosophique, ni la science économique,
ni le souci démocratique, qui donnent à un Michelet,

---

(1) V. M. Taine : *Essai sur Tite-Live.*

par exemple, le don de seconde vue. Il ne peut donc être mis, à propos des découvertes, qu'au rang des curieux. Mais cette curiosité, il l'a eue autant que tout autre. Il l'a même poussée jusqu'à la crédulité, jusqu'à croire, par exemple, à cette pierre miraculeuse des Indes, dont le seul contact transformait le plomb vil en or pur et guérissait de tous maux (1).

A défaut de de Thou, il est un penseur, au moins, qui a nettement vu et fortement analysé la révolution qui commence sous l'action des découvertes : c'est Bodin, dans son *Discours sur le rehaussement et diminution des monnayes*. La question se trouvait posée par un fait brutal, par le malaise économique que ressentait la société d'alors. Des assemblées se tenaient par tous les quartiers de la ville, et Charles IX dut réunir, au mois d'août 1568, une commission d'hommes éclairés pour en examiner les causes et les remèdes. Un de ces savants, le sieur de Malestroit, répondit à la consultation comme font les ignorants, en niant le fait. Il publia même « un petit livret de paradoxes, où il soutint, contre l'opinion de tout le monde, que rien n'est enchéry depuis trois cents ans » ; et il se trouva des gens pour le croire. C'est contre ce paradoxe, qui ne méritait peut-être pas tant d'honneur, que Bodin composa son *Discours*.

Après avoir établi que tout est enchéri, il cherche

---

(1) *Histoire de mon temps* (traduction LEBEAU, 1743), liv. I^u, III, VII, XIV, XV, etc.

les causes de ce fait. Il en compte cinq, dont « la principale et presque seule (que personne jusques icy n'a touchée) est l'abondance d'or et d'argent qui est aujourd'hui en ce royaume ». Et d'où est venue cette abondance? De ce que, dit Bodin, « le Portugalois, cinglant en haute mer, avec la boussole, s'est faict maistre du golfe de Perse et en partie de la mer Rouge et par ce moyen a rempli ses vaisseaux de la richesse des Indes et de l'Arabie plantureuse, frustrant les Vénitiens et Genevois, qui prenaient la marchandise d'Égypte et de la Surie, où elle était apportée par la caravane des Arabes et Persans, pour nous la vendre en détail et au poids de l'or. En ce mesme temps, le Castillan ayant mis sous sa puissance les terres neuves pleines d'or et d'argent, en a rempli l'Espaigne et a montré la route à nos pilotes, pour faire le tour de l'Afrique avec un merveilleux proffit. Il est incroyable, et toutefois véritable, qu'il est venu du Pérou, depuis l'an 1533 qu'il fut conquis par les Pyzarres, plus de cent millions d'or et deux fois autant d'argent, la rançon du roi Atulabira revenant à 1,326,000 bezans d'or. »

Il n'y a rien à ajouter à ce jugement. On n'apprécie pas autrement aujourd'hui les effets économiques des découvertes. Voilà enfin un homme du seizième siècle qui a conscience du mouvement qui l'entraîne ; c'est un curieux, mais doublé d'un observateur. Comprenant si bien le profit commercial que l'on peut retirer des Terres neuves, il ne manquera pas, nous le verrons plus loin, d'aborder le problème colonial et il en raisonnera avec le même sagacité.

II

LES OPPOSANTS.

Si la société du seizième siècle compte plus de curieux à vue courte, comme de Thou, que d'observateurs comme Bodin, il est à croire qu'il y eut des opposants à l'établissement colonial. On en peut reconnaitre, en effet, de plusieurs sortes.

Ce sont d'abord, comme aujourd'hui, les hommes politiques. Engagés dans les événements, ils voient de trop près pour voir de haut. Ceux d'entre eux qui ont écrit des mémoires, et il n'y a guère qu'eux à l'avoir fait, ou bien n'ont pas un mot pour les découvertes françaises ni même pour les découvertes en général, ou bien, s'ils rencontrent un fait qui ait le caractère colonial, ils le font entrer dans le cadre des événements politiques, qui les préoccupent par-dessus tout. Un passage de Montluc le fera comprendre.

Il parle de son fils, le capitaine Montluc dit Peyrot, qui, en 1563, ne pouvant supporter l'oisiveté que lui impose la paix d'Amboise, « desseigna une entreprise sur mer, pour tirer en Affrique et conquérir quelque chose...., s'embarqua à Bordeaux avec six navires aussi bien équippés qu'il estait possible..., mais perdit la vie ayant esté emporté d'une mousqueterie en l'isle de Madère ». Montluc, en pleurant la mort de son fils, « que M. l'admiral n'aimait et n'estimait que trop, ayant tesmoigné au roy qu'il n'y avait prince ny seigneur en France qui eust peu de ses seuls moyens et sans bienfaict du roy, dresser en si peu de temps un tel équipage », fait son examen de conscience et se demande s'il n'aurait pas dû s'opposer à cette entreprise. Il disserte sur l'affaire avec un air de mystère significatif. Il déclare, en prenant la reine et l'amiral à témoins, qu'il refusa longtemps d'y donner les mains, « pour la crainte que j'avais, dit-il, qu'il ne fût cause d'ouvrir la guerre entre la France et l'Espagne ». Son fils n'avait pas dessein « de rompre avec l'Espagnol »; mais Montluc voyait bien « qu'il estait impossible qu'il ne donnât là ou au roi de Portugal ; car à voyr et ouyr ces gens, on dirait que la mer est à eux ». Cependant le projet méritait considération, et le vieux guerrier se reproche de ne s'en être pas ouvert à quelque autre. Qu'était-ce? Il refuse de le dire, « parce que la royne peut-être le renouera quelque jour ». Il s'agissait sans doute d'une compensation à prendre aux Canaries ou à Madère, contre la renonciation à la couronne de Portugal, à laquelle Catherine avait des droits. Quoi qu'il en soit, on voit que Montluc n'envisage la chose qu'au point de vue politique ; il n'est préoccupé que de maintenir la paix avec l'Espagne, la tyrannique alliée de la France à ce moment. L'établissement projeté l'inquiète peu en lui-même. Combien de projets de ce genre nos hommes politiques modernes n'ont-ils pas repoussés ou abandonnés pour ne pas déplaire à l'Angleterre, par exemple! Eux et lui, par suite des mêmes habitudes d'esprit, sont des adversaires de la politique coloniale.

Faut-il comprendre dans ce groupe d'opposants, à raison de leur silence, tous les politiques et hommes de guerre que les luttes religieuses du seizième siècle entraînent et passionnent? Non, assurément. Coligny est l'un d'eux; l'ex-ligueur Jeannin, devenu ministre sous Henri IV, acceptait la dédicace de la *Nouvelle-France* de Lescarbot et se laissait appeler « grand amateur et protecteur de ces voyages lointains »; c'est à sa recommandation que Pyrard de Laval écrivit la relation de son voyage aux Indes orientales en 1611. Il est certain pourtant que ce n'était pas pour eux le plus pressé ni le plus important. Comme à de Thou, les guerres de religion et la puissance espagnole leur paraissaient les grandes affaires du siècle.

A cette opposition s'en joint une autre, qui est bien commune aussi à notre époque et qui est encore moins réfléchie. C'est celle de ces bons bourgeois, bien rentés, heureux, nonchalants, qui croient que tout est pour le mieux dans une société où ils sont bien. Ceux-là redoutent jusqu'au mot d'aventure. Ils vont répétant que la France se suffit, et que les acquisitions lointaines sont au moins inutiles, peut-être dangereuses. Qui pouvait mieux les représenter au seizième siècle que Montaigne? L'insoucieux et indolent penseur, qui est riche, égoïste et sceptique, « n'ignore pas le prix de la mercadence et de la trafique qu'on fera avec ces nouveaux pays qui, il n'y a pas cinquante ans, ne sçavaient ny lettres, ny pois, ny mesures, ny vestements, ny bleds, ny vignes, mais qui offrent déjà la négociation des perles et du poyvre ». Il prévoit même la révolution qui s'accomplira au profit du Nouveau Monde, qu'il imagine déjà aux prises avec la vieille Europe. « Si nous concluons bien de notre fin, dit-il, cest autre monde ne faira qu'entrer en lumière quand le nostre en sortira; l'univers tombera en paralysie; l'un membre sera perclus, l'autre en vigueur. » Mais cela n'empêche pas qu'il redoute que la France y prenne place. Il aurait, de nos jours, fait au moins un article de journal pour engager nos gouvernants à ne pas tant entreprendre. « J'ai peur, observe-t-il, que nous avons les yeux plus grands que le ventre, comme on dict, et le dict-on de ceux auxquels l'appétit et la faim font plus désirer de viande qu'ils n'en peuvent empocher. Je crains aussi que nous avons beaucoup plus de curiosité que nous n'avons de capacitez; nous embrassons tout, mais je crains que nous n'étreignions rien que du vent (1). »

(1) *Essais*, I, 31 : *Des cannibales*.

Montaigne, d'ailleurs, a un autre grief contre ces établissements de peuples civilisés en pays sauvages, un grief bien français et que nous retrouverons sous différentes formes à toutes les époques. Il importe de s'y arrêter dès maintenant.

On devrait, il nous semble, chercher plus souvent dans nos origines intellectuelles et morales l'explication des incohérences qu'on rencontre, hélas! dans notre vie nationale. Si nous agissons souvent comme des logiciens aux yeux fermés ou comme des rhéteurs grisés de mots, n'est-ce pas parce que, fils des Latins, tenant des Latins notre langue, la plupart de nos institutions, nos idées et nos habitudes d'esprit, nous sommes restés des anciens parmi les modernes? Frédéric Bastiat et M. Taine l'ont bien démontré pour la période révolutionnaire. On peut l'établir, après eux, pour l'œuvre de la colonisation.

Est-il une question plus moderne, plus étrangère à tout souvenir antique? Cependant nombre de Français, et des plus illustres, ont trouvé moyen de la gréciser et latiniser. Bornons-nous, pour le moment, à un exemple; nous en trouverons d'autres plus tard. On sait qu'un des lieux communs les plus en usage chez les poètes et orateurs anciens, c'est la peinture et l'éloge de l'âge d'or. L'humanité y vivait, paraît-il, dans un bonheur parfait. L'âge d'argent, l'âge de bronze et l'âge de fer ont, depuis, marqué les progrès de la décadence. Or, qu'est l'âge d'or? C'est l'époque où l'homme, isolé dans le cercle de la famille, ne s'étant même pas élevé à la conception sociale de la tribu, vit des fruits spontanés de la terre, des produits de la chasse ou de la pêche, en plein air, en pleine liberté individuelle, sans le souci d'aucune convention de société. C'est la vie sauvage dans tout son dénuement et dans toute son étroite indépendance. Voilà un développement tout trouvé pour nos littérateurs, une antithèse où notre esprit rhéteur, hérité des Latins, peut pétiller à l'aise. Opposer les misères de ce seizième siècle, qui est bien un âge de fer, à l'innocente quiétude de ces sauvages qu'on vient de découvrir, y a-t-il plus belle occasion de montrer qu'on a de l'esprit et qu'on possède ses classiques?

Écoutez d'abord Ronsard, le plus « grécisant et latinisant » des poètes du seizième siècle. Il s'écrie, dans son *Discours contre fortune,* déjà cité :

> Docte Villegaignon, tu fais une grand'faute
> De vouloir rendre fine une gent si peu caute
> Comme ton Amérique, où le peuple incognu
> Erre innocentement tout farouche et tout nu,
> D'habits tout aussi nu qu'il est nu de malice.
> . . . .
> Pour ce, laisse-les là ; ne romps plus (je te prie)
> Le tranquille repos de leur première vie ;
> Laisse-les, je te prie, si pitié te remord,
> Ne les tourmente plus et t'enfuy de leur bord.
> Las ! si tu leur apprends à limiter la terre,
> Pour agrandir leurs champs, ils se feront la guerre.
> . . . .
> Or, pour avoir rendu leur âge d'or ferré

> En les faisant trop fins, quand ils auront l'usage
> De cognaistre le mal, ils viendront au rivage
> Où ton camp est assis, et en te maudissant
> Iront avec le fer ta faute punissant.
> . . . .
> Vivez, heureuse gent, sans peine et sans souci,
> Vivez joyeusement ; je voudrais vivre ainsi !

Voici maintenant Montaigne, l'ingénieux écrivain, le moraliste sceptique, pour qui tout n'est que matière à d'agréables variations littéraires. Voltaire trouve « que c'est une injustice criante de dire que Montaigne n'a fait que commenter les anciens ». Il demande s'il a pris chez les anciens « tout ce qu'il a dit sur nos modes, sur nos usages, sur le Nouveau Monde découvert presque de son temps (1) ». Eh, oui ! n'en déplaise à Voltaire, Montaigne commente les anciens, même dans son chapitre des Cannibales. Il ne leur a pas, évidemment, emprunté les détails de mœurs et de costumes. Mais c'est d'eux qu'il tient l'idée de l'âge d'or qui domine tout son développement, et le goût de l'antithèse dont il joue habilement. Comme Ronsard, il plaint « ces peuples purs encore et vierges, à qui les lois naturelles commandent encore », de se trouver en contact avec nos vices, qui ne tarderont pas à les « abastardir ». Il se moque de la prétention des Européens qui les appellent des barbares, disant : « Nous les pouvons bien appeler barbares, eu esgard aux règles

---

(1) Lettre au comte de Tressan, 21 août 1746.

de la raison, mais non eu esgard à nous, qui les surpassons en toute sorte de barbaries. » Il fait avec une complaisance malicieuse l'éloge de leurs mœurs, de leur langue, de leur industrie, puis il s'écrie plaisamment : « Tout cela ne va pas mal; mais quoy! ils ne portent pas de hauts-de-chausses! »

Cette opposition à l'action coloniale est, nous le voulons bien, de pure convention littéraire. Mais elle a néanmoins son importance. Ne devons-nous pas à l'exemple et aux leçons de nos classiques anciens et modernes d'être ou de paraître un peuple viveur, rêveur, littérateur et rhéteur? Or ce sont qualités contraires à celles qu'exige le long et pénible labeur de la colonisation. A un peuple colonisateur, il faut l'esprit pratique, sans compter la force physique et la persévérance (1).

Aux oppositions que nous venons de relever, il en reste deux autres à ajouter, toutes deux personnelles et de valeur inégale.

L'une est de Brantôme. On sait qu'une des qualités et l'un des défauts de Brantôme est de changer d'opinions comme de héros; tout entier à la biographie qu'il écrit,

---

(1) Commence-t-on à réagir contre l'abus de l'éducation purement classique? Nous l'espérons, sans y croire. En tout cas, nous ne sommes pas le seul à en dénoncer le danger. M. Duruy disait, en 1864, avec l'autorité qui lui appartient : « Notre France a été si profondément pénétrée de l'esprit latin, qu'il y existe un préjugé contre l'enseignement pratique. » Voir aussi la *Question du latin*, de M. Frary, et l'*Éducation de la bourgeoisie*, de M. Manoeuvrier. La question vient d'être portée au Sénat : interpellation de M. Combes, 17-20 juin 1890.

il y sacrifie tout le reste, sans se soucier des injustices et des contradictions. Or, parlant des navigateurs espagnols, il exalte leur courage et leur patience ; puis, pour donner plus de relief au tableau, il pose en regard les Français, qui n'ont, suivant lui, ni valeur ni persévérance. Il en donne pour preuve « la Flouride et autres petites terres de sauvages, que nous n'avons sceu guères bien gaigner ni garder ». Il n'y a pas lieu, croyons-nous, de s'arrêter sur cette opinion à laquelle l'auteur ne tient guère et qui est démentie par les faits.

L'autre opposition est d'un personnage d'un plus grand poids. Elle serait à considérer, s'il n'avait donné d'autres marques de son étroitesse d'esprit. Nous voulons parler de Sully. Il se déclare, en effet, dans ses *Économies royales,* l'adversaire de ces expéditions lointaines. « La navigation du sieur de Montz, pour aller faire des peuplades en Canada, fut faite, dit-il, du tout contre vostre advis, d'autant, disiez-vous, que l'on ne tire jamais de grandes richesses des lieux situés au-dessus de quarante degrés. » C'est là une réprobation formelle, appuyée sur une raison en apparence sérieuse. Mais la raison est fausse et l'information incomplète. Le Canada, situé sous le 45° degré, est précisément un pays propre « au labourage et pâturage », qu'estime avant tout Sully. Il possède, en outre, des richesses en bois, pelleteries, etc., capables d'alimenter le commerce, qu'il ne proscrivait pas.

Sully, qui mourut en 1641, aurait pu rectifier ses idées
sur le Canada, voire sur la colonisation, en contemplant l'essor colonial du temps de Richelieu. Mais il
était de parti pris. Il semble donc légitime de traiter
son obstination comme fit Henri IV lui-même, en
passant outre.

III

LES APÔTRES.

En regard de ces oppositions plus ou moins sérieuses,
mais néanmoins considérables, qui donc nous fournira
le plaidoyer en faveur des établissements coloniaux?

C'est d'abord Bodin, dont nous avons déjà loué la
sagacité. Dans l'opuscule cité, il envisage les nécessités
du commerce national. Après avoir établi que l'abondance de l'or et de l'argent fait la richesse d'un pays,
il ajoute ces importantes considérations : « Quant à la
traitte des marchandises qui sortent de ce royaume,
il y en a plusieurs, grands personnaiges, qui s'efforcent
et se sont efforcés par ditz et par écripts de la retrancher du tout, s'il estait possible, croyans que nous
pouvons vivre heureusement et à grand marché sans
bailler ny recevoir de l'estranger. Mais ils s'abusent à
mon advis; car nous avons affaire des estrangers et ne
sçaurions nous en passer. » Puis, énumérant les denrées

dont l'échange est nécessaire à nos besoins, il compte « tous les métaux, hormis le fer,... le brésil, ébène, yvoire, maroquin, espiceries, sucre, molues, etc. », qui sont précisément des denrées coloniales. Et il conclut ainsi : « Quand bien nous pourrions passer de telles marchandises, ce qui n'est possible du tout, mais quand aussi serait que nous en aurions à revendre, encore devrions-nous trafiquer, vendre, achepter, eschanger, prester, voire plutôt donner une partie de nos biens aux estrangers et mesmes à nos voisins, quand ce ne serait que pour communiquer et entretenir une bonne amitié entre eux et nous. » Il ne sera douteux pour personne qu'une telle apologie du commerce d'exportation n'implique une excitation à la fondation d'établissements coloniaux.

Mais on peut encore tirer des écrits de Bodin une opinion implicite sur le système colonial. Traitant des communautés, dans son livre *De la République* (III, 8), il distingue « le collège qui sera particulier d'un métier, ou d'une science, ou d'une marchandise », et il formule cette règle : Si chaque communauté a le droit strict de se constituer, si elle peut avoir divers règlements, statuts et privilèges particuliers, elle ne peut s'établir sans que la grande communauté ou État, la République ou le souverain, l'autorise; en l'autorisant, le souverain doit veiller à ce qu'elle ne s'érige pas en monopole. « Aussi est-il dangereux, conclut-il, de permettre toutes assemblées et toutes confréries, car bien souvent on y couve des conjurations et des monopoles. » On peut voir dans ces paroles, semble-t-il, une condamnation des fameuses Compagnies sur qui vont reposer, l'instant d'après, toutes nos espérances de colonisation. C'est la première expression d'une opinion qui se formulera plus nettement dans la suite et qui ne triomphera qu'en 1789.

Bodin condamne encore, par anticipation, un autre procédé de la colonisation moderne, l'esclavage. Il est même le premier des penseurs modernes qui se soit élevé contre le principe lui-même. On sait qu'Aristote basait la légitimité de l'esclavage sur l'inégalité physique et morale des hommes. Cette raison, et d'autres que nous verrons bientôt, suffirent durant plus de deux siècles à soutenir l'esclavage, que l'on déclarait, d'autre part, indispensable à certaines colonies. Or, voici la réfutation de Bodin : « La découverte de l'Amérique fut une occasion de renouer la servitude par tout le monde. Je confesserai que la servitude sera naturelle lorsque l'homme fort, roide, riche et ignorant, obéira au sage, discret et faible, quoiqu'il soit pauvre... De dire que c'est une charité louable de garder le prisonnier qu'on peut tuer, c'est la charité des voleurs et des corsaires... Et quant à ce qu'on dit que la servitude n'eût pas duré si longuement si elle eût été contre nature, on sait assez qu'il n'y a chose plus cruelle et plus détestable que de sacrifier les hommes, et toutefois, il n'y a quasy peuple qui n'en aye ainsi

usé... » Bodin ne se contente pas de réfuter la théorie ;
il envisage les difficultés de l'abolition avec la précision
et la fermeté d'un antiesclavagiste de la Révolution.
Adoucir le sort des esclaves et modérer la puissance
des maîtres lui paraît une utopie; car, « qui ferait la
poursuite de la mort d'un esclave? qui en oyrait la
plainte? qui en ferait raison n'ayant aucun intérêt? »
Toutefois, il n'est pas bon d'affranchir tout d'un coup
les esclaves, comme fit l'empereur du Pérou; car,
« n'ayant point de biens pour vivre ni de métier pour
gagner, et même étant affriandés de la douceur d'oisiveté et de liberté, ils ne voulaient travailler, de sorte
que la plupart mourut de faim. Mais le moyen, c'est,
devant les affranchir, leur enseigner quelque métier
et les relever de l'abâtardissement de la servitude. »

La *République* de Bodin parut en 1577, quand l'essor des découvertes françaises semblait arrêté. C'est ce
qui explique qu'il n'aborde pas explicitement le problème colonial. Mais quand Henri IV va reprendre
l'action et lui donner le caractère qu'elle gardera dans
la suite, c'est directement et sans ambages que les penseurs vont y applaudir. Alors, nous trouvons les vrais
apôtres de la colonisation.

Remarquons d'abord que le Roi lui-même est un
convaincu, parfois un apologiste. Le Parlement de
Rouen refusant d'enregistrer le pouvoir donné au
sieur de Montz « pour le peuplement et l'habitation de
l'Acadye », Henri IV lui explique, dans une lettre du

17 janvier 1604, que « ce louable desseing... a esté conçu pour rendre le traficq commun et facile au général des sujets, et pour leur seule utilité, accez et liberté ». Dans les pouvoirs qu'il donne sucessivement à de La Roche, de Pontgravé, Chauvin, de Chatte, de Montz, etc., il inaugure le système du privilège exclusif, mais il pose pour condition la formation d'un établissement colonial et le transport de colons. Par l'édit de 1604, il déclare que le commerce maritime ne déroge pas. Il se fait même, à la fin, l'initiateur des missions. C'est lui, l'ancien huguenot, maintenant soumis à l'influence du Jésuite Cotton, qui ordonne au huguenot Poutraincourt, en 1608, d'emmener deux Jésuites dans sa concession de Port-Royal!

Nous pourrions, après le Roi, présenter le véritable fondateur de la Nouvelle-France, l'illustre Champlain. Mais il est trop évident qu'il est un convaincu. Il a prêché la colonisation par les récits de ses voyages dont nous avons vu la vogue, par les descriptions enthousiastes du pays, voire par l'ardeur de son prosélytisme chrétien et par la sagesse de ses récriminations contre l'inintelligence et la ladrerie de la Compagnie fondée en 1628. Mais il est avant tout un homme d'action, et c'est par l'exemple et la prière, plus encore que par la raison et la théorie, qu'il entraîne tout le monde.

Montchrétien et Lescarbot sont, au contraire, des hommes de pensée. Leur conviction est réfléchie et motivée; leur zèle n'est pas de métier. Nous devons donc analyser leurs livres comme une des plus importantes manifestations d'opinion à l'époque qui nous occupe.

Montchrétien, génie universel et par suite inégal, encore aujourd'hui inconnu ou méconnu (1), a publié en 1615 un *Traité de l'économie politique* où abondent les vues neuves et profondes. Le premier livre traite « des arts méchaniques »; le deuxième, du commerce; le troisième, de la navigation; le quatrième, du gouvernement intérieur d'un État. C'est le troisième qui offre, pour notre sujet, les développements les plus intéressants, bien qu'il y ait aussi à glaner dans les autres.

Parlant, dit-il d'abord, des nations qui se sont adonnées à la marine, « ce serait faire tort aux vieux Français, si experts et pratiques en cet art, si nous ne les mettions en ligne de compte, ayant mesmement acquis si grande gloire et réputation par leurs voyages ». Or, cette vieille gloire, il supplie Louis XIII, à qui il s'adresse, de la rendre à la France. « Vous avez, Sire, lui dit-il, deux grands chemins ouverts à l'acquisition de la gloire : l'un, qui vous porte directement contre les Turcs et mécréans..., et l'autre, qui s'ouvre largement aux peuples qu'il vous plaira envoyer dans ce Nou-

(1) M. FUNCK-BRENTANO vient de lui rendre justice en éditant le *Traité d'économie politique*, et le faisant précéder d'une magistrale étude (1890).

veau-Monde, où vous pouvez planter et provigner de nouvelles Frances. » Que de raisons s'offrent en faveur d'une telle entreprise! D'abord, « si l'honneur est dû aux Espagnols d'avoir découvert le Nouveau Monde, et aux Portugais d'avoir familiarizé le Levant au Ponent,... nous avons fait le mesme aussi bien qu'eux, sinon avec pareil succez, au moins avec pareil exemple ». En second lieu, le commerce d'exportation est une nécessité pour un peuple : il occupe utilement les oisifs, il enrichit les particuliers et le Roi. On le peut voir par les profits que les étrangers, qu'attire en France une législation trop douce et sans réciprocité, font à notre détriment. Enfin, les deux mers qui bordent le royaume sont « comme deux larges portes pour saillir sur les deux bouts du monde ». Beaucoup de gens y sont disposés et s'y disposent tous les jours, malgré « l'aménité des lieux où nous naissons, l'esloignement de la mer, le commerce d'un air doux et salubre, la délicatesse du boire et du manger », qui retiennent les Français plus que les autres peuples. A les y encourager, le Roi doit être décidé par trois puissants motifs : « l'employ de tant d'hommes qui jouent maintenant à l'esbahi (1) » ; « l'accroissement de la richesse de cet Estat » ; « sa fortification sur mer ». D'autre part, comme le peuple « s'est infiniment multiplié dans ce royaume et qu'on s'y entr'étouffe l'un l'autre..... un

---

(1) Pittoresque expression du temps qui signifie « vivre dans l'oisiveté ».

nombre infini (30,000 dans le royaume de Valence en 1595) passent en Espagne..... » Il est urgent de dériver ces émigrations dans des possessions « qui amplifieront l'Estat et qui ouvriront de grandes et inépuisables sources de richesses ». Mais, de plus, n'appartient-il pas à la nation française, « à laquelle est demeurée, comme en propre, la gloire des lettres et des armes, des arts et de la civilisation, et davantage du vray christianisme, quoy que les autres prétendent », de s'employer avec ardeur et sans crainte à cette œuvre, « digne entre toutes du titre de chrestien », qui consiste « à aller faire connaître le nom de Dieu à tant de peuples barbares, privés de toute civilité, qui nous appellent, qui nous tendent les bras, qui sont prests de s'assujettir à nous, afin que, par saincts enseignements et par bons exemples, nous les mettions en la voye du salut » ?

On le voit, Montchrétien n'oublie aucun des arguments qui, de nos jours encore, légitiment l'expansion coloniale. Il fait ressortir tour à tour, avec une force et une richesse de style remarquables, la gloire nationale, l'extension du domaine, les forces maritimes, le profit commercial, le surcroît de population, l'utilisation de capitaux et d'activités inoccupés, et même cette mission civilisatrice, dont on se moque aujourd'hui, et à laquelle on croyait alors, comme à un devoir religieux. Mais il n'a pas dit encore toute sa pensée. Avec cette sagacité qui éclate à chaque page de son livre, il soulève et résout à sa façon deux graves questions qui se rattachent au problème colonial : la liberté du commerce et les compagnies.

La première se présente à son esprit sous la forme de la concurrence que les étrangers viennent faire en France au commerce français. Il en fait une longue peinture, en dit les causes et en montre l'injustice, qui résulte du défaut de réciprocité. Mais il conclut, en précisant et complétant la théorie de Bodin : « Le commerce étant de droit des gens, doit estre égal entre égaux, et sous pareilles conditions entre pareils. D'une part et d'autre, il le faut rendre totalement exempt de soumission et d'infamie, réciproquement libre et sans restriction de païs. » N'y a-t-il pas dans ces paroles toute la théorie des traités de commerce à base libre-échangiste, que notre époque seulement devait connaître? N'y voit-on pas poindre les doctrines économiques du dix-huitième siècle et les polémiques entre colons et négociants métropolitains?

Montchrétien aborde la seconde question directement : il avait, en effet, sous les yeux l'exemple donné par la Hollande et l'Angleterre. Devançant Richelieu, ou plutôt lui donnant une formule (1), il dit expressément : « Il n'y a point de meilleure méthode pour s'en accomoder bientost (du trafic colonial), que de le faire en société comme les Hollandais ; car un particulier,

(1) V. plus loin le discours de Richelieu à l'Assemblée des notables de 1626.

quelque opulent qu'il peut estre, ne le saurait longtemps soutenir tout seul, outre que les choses se font plus sagement et seurement qui sont dressées et conduites par le conseil de plusieurs ayans mesme intérêt et mesme fin..... Si Vos Majestés les y voulaient encourager par libéralités, privilèges et immunités, tout n'en irait que mieux; si pour les mettre en train de bien fayre et leur frayer le chemin, elles voulaient entreprendre quelque chose de leur chef, faisant choix d'hommes expérimentés et fidèles, ce ne serait point sans honneur et sans profit, non plus que sans exemple. » Ainsi, l'exploitation coloniale par Compagnies privilégiées, tel est le moyen que préconise Montchrétien. Il est en cela, comme en beaucoup d'autres choses, l'inspirateur de la politique économique de Richelieu. On ne l'avait pas remarqué jusqu'ici, mais on vient de le démontrer avec éclat (1), Montchrétien a formulé tous les principes économiques du dix-septième siècle. Il est le premier et le plus pénétrant de nos économistes d'observation. Nous verrons ses idées reprises par les hommes de l'entourage de Richelieu et mises en œuvre par le grand ministre.

Toutefois, il faut remarquer qu'il se trouve en désaccord avec ses contemporains immédiats, en ce qui concerne les Compagnies. Le tiers état de 1614, dont les cahiers représentent l'opinion de la haute bourgeoisie.

---

(1) FUNCK-BRENTANO, *op. cit.*

condamne avec netteté et précision le système ; il se rattache à l'école de Bodin, non à celle de Montchrétien. Comme le feront la plupart des économistes du dix-huitième siècle, il réclame la liberté complète et l'égalité pour tous du commerce. « Soit permis, disent les cahiers, à tous marchands de faire trafic à la Nouvelle-France du Canada, et par toute l'estendue du païs, en quelque degré et situation que ce soit, et en tous autres lieux, tant dedans que dehors le royaume, de toutes sortes de denrées et marchandises, et à tous artisans et autres d'ouvrir et fayre ouvrir toutes sortes de manufactures, nonobstant tous privilèges concédés à aucun ou partis faicts sur le trafic et manufactures de cotons, aluns, tapisserie, eaux-de-vie, vinaigre, moutarde et autres quelconques, qui seront cassez, et toutes les interdictions cy-devant faictes à vos subjects de trafiquer de certaines marchandises et denrées et de n'ouvrir quelques manufactures seront entièrement levées, et la liberté de commerce, trafic et manufactures remise en tous lieux et pour toutes choses (1). »

Cette contradiction curieuse, entre gens également entendus, est d'une grande importance dans notre sujet. Elle montre le point de départ de deux courants d'opinion qui seront en lutte durant les périodes les plus brillantes de notre histoire coloniale.

(1) Rapprocher les plaintes du commerce rouennais contre le privilège concédé à de Montz, 1604.

Lescarbot n'écrit pas aussi bien et ne pense pas aussi profondément que Montchrétien. Nous ne lui ferons pas, par exemple, un titre de gloire de ses *Muses de la Nouvelle-France*. Ces poésies diverses, sonnets, odes, petits poèmes héroïques ou héroï-comiques, se sentent trop de la façon dont elles ont été composées :

> Cherchant dessus Neptune un repos sans repos,
> J'ai façonné ces vers au branle de ses flots,

dit le poète en débutant. Aussi les vers ont-ils des enjambements pareils à ceux de la vague sur le pont du navire, témoin ceux-ci :

> Et revien (garson) tout à cette heure
> Rendre pareille meseure,
> Ne cessant jusques à ce
> Que nous en ayons assé.

Mais Lescarbot est un honnête homme, un patriote et un apôtre convaincu de la colonisation. On trouve, dans ces mêmes *Muses*, un grand enthousiasme et un véritable amour pour ce pays, dont l'auteur a vu les beautés et les richesses. Ces sentiments lui tiennent lieu d'inspiration poétique, et lui font faire quelques trouvailles. Ainsi, dans les *Adieux à la Nouvelle-France,* il dit avec un certain charme :

> Adieu donc, beaux coteaux et montagnes aussi,
> Quy d'un double rempart ceignez ce Port icy;

Adieu, vallons herbus, que le flot de Neptune
Va baignant largement, deux fois à chaque lune.
. . . .
Adieu, mon doux plaisir, fontaines et ruisseaux,
Qui les vaux et les monts arrosez de vos eaux !
Pourrai-je t'oublier, belle île forestière,
Riche honneur de ce lieu et de cette rivière ?
Tes rives sont des rocs, soit pour tes bâtiments,
Soit pour d'une cité jeter les fondements.
Ce sont, en autres parts, une menue arène,
Où, mille fois le jour, mon esprit se pourmène.
Mais parmi tes beautés, j'admire un ruisselet
Qui foule doucement l'herbage nouvelet
D'un vallon qui se baisse au creux de ta poitrine,
Précipitant son cours dedans l'onde marine.

Nous ne savons si les *Muses* ont gagné beaucoup de cœurs à la Nouvelle-France. On en pourrait douter, car elles n'ont pas eu de réédition. Mais ce n'est pas d'elles que nous devons nous occuper. C'est à l'*Histoire de la Nouvelle-France,* qui a obtenu un si grand succès, que nous demanderons l'opinion de Lescarbot sur la colonisation.

Il a pris soin d'exposer sa pensée intime dans les trois dédicaces à Louis XIII, à Jeannin et à la France, qu'il a placées en tête de l'édition de 1612. « Rien ne sert, dit-il à Jeannin, de rechercher et de découvrir des païs nouveaux, au peril de tant de vies, si on ne tire fruit de cela. Rien ne sert de qualifier une Nouvelle-France, pour être un nom en l'air et en peinture seulement..... Il faut donc y envoyer des colonies françaises, pour civiliser les peuples qui y sont et les rendre chrétiens par leur doctrine et exemple. » Voilà l'idée. Lescarbot y revient à chaque instant et avec insistance. Il dit encore, dans sa dédicace à la France « sa très chère mère » : « Je crains vous offenser, si je dis, pour la vérité, que c'est chose honteuse aux princes, prélats, seigneurs et peuple très chrétiens, de souffrir vivre en ignorance, et presque comme bêtes, tant de créatures raisonnables, formées à l'image de Dieu, lesquels chacun sçait estre ès grandes terres occidentales d'oultre Océan. » C'est donc par pure charité chrétienne que l'auteur prêche la colonisation. Il réédite même, à ce propos, le raisonnement des papes et des inquisiteurs vis-à-vis des infidèles et des hérétiques. En réponse à l'objection de ceux qui mettaient en doute que l'on pût dépouiller justement les habitants de ces terres nouvelles, il dit : « Comme ainsi soit que Dieu le créateur eût donné la terre à l'homme pour la posséder, il est bien certain que le premier titre de possession doit appartenir aux enfants qui obéissent à leur père et le reconnaissent premier, qu'aux enfants désobéissants, qui ont esté chassez de la maison comme indignes de l'héritage de ce qui en dépend (1). »

---

(1) Innocent III écrit aux Croisés, en 1203, qu'il va demander pour eux des vivres à Alexis, mais que, s'il refusait, « cum vos devoveritis ad commune obsequium Crucifixi, cujus est terra et plenitudo ejus orbis terrarum et universi qui habitant in ea, posset utique non absurdum videri... possitis et vos, cum timore Domini, sub satisfaciendi proposito ea accipere ». (MIGNE, 215, col. 107-108-109.) — On voit que le raisonnement est le même.

Cette théorie, exposée sans scrupule, contient en germe deux des plus importantes controverses qu'ait soulevées la question coloniale : le droit de propriété des habitants des terres neuves, et leur droit à la liberté. Grotius, onze ans plus tard, condamne avec force, dans son *Traité de la guerre et de la paix* (1), l'opinion de Lescarbot. « C'est une guerre injuste, dit-il, de s'approprier un pays que l'on croit avoir découvert, mais qui a déjà des maîtres..... C'est une iniquité de se prévaloir de l'ignorance de certaines races, pour les dépouiller et les réduire en esclavage. » Mais en même temps, avec un illogisme assez étonnant, il légitime l'esclavage par le libre contrat et par le droit de la guerre (III, chap. vii, §§ 1 et suiv.). Il fournit ainsi des argument aux théoriciens de l'esclavage individuel et politique, Hobbes ou Bossuet (2), et aux entrepreneurs de la traite des noirs. La conclusion tranchante de Lescarbot est, en tout cas, significative au moment où Henri IV impose les missionnaires, où les Jésuites, favorisés en France (3), vont faire leurs établissements au Canada et ailleurs.

Toutefois Lescarbot n'en reste pas là. N'étant ni congréganiste ni missionnaire, il se préoccupe des intérêts

---

(1) Liv. II, chap. viii, §§ 3, 10, 11, 12.
(2) Dans le système de Hobbes, la force établit le droit de l'esclavage. Bossuet repousse l'idée de pacte, mais admet le droit de la guerre. (Cf. *Polit. tirée de l'Écriture sainte*, § 50.)
(3) Arrêt du 15 août 1618, les autorisant, malgré la Sorbonne et le Parlement, « à faire leçons et lectures publiques en toutes sortes de sciences au collège de Clermont ».

purement civils et d'État. Outre le profit supérieur de la conversion des sauvages, il reconnaît, dans la colonisation, le profit économique. Il l'analyse même fort sagement. Il consacre tout un chapitre (VI, 24) aux productions de la terre, à la Nouvelle-France, et il dit ailleurs (I, 2) avec vigueur comment il en faut tirer parti : « Les demandes que l'on fait sont : Y a-t-il des thrésors? Y a-t-il des mines d'or et d'argent? Et personne ne demande : Ce peuple-là est-il disposé à entendre la doctrine chrétienne? Et quant aux mines, il y en a vrayment, mais il les faut fouiller avec industrie, labeur et patience. La plus belle mine que je sçache, c'est du blé et du vin, avec la nourriture du bestial. Qui a de ceci, il a de l'argent. Et de mines, nous n'en vivons point. Et tel souvent a belle mine qui n'a pas beau jeu. » Ces paroles sont d'autant plus remarquables qu'elles condamnent le système espagnol, avant qu'on en connût un autre.

Lescarbot formule contre ce même système une autre réprobation non moins honorable. « L'Hespagnol, dit-il, s'est montré plus zélé que nous et nous a ravi la palme de la navigation qui nous était propre. Il a été cruel; c'est ce qui a terni sa gloire, laquelle autrement serait digne d'immortalité….. Je ne voudray exterminer ce peuple-ci comme a faict l'Hespagnol, ceux des Indes occidentales; car nous sommes en la loy de grâce, loy de douceur, de pitié et de miséricorde, en laquelle notre Sauveur a dit : «Appre-

« nez de moi que je suis doux et humble de cœur. »

Ces sentiments de douceur et d'humanité se perpétueront dans l'histoire de notre colonisation. Ils sont conformes à notre caractère, et on les retrouve à toutes les époques. Déjà Montaigne avait dit, avec plus d'éloquence que Lescarbot : « Qu'il eust esté aisé de faire son profict d'âmes si neuves, si affamées d'apprentissage, ayant pour la plupart de si beaux commencements naturels ! Au rebours, nous nous sommes servis de leur ignorance et inexpérience à les plier plus facilement vers la trahison, luxure, avarice, et vers toute sorte d'inhumanité et cruauté, à l'exemple et patron de nos mœurs. Qui mit jamais à tel prix le service de la mercadence et de la trafique? Tant de villes rasées, tant de nations exterminées, tant de millions de peuples passez au fil de l'espée et la plus riche et belle partie du monde bouleversée pour la négotiation des perles et du poivre : méchaniques victoires ! Jamais l'ambition, jamais les inimitiez publiques ne poussèrent les hommes les uns contre les autres à de si horribles hostilitez et calamitez si misérables ! » (*Essais*, III, 6.) Et Rabelais, à son tour, parlant des peuples « nouvellement conquestés », dit que « comme un enfant nouveau-né, les faut allaicter, bercer, esjouir ; comme arbre nouvellement planté, les faut appuyer, asseurer, défendre de toutes vimaires, injures et calamités ; comme personne sauvée de longue maladie, les faut choyer, espargner, restaurer ».

Explorateurs, colons et hommes d'État français tiendront toujours ce langage et suivront toujours cette méthode paternelle. C'est notre honneur et notre originalité. On est heureux d'en trouver l'expression, dès le seizième siècle. Quand la question coloniale n'y aurait pas eu d'autre manifestation, il faudrait noter celle-là avec orgueil!

LIVRE II

DEUXIÈME ÉPOQUE

Du ministère de Richelieu à la fin du règne de Louis XIV

LA PLUS GRANDE EXPANSION — LES COMPAGNIES

PREMIÈRE PARTIE

RICHELIEU ET LA RÉGENCE

CHAPITRE PREMIER

L'ACTION.

Aspect nouveau de la question.

La période primitive avait eu pour signe distinctif la curiosité provoquée par les terres neuves. Peu de personnes en avaient su prévoir l'utilité. Toute la science coloniale se réduisait à prendre possession nominale de contrées quelconques et à y chercher de l'or. On suivait l'exemple de l'Espagne; parfois, on songeait à l'affaiblir en l'imitant. Par suite, les explorateurs tâchaient de devancer leurs concurrents dans les régions inconnues. Ils tenaient très secrets leurs préparatifs, mais proclamaient très haut leurs résultats. En somme, cette colonisation factice laissait tout l'avantage à l'Espagne, qui avait réellement trouvé les terres d'or.

Mais l'idée vint bientôt de tirer un profit politique

et économique des colonies. On la voit poindre en France sous le règne de Henri IV, qui marque la transition entre la première et la seconde phase de notre développement colonial. Henri IV donne l'ordre de coloniser effectivement; il concède le premier des privilèges commerciaux à des Compagnies. Champlain se fait l'ouvrier de cette œuvre nouvelle; Lescarbot et Montchrétien en sont les apôtres. « On a assez veu et ouï parler de terres nouvelles, dit Lescarbot, il est temps de les coloniser. » C'est le mot d'ordre de l'époque de Richelieu.

I

LE SYSTÈME DE RICHELIEU.

On n'a peut-être pas suffisamment marqué la part très grande qui revient à Richelieu dans notre expansion coloniale du dix-septième siècle. On n'a pas fait connaître toute sa pensée et l'on confond le plus souvent son initiative avec celle de Colbert (1).

Dans la pensée de Richelieu, la suprématie maritime et coloniale de la France tient une place égale à l'abaissement de la maison d'Autriche, ou mieux, elle

(1) Il faut excepter M. Pigeonneau, qui, dans le tome II de son *Histoire du commerce* (1889), a fait une analyse pénétrante et neuve du programme et de l'action de Richelieu en matière commerciale et coloniale.

ne s'en sépare pas; ce sont deux parties liées dans une action unique, tendant à la grandeur de la France.

Dès son arrivée au pouvoir, Richelieu a montré que la marine et les colonies seraient une des ses principales préoccupations. Il se fait donner, en octobre 1626, la charge de « grand maître et surintendant de la navigation et commerce de France », qui remplace celle d'amiral rachetée au duc de Montmorency. Mais, dès 1625, il adressait à Louis XIII « un règlement pour la mer » et un mémoire (1) qui contenaient ses idées novatrices. Il y dit en substance qu'il est nécessaire que le Roi relève la puissance maritime, « sans laquelle il ne fallait plus faire estat d'aucun trafficq », et qu'il est résolu à consacrer 1,500,000 livres par an à l'entretien de trente navires de guerre « pour tenir les côtes nettes ». Mais ce n'était là qu'une mesure préparatoire; la marine devait être l'instrument, la colonisation était le but. D'après certaines inspirations, prises peut-être dans Montchrétien, mais renouvelées, comme nous le verrons plus loin, par les familiers du ministre, Richelieu se mit en devoir de créer une méthode d'exploitation coloniale. Colbert la lui empruntera, en la complétant. Elle se trouve tout entière exposée dans le discours prononcé devant l'Assemblée des notables de 1626 et analysée dans les Mémoires (2).

(1) Documents inédits : *Correspondance de Richelieu*, t. II.
(2) *Mémoires de Richelieu* (collection Michaud, II, p. 438, année 1627).

« Cette grande connaissance que le cardinal avait prise de la mer fit qu'il présenta, en l'Assemblée des notables qui se tenait lors, plusieurs propositions nécessaires, utiles et glorieuses, non tant pour remettre en France la marine en sa première dignité que, par la marine, la France en son ancienne splendeur. Il leur remontra que l'Espagne n'est redoutable et n'a étendu sa monarchie au Levant et ne reçoit ses richesses d'Occident que par sa puissance sur mer; que le petit État de Messieurs des États des Pays-Bas ne fait résistance à ce grand royaume que par ce moyen; que l'Angleterre ne supplée à ce qui lui défaut et n'est considérable que par cette voie; que ce royaume étant destitué comme il l'est de toutes forces de mer, en est impunément offensé par nos voisins, qui tous les jours font des lois et ordonnances nouvelles contre nos marchands, les assujettissent de jour en jour à des impositions et à des conditions inouïes et injustes..... Qu'il n'y a royaume si bien situé que la France et si riche de tous les moyens nécessaires pour se rendre maître de la mer; que, pour y parvenir, il faut voir comme nos voisins s'y gouvernent, faire de grandes Compagnies, et pour ce que chaque petit marchand trafique à part et de son bien, et partant, pour la plupart, en de petits vaisseaux et assez mal équipés, ils sont la proie des corsaires et des princes nos alliés, parce qu'ils n'ont pas les reins assez forts, comme aurait une grande Compagnie, de poursuivre leur justice jusqu'au bout; que ces Compagnies seules ne se voient pas néanmoins suffisantes, si le Roi, de son côté, n'était armé d'un bon nombre de vaisseaux pour les maintenir puissamment au cas qu'on s'opposât par force ouverte à leurs desseins ; outre que le Roi en tirerait cet avantage qu'en un besoin de guerre, il ne lui soit pas nécessaire d'avoir recours à mendier l'assistance de ses voisins (1) ; que, pour cela, il faudrait, entre autres choses, bannir les changes simulés et supposés dont le gain injuste est si grand qu'en moins de cinq ans, si on ne souffre point de banqueroute, on double son bien ; ce qui fait quitter la marchandise à plusieurs pour s'y employer. »

Ainsi, dans la pensée de Richelieu, le relèvement de la marine et du commerce est un moyen de rendre à la France « son ancienne splendeur », de lui permettre, à elle dont la situation est privilégiée, de lutter contre la monarchie espagnole, qui tire toute sa puissance de ses possessions coloniales. Il emprunte aux étrangers et surtout aux Pays-Bas, dont la Compagnie des Indes avait été constituée par les actes des 9 juin 1621, 10 juin 1622 et 21 juin 1623 (2), l'idée, ou plutôt l'exemple des grandes Compagnies privilégiées. Il veut que le commerce français se défende en atten-

---

(1) Richelieu venait, en 1625, de « mendier » aux Hollandais un secours de vingt navires, et avait obtenu avec la plus grande peine qu'ils fussent montés et commandés par des Français. (*Mémoires*, collection Michaud, I, année 1625.)

(2) Le *Mercure français* en a donné le règlement. (*Mercure français*, t. IX, p. 209-241, année 1624.)

dant qu'une forte marine royale le protège. On peut être sûr qu'il a mis au service de ce programme si important sa ténacité et son énergie ordinaires. Pour ne rappeler que ce qui concerne les colonies, voici la liste des Compagnies qu'il a fondées ou autorisées :

1625. — Compagnie de la Nacelle de Saint-Pierre fleurdelysée.

1626. — Compagnie du Morbihan.

Octobre 1627. — Compagnie des Cent associés ou du Canada.

1627. — Compagnie des îles d'Amérique.

1635. — Compagnie de l'île Saint-Christophe.

1638. — Compagnie du cap Nord.

1642. — Nouvelle Compagnie de l'île Saint-Christophe.

1642. — Compagnie de Madagascar ou des Indes orientales (1).

Toutes ces Compagnies sont établies sur les mêmes principes. Les plus importants sont formulés dans les articles 17 du contrat des Cent associés, 9 du contrat de rétablissement de la Compagnie des îles d'Amérique, 18 du contrat avec Berryer, 1 et 4 de ce même contrat.

D'après ces deux derniers, l'objectif de Richelieu est : 1° d'étendre et multiplier les colonies, de les

---

(1) PREUVES : *Mémoires de Molé*, I, p. 423 (collection Michaud). — Archives Affaires étrangères, *Amérique*, I. — ISAMBERT : *Recueil des anciennes lois françaises*. — DE FLACOURT : *Histoire de Madagascar*. — Cf. l'analyse du cours de M. Pigeonneau à la Sorbonne (année 1885) dans le journal *l'Instruction publique*.

peupler de colons français, d'y maintenir la religion catholique, à l'exclusion de toute autre ; 2° d'activer par elle le commerce et de le protéger pas une marine de guerre. Quant aux autres, ils montrent que cette tradition française de douceur et d'humanité, dont nous avons saisi l'expression dans la littérature du seizième siècle, n'est pas de simple rhétorique, et qu'elle a passé dès ce temps-là dans les faits. Ils établissent, en effet, cette jurisprudence, exclusivement française, qui prononce l'assimilation légale des Indiens baptisés aux colons et même aux métropolitains. Richelieu en a le premier donné la formule, que Colbert lui empruntera plus tard.

Mais il faut remarquer que la conception coloniale de Richelieu ne va pas au delà des colonies de peuplement. Il n'est fait aucun contrat avec une Compagnie de commerce, bien qu'une Compagnie de ce genre (Beaulieu et Le Lièvre) ait reçu privilège royal en 1615, et que des propositions en ce sens aient été faites à Richelieu lui-même. C'est pourtant bien pour étendre le commerce en même temps que pour fortifier l'État que le grand ministre rêve un empire colonial. Mais il ne semble pas avoir dépassé les données de Montchrétien et Lescarbot. Il laisse un progrès à réaliser.

Quant au rôle politique qu'assigne Richelieu à la colonisation, il n'est pas une innovation : Coligny en avait eu déjà la pensée. On peut même dire que l'idée d'attaquer la puissance espagnole par ce côté est dans l'air à cette époque. Tout le monde s'en occupe dans l'entourage de Richelieu, comme nous le verrons. Mais personne n'en saisit plus vivement que lui les avantages. Nous ne croyons pas exagérer en disant que c'est son idée maîtresse. Dans la lutte entreprise contre la fédération austro-espagnole, peut-être eût-il préféré, s'il avait dû choisir, l'action aux colonies à l'action continentale. Elles se mêlent, en tout cas, l'une à l'autre dans la guerre de Trente ans, et c'est rapetisser la première que de la mettre, comme on le fait ordinairement, au simple rang des mesures d'administration intérieure (1).

La France, du reste, n'est pas la seule, ni même la première, à soutenir cette lutte d'un nouveau genre contre l'Espagne. La Hollande, dont la Compagnie des Indes s'est créé un si bel empire aux îles de la Sonde, une si belle clientèle commerciale au Bengale, en Chine et au Japon, et a atteint une telle prospérité qu'elle donne aux actionnaires, de 1605 à 1648, un dividende de 22 1/2 pour 100 (2), a délibérément armé contre les colonies portugaises et s'en est rendue maîtresse pour affaiblir l'Espagne, qui les avait confisquées en 1581. L'Angleterre, qui prodigue les faveurs et les encouragements à sa Compagnie, languissante jusqu'en

---

(1) C'est l'erreur de M. Caillet, entre autres. (*De l'administration de Richelieu*, chap. XII.)

(2) Anonyme : *Richesse de la Hollande*. (Londres, 1778, 2 vol. in-8°.)

1630, a fait ses premières conquêtes, sous Élisabeth, au cours de la guerre maritime contre l'Espagne; sous les gouvernements pourtant si maladroits de Jacques Ier et de Charles Ier, elle essaye de les accroître et de les mettre en rapport commercial, en s'alliant à l'Espagne. Le traité du 29 août 1604 lui assure, au prix d'une trahison (1), des avantages commerciaux en Espagne et même aux Indes espagnoles (article 9), et le traité de Madrid, du 15 novembre 1630, les reconnaît et les accroît. Ainsi la même pensée guide et anime les trois puissances qui ont le plus souffert de l'ambition espagnole au siècle passé. Mais il en résultera entre elles une rivalité furieuse, qui se traduit déjà par des faits, tels que pirateries anglaises, secours aux protestants français, refus de louer ou vendre des vaisseaux, surprise de notre établissement d'Acadie (2), etc. Les Anglais surtout semblent déjà penser comme un de leurs hommes d'État du dix-huitième siècle qui disait : « Si nous voulions être justes avec les Français, nous n'aurions pas trente ans d'existence. » La possession et l'exploitation des colonies deviennent donc une question de politique internationale.

(1) Traité d'alliance avec la France, du 10 juillet 1603, pour soutenir la Hollande contre l'Espagne.
(2) Surprise de Port-Royal par le capitaine Kertk (1626). Richelieu n'en obtint la restitution qu'en 1632 (traité de Saint-Germain en Laye, 29 mars 1632). — V. notre brochure : *Isaac de Razilly*. (Delagrave, 1887.)

II

LA COLONISATION DEVIENT QUESTION D'ÉTAT.

Aussi la traite-t-on en conséquence, c'est à-dire avec une réserve diplomatique. Razilly, un des conseillers de Richelieu dont il sera question plus loin, le dit expressément : « Faire des conquestes et trafficqs, le tout avec prudence et secret. » L'action, qui s'affichait autrefois, se cache maintenant. On ne la retrouve plus que dans le fait accompli ou dans les documents d'État. Le public n'en peut raisonner, et l'on en chercherait vainement l'expression dans la littérature.

Ce silence des écrivains contemporains est un fait bien significatif. Il n'admet d'abord pas d'exception. A part une strophe médiocre de Malherbe à l'éloge de Richelieu, une page des Mémoires de Molé sur la Compagnie de la Nacelle de Saint-Pierre fleurdelysée, et un brillant morceau de Mézeray sur l'héroïque action de Gourgues, nous n'avons rien trouvé qu'on puisse attribuer à la question coloniale. On en pourrait chercher la raison dans la tournure d'esprit des contemporains de Descartes, de Bérulle, de Pascal : perdus dans la recherche de l'idéal, ils dédaignaient les questions d'intérêt terrestre. Philaminthe, passant tout le jour dans son observatoire, laissait se faire comme il pouvait le pot-au-feu. Mais la raison véritable est dans le caractère nouveau que prend l'action aux colonies. C'est désormais une affaire politique; elle appartient au Roi et au ministre.

III

L'ACTION SOUS LA RÉGENCE.

Sous la Régence, l'impulsion donnée par Richelieu continue, et il n'est rien innové. L'action gouvernementale mérite cependant d'être signalée, parce qu'on a trop répété que Mazarin « laissa nos vaisseaux pourrir au port », et parce qu'il s'est exercé, durant cette période, une influence longtemps ignorée qu'il est bon de dévoiler.

De 1645 à 1651, c'est la Régente elle-même qui porte le titre de « grand maître de la navigation » et qui signe, en cette qualité, les lettres de provision, les instructions, les encouragements donnés à nos colonisateurs. Elle semble apporter un grand zèle à continuer l'œuvre de son ancien ennemi. Il lui arrive d'écrire des lettres autographes de félicitations aux meilleurs agents, comme Charnizay (1). Avant elle, c'étaient le duc de Brézé et le chevalier de Fronsac qui avaient

---

(1) Archives Affaires étrangères, *Amérique*, I, f° 179.

rempli la charge; après elle, ce fut Vendôme. Les uns et les autres sont plus occupés des profits de leur haute fonction que de ses devoirs. Vendôme, surtout, s'est rendu célèbre par ses tracasseries et sa rapacité.

Qui donc a été le vrai continuateur de Richelieu dans le conseil de la Régence? Qui a dicté ces instructions, arrêtés, contrats (1) où se retrouvent l'esprit et la méthode du grand initiateur? C'est Fouquet, flétri par les accusations de Colbert, qui, pour la question coloniale, est le trait d'union entre Colbert et Richelieu (2).

Il avait été initié par son père aux intérêts commerciaux créés outre-mer sous le règne de Louis XIII; il en avait hérité toutes les parts, obtenues par dons, souscriptions ou achats dans les Compagnies alors fondées. Il pensa lui-même à être auprès de Mazarin ce que son père avait été auprès de Richelieu. S'il faut l'en croire (3), « Mazarin avait tellement approuvé ces pensées de mer et de Compagnies, qu'il l'avait chargé de s'en instruire davantage, d'y travailler, et approuvait fort qu'il eût des vaisseaux qui fissent ces grands

(1) Voir la volumineuse collection réunie dans le tome Ier de l'*Amérique*, Archives Affaires étrangères, f°s 112, 122, 170, 178, 179, 433, 435, 498, etc.

(2) Archives Affaires étrangères, I, f° 539; II, f° 17. — V. *Revue de géographie*, février 1885 : l'article de M. Gabriel Marcel sur Fouquet. Nous sommes arrivés en même temps aux mêmes conclusions, ayant travaillé aux mêmes sources. (Cf. nos articles à la même *Revue*, novembre et décembre 1885.) Cf. LAIR : *Nicolas Fouquet*, 2 vol. in-8° (1890).

(3) *Les défenses de Fouquet*, t. III.

voyages ». Par ambition et par convoitise, plus que par patriotisme, il se fit donc le promoteur des entreprises coloniales. Il organisa la Compagnie parisienne du cap Nord (1653); il soutint le duc de La Meilleraye dans ses efforts pour coloniser Madagascar, après l'insuccès de la Compagnie de 1642; il rédigea les contrats de Berryer, Daunay-Charnizay et autres, les instructions données à Du Parquet, Lauson, d'Argenson, Poincy, Feuquières, qui se succédèrent au Canada ou aux Iles à titre de gouverneurs. Mais, il faut bien le dire, cette activité n'était pas désintéressée; il y avait des intrigues cachées dans ce louable empressement. Le marquis de Feuquières fut l'agent secret de ces spéculations. Fouquet, en lui faisant donner des pouvoirs extraordinaires, lui imposa un invraisemblable contrat par lequel « il promettait luy donner sa démission quand il voudrait, et ne disposer de sa charge sans son consentement par écrit ».

Quoi qu'il en soit, c'est Fouquet qui dicta le préambule des lettres de provision données à Feuquières, en 1660. Or, ce préambule contient la pensée de la Régence en matière de colonisation. Il y est dit (1) : « Les Roys doibvent veiller au bien de leurs peuples et aux intérêts de Dieu..... Les Roys nos prédécesseurs, et surtout Henry le Grand et Louis le Juste, avaient creu ne pouvoir trouver un meilleur ny plus honorable moyen

(1) Archives Affaires Étrangères, *Amérique*, I, f° 539.

pour satisfaire à l'une et à l'autre de ces obligations qu'en travaillant par de nouvelles découvertes à l'establissement des colonies françaises dans les isles, costes et terre ferme de l'Amérique, pour enrichir ce royaume par ce nouveau commerce, et porter la lumière de la foy à des nations ensevelies dans les ténèbres du paganisme. » C'est, on le voit, la pensée même de Richelieu. La tradition qu'il a créée est scrupuleusement suivie jusqu'au règne personnel de Louis XIV.

Ainsi, peupler les terres nouvelles avec des colons français et catholiques, par l'intermédiaire de grandes Compagnies privilégiées, pour accroître, contre l'Espagne, la grandeur politique et commerciale de la France, et pour « servir les intérêts de Dieu », telle semble être la formule de l'action coloniale de la première moitié du dix-septième siècle.

CHAPITRE II

L'INTÉRÊT.

Les mémoires et les publications.

I

MÉMOIRES ADRESSÉS A RICHELIEU.

« Ces relations se présentent à vous, dit Champlain dans sa dédicace (1), comme à celui auquel elles sont principalement dues, tant à cause de l'éminente puissance que vous avez en l'Église et en l'Estat, comme en l'authorité de toute la navigation, que pour estre informé ponctuellement de la grandeur, la bonté et la beauté des lieux qu'elles vous rapportent. »

Ainsi pensèrent tous ceux qui, par patriotisme et par goût des entreprises, ont collaboré à l'œuvre coloniale de cette époque. Il fut adressé à Richelieu, dont la pensée était connue, une foule de mémoires, projets, plans, qui montrent l'empressement général et désignent les hommes d'action prêts à se dévouer. La

---

(1) Relation de 1627.

plupart de ces travaux sont restés inédits. Ils méritent cependant d'être étudiés, et l'on connaîtra, par eux, les préoccupations coloniales d'une société qui s'est beaucoup employée aux travaux d'outre-mer.

Dès 1626, Richelieu reçut cinq mémoires ou lettres « sur le fait du commerce et de la marine ». Lui-même est l'auteur ou l'inspirateur d'un grand nombre de contrats, lettres, rapports et statistiques ayant le même objet.

De tous ces documents, il en est deux qui sont particulièrement intéressants et instructifs : un Mémoire du chevalier Isaac de Razilly et un Mémoire anonyme, adressés l'un le 26 novembre 1626, l'autre dans la même année, sans indication de mois.

« Plusieurs personnes de qualité, écrit Razilly (1), et mesme du conseil, m'ont dit, et soutenu que la navigation n'estayt point nécessaire en France, d'aultant que les habitants d'ycelle avoyent toutes choses pour vivre et s'habiller, sans rien emprunter des voisins; partant, que c'était une pure erreur de s'arrêter à fayre naviguer, et que l'exemple est que l'on a toujours mesprisé au passé les affayres de la mer comme estant du tout inutiles; et oultre que les Françoys ne sont pas capables d'entreprendre des voyages de long cours ny

---

(1) Nous avons publié ce Mémoire, d'un intérêt capital, avec une courte biographie de l'auteur, dans une brochure intitulée : *Un colonisateur du temps de Richelieu*; Isaac DE RAZILLY : *Biographie, Mémoire inédit*. (Delagrave, 1887, in-8°, 37 pages.)

planter colonies. A quoy je réponds que ce sont vieilles chymères de croire que la navigation ne soyt point nécessayre en France et que les Françoys ne soient propres à naviguer, et prétends fayre voyr le contraire. »

Voilà d'abord une importante constatation. Il s'est trouvé, même au temps de Richelieu, où l'adhésion semble unanime, même dans le conseil où Richelieu commande, des personnes éclairées qui refusent aux Français toute aptitude aux entreprises maritimes et coloniales. Était-ce par esprit d'opposition au ministre ou sincèrement? On ne saurait le dire. Ces opposants n'ont fait connaître leurs motifs dans aucune publication. Il est probable qu'avec cette promptitude de jugement et ce pessimisme à notre égard, qui nous sont familiers, ces personnes ont été frappées de l'insuccès relatif de nos établissements du seizième siècle et ont préféré, pour asseoir leur jugement, l'aventure de Ville-gagnon à la colonisation de Champlain. Mais on traite déjà ces appréciations de « vieilles chymères », et l'on met un amour-propre national « à prouver le contrayre ». Razilly dit éloquemment : « J'ay le cœur tout serré, quand je viens à considérer les discours que font tous les jours les estrangers quand ils parlent de la France, et mesme j'ay eu dispute pour soutenir l'honneur du royaume. »

Pour faire taire les étrangers et convaincre les Français, Razilly voudrait faire cesser l'infériorité de la

France sur mer. Il a élaboré à cet effet tout un plan de réformes et de créations. Richelieu et Colbert l'ont exactement suivi; c'est comme le programme de l'action coloniale au dix-septième siècle (1). En voici le résumé :

« Pour remettre la navigation et ensuite fayre des conquestes et traficqs, que l'on exécutera dans les quatre parties du monde », il faut : 1° « persuader un chacun de risquer sur mer et trouver fonds pour la navigation »; et pour cela, permettre à la noblesse le commerce de mer sans dérogation et anoblir les marchands qui s'y livrent; 2° fonder une Compagnie où le Roi, les ministres, les princes du sang et grands seigneurs seront intéressés, chacun fournissant un navire qui portera son nom; faire, par autorité du Roi, construire un navire par chaque ville importante du royaume; y faire contribuer le clergé pour le cinquième de son revenu, « en considération du spirituel engagé en Afrique et Amérique »; 3° créer de nouveaux revenus, et en employer la moitié pour faire un fonds de 1,500,000 livres destiné à l'entretien de vingt bons navires et dix pataches, dont on fera trois escadres en Normandie, Bretagne et Guyenne; établir des fonderies de canons au Havre et à Brest, des écoles de canonniers dans tous les ports; 4° avec cette flotte, faire expédition

---

(1) M. Pigeonneau en a fait un remarquable commentaire au tome II de son *Histoire du commerce*. Nous ne pouvons mieux faire que d'y renvoyer le lecteur.

contre Sallé dans le Maroc; employer le surplus à Terre-Neuve ou sur les côtes françaises ; favoriser le commerce d'Afrique, du Levant, de la mer Baltique, de l'Angleterre et Irlande; faire le commerce de l'Asie et des Indes orientales par l'intermédiaire d'une puissante Compagnie, mais « sans y planter colonies », à cause de l'éloignement et de la situation prise par l'Espagne et le Portugal; au contraire, faire des colonies au Canada par les soins de la Compagnie du Morbihan, et surtout prendre le pays d'Eldorado « qui s'étend à travers du Brésil et du Pérou jusqu'à la mer du Sud » ; 5° établir des colonies, non par des marchands, « qui n'y sont pas propres », mais « par un homme de qualité et faveur, qui aurait la libre disposition d'une bourse commune faite par des trésoriers-partisans ».

Qu'on se rappelle les idées de Montchrétien (1), celles de Razilly ne sont-elles pas identiques? Les raisons invoquées pour « entreprendre sur mer » et les moyens proposés sont presque complètement les mêmes; même argument en faveur des Compagnies privilégiées; même constatation des répugnances des uns, des aspirations des autres, à l'égard des entreprises lointaines et de l'émigration. On dirait que Razilly a emprunté à Montchrétien toute la partie théorique de son Mémoire. Mais on sait que le traité de Montchrétien a passé presque inaperçu de son temps; l'auteur a joui d'une

---

(1) V. plus haut, liv. I, chap. III, § 3.

médiocre considération et s'est rangé dans l'opposition huguenote. Il est donc peu probable que Razilly, qui est chevalier de Malte, l'ait connu ou lu. S'il se rencontre avec lui dans presque toutes ses idées, c'est qu'elles appartiennent à leur génération. Rien mieux que cette communauté fortuite ne montre l'état de l'opinion à ce moment.

Le Mémoire anonyme (1), adressé à peu près à la même date, n'a pas la valeur pratique de celui de Razilly, mais il a deux très grands mérites : il expose avec netteté et fermeté une large politique coloniale, et il est comme prophétique en plusieurs points ; de plus, il préconise les établissements dans les Indes orientales, que proscrivait Razilly, et il complète ainsi l'information dont profitera Richelieu.

« Pour rendre, dit l'auteur, l'establissement du commerce digne de la personne qui l'affectionne, il semblerait important d'entreprendre quelque chose de grand du costé des Indes orientales. Cela se peut faire en descouvrant de nouveaux pays ou se servant de ceux qui sont desjà descouverts. » La terre australe (2) ou la Nouvelle-Guinée lui paraissent convenir à ces établissements : « Ce sont, d'après les Mémoires d'un que l'orage y a jeté depuis quelque temps, terres plus fertiles et peuplées que le Canada et lieu propre à s'habi-

---

(1) Archives Affaires étrangères, fonds français, n° 783, f°ˢ 154 et suiv. — V. Appendice.
(2) Il la place entre le cap Comorin et la petite Java.

tuer à participer comme eux au trafic des Molucques, de la Chine et du Japon. »

Quant aux moyens, il propose : ou bien de saisir tous les établissements portugais, avec l'aide des Anglais ou des Hollandais, ou bien de s'emparer sans eux d'Ormuz ; cela fait, de négocier à Constantinople pour être reçus « à l'embouchure de la mer Rouge, comme à Aden, et de là traicter librement en ceste mer et fayre passer l'espicerie à Suez et..... au Cayre, puis, par le Nil, en Alexandrie ou Damiette, sur la Méditerranée ».

Cette étude nous fait bien entrer dans l'esprit du temps. Elle donne une idée des aspirations patriotiques que le cardinal entretenait autour de lui. Le but proposé est « d'affaiblir les Espagnols sur la Méditerranée » en formant contre eux une sorte de ligue maritime et commerciale. Les motifs invoqués sont « l'aparence de trouver un nouveau et grand fonds pour les finances », afin d'entretenir et d'augmenter « ceste armée navale, si nécessaire pour le commerce », et la nécessité de présenter aux particuliers une entreprise plus fructueuse que « la pescherie du Canada ». D'autre part, à côté d'erreurs et d'utopies (1),

---

(1) La « terre australe », sorte de continent emplissant l'océan Indien, est une erreur géographique de l'époque (cf. les cartes d'Asie, Afrique et Amérique de Sanson, 1652-56-57, 3 vol. in-4°). — C'est une utopie que cette alliance en vue d'une action coloniale commune entre la France, l'Angleterre et la Hollande, qui sont dès lors rivales et presque ennemies à propos de la colonisation.

combien d'idées fécondes n'y trouve-t-on pas? Ce rêve de l'influence française en Orient, c'est toute l'œuvre de Dupleix; ce rôle assigné à la mer Rouge et à Suez, c'est la pensée de Colbert et de M. de Lesseps; ce projet d'établissement à proximité de la Chine, du Japon et des Moluques, c'est la raison de notre action actuelle dans l'Indo-Chine. Enfin, l'Angleterre, sinon la France, n'a-t-elle pas réalisé à son profit ce dessein d'enlever aux Portugais et aux Espagnols le commerce oriental et méditerranéen?

Quel est l'auteur de ce curieux Mémoire? C'est à coup sûr un grand personnage, car il termine en disant que « l'excellence de l'aventure et la dignité de son autheur obligent à quelque chose de grand ». Nous ne serions pas éloigné de l'attribuer au prince Henri de Lorraine, comte d'Harcourt, grand écuyer de France et gouverneur d'Anjou. Il était, en effet, connu pour l'intérêt qu'il portait aux entreprises coloniales. Le P. Sagard lui dédia, en 1632, sa relation *Le grand voyage au pays des Hurons*. Surtout il a fait, en 1630 (1), une proposition qui, par les moyens, sinon par le but, a quelque analogie avec la précédente. Il s'offre à faire, à ses frais, une expédition tendant à enlever aux Espagnols l'île de Saint-Domingue. « Et d'aultant, ajoute-t-il, qu'il faut de grands deniers pour fournir à ladicte entreprise, sy ce dessein plaist à Son Éminence, je lui

(1) Archives Affaires étrangères, *Amérique*, I, f° 99.

déduiray les moyens par lesquels je prétends trouver les fonds pour cela. » Ces moyens pourraient bien être ceux auxquels fait allusion le Mémoire anonyme, quand il parle de « l'aparence de trouver un nouveau et grand fonds pour les finances ». Quoi qu'il en soit, l'auteur de ce Mémoire, Henri de Lorraine ou un autre, a des vues d'homme d'État et est digne de s'adresser à Richelieu.

Le cardinal reçut, en 1632, un autre travail non moins intéressant. Il était signé du nom d'un étranger, Wilhem Usselingue, Hollandais (1). Longuement développé, bien qu'en un français pénible, il propose tout un plan d'association commerciale et coloniale avec la Suède et les princes allemands. Le but est d'enlever aux Espagnols l'empire des mers.

« Les raisons, dit Usselingue, qui m'ont induicts à ce croire, sont entre autres les suivantes. » Et il en énumère vingt-trois, qui sont soigneusement numérotées et entourées des commentaires nécessaires. Elles se réduisent à ce syllogisme : la maison d'Autriche est « la cause de touttes (sic) les troubles qui, durant plus de cent ans en ça, ont esté suscités à la chrestienté », et le roi d'Espagne est le principal soutien de cette ambitieuse maison. Or, le roi d'Espagne n'est puissant que par ses colonies d'Amérique, qui lui rapportent annuellement de 50 à 60 millions de livres,

---

(1) Archives Affaires étrangères, *Amérique*, I, f° 110.

dont les deux tiers sont de bénéfice net. Donc, la France, qui fait tant de dépenses « en levée de gens de guerre, aydes et secours de ses alliés, amis et bons voisins oppressés », pour abaisser la maison d'Autriche, a tout avantage à s'associer à une Compagnie dont le but est de détruire la richesse de l'Espagne ; « elle fera plus avec un million en ceste Compagnie qu'avec cent millions en despenses de guerre ».

Ce raisonnement n'était pas pour déplaire à Richelieu. La proposition était, d'ailleurs, une réponse à la tentative faite en 1628 par l'Empereur et le roi d'Espagne, de réunir en une sorte de zollwerein les villes hanséatiques avec les villes d'Allemagne et d'Espagne déjà affiliées à la Compagnie des Indes de Séville, fondée en 1624. Cette union commerciale devait être expressément dirigée contre la Suède, le Danemark, l'Angleterre, la Hollande et la France ; « leurs produits indispensables » ne pourraient pénétrer dans l'union que par l'intermédiaire des associés, et cet intermédiaire leur serait nécessaire pour s'approvisionner de tout ce qu'ils avaient l'habitude d'acheter en « Allemagne et Espagne (1) ». L'assemblée de Lubeck avait repoussé ces ouvertures ; car, avait-elle dit, « les villes

---

(1) Le *Mercure français*, XIV, p. 355 et suiv. (année 1628), donne tout le détail de cette affaire : à la page 407, le refus motivé de l'Assemblée de Lubeck. — Il donne aussi, t. XII, page 30 (année 1625), « le dessein d'une armée provinciale des pays de Flandres obéissans à l'Espagne pour empêcher le commerce des Hollandais avec les Anglais et les Français ».

hanséatiques ont avant tout besoin du passage des détroits, qu'elles se fermeraient par là ». Richelieu, non plus, ne prit pas en considération le projet qui lui était proposé et n'abandonna pas la guerre en Europe pour l'action exclusive sur mer et aux colonies. On voit, en tout cas, par ces propositions diverses, que le rôle de la question commerciale et coloniale dans la guerre de Trente ans aurait mérité d'être étudié par les historiens; on y trouve l'explication des efforts que fit Gustave-Adolphe, de 1626 à sa mort, pour créer en Suède une Compagnie des Indes orientales (1).

Au temps de Colbert, une rivalité analogue se produisit. Les Espagnols offrirent aux princes d'Allemagne de composer une Compagnie de commerce pour les Indes. Colbert, aussitôt, adressa à nos ambassadeurs près des cours du Nord et d'Allemagne un mémoire à communiquer, pour inviter les princes à entrer dans les Compagnies des Indes occidentales et des Indes orientales, qui venaient d'être fondées en France. Il termine par ces paroles : « Sa Majesté ne doute pas que tous les rois et princes à qui ce mémoire sera communiqué, ne connaissent bien facilement la différence qu'il y a entre la solidité et les avantages de ces propositions et les espérances des Espagnols (2). »

Si Colbert peut tenir ce langage en 1664, c'est que

---

(1) Du Fresne de Francueville : *Histoire de la Compagnie des Indes*, page 13.

(2) P. Clément : *Correspondance de Colbert*, II, pages 427-433.

l'œuvre de Richelieu et de ses conseillers a porté ses fruits.

II

MÉMOIRES DE LA RÉGENCE.

Un des plus remarquables est le goût général pour les entreprises d'outre-mer, qui va s'accentuant et profitera à Colbert. Les mémoires et projets du temps de la Régence ne sont guère moins nombreux qu'à l'époque précédente. Ils ont, de plus, un caractère pratique qui montre que la théorie est désormais bien assise, et la tradition fixée. En voici quelques exemples.

En 1646, le sieur Dolu, fils du représentant du duc de Montmorency dans sa charge d'amiral (1), ayant, comme il dit, « faict thrésor de plusieurs mémoires et relations des aventures faictes ès pays d'oultre-mer », demande à mettre sous les yeux de Mazarin ses notes sur la Guyane, « pour, si Son Éminence trouve à propos, y former un plus grand effort à l'accroissement de la France, que ne fera et ne pourrait faire une Compagnie de particuliers ». Il reçut, en effet, le 24 août

(1) Cf. Mémoire sur la traite de la Nouvelle-France (Archives Affaires étrangères, *Amérique*, I, f° 350).

1649, un privilège pour fonder une Compagnie, à l'effet « de faire des colonies (1) ».

En décembre 1647, un sieur de N... demande, en un long mémoire, des encouragements pour établir une Compagnie des Indes orientales, sur le modèle de la Compagnie hollandaise. « La France, dit-il, pourrait octroyer à une Compagnie orientale les marchandises dans son pays et y convier toutes autres nations étrangères pour participer dans icelle Compagnie, sous telles libertés, franchises et privilèges que les États Généraux ont octroyé à leurs subjects..... Et par ce moyen establir le négoce des Indes orientales dans les pays de France, mesme que cela attirera les équipages des navires, des manufactures et autres commodités par lesquelles un Estat se rend par mer considérable... Secondement, la France pourrait, tant dehors que dans le pays, convier des croiseurs de mer comme en Hollande a esté faict..... Oultre cela, elle pourrayt soubs favorables conditions establir à Dunkerke la petite et grande pescherie. Comme aussi en la France et à Dunkerke pourrayt estre establi le commerce du Nort, au regard du boys, goudron, fer, cuivre et autres choses que ces gens ont besoin et dont la France abonde,... ce qui causera un grand amas de peuple, grand commerce et conséquemment une grande richesse et prospérité dans le pays (2). »

(1) Archives Affaires étrangères, *Amérique*, I. f°⁸ 352, 353.
(2) *Id., ibid.*, I, f° 370.

C'est, on le voit, une Compagnie purement commerciale que propose le sieur de N... Cette variété manquait à la collection de Richelieu. La Compagnie des Indes orientales de 1664, et surtout la Compagnie des Indes du dix-huitième siècle, répondront seules à cette conception. Ce mémoire marque donc un vrai progrès dans la théorie coloniale, incomplète jusqu'alors. De plus, il peut passer pour une apologie des Compagnies privilégiées, et il témoigne de l'adhésion générale à ce procédé que Richelieu a fait prévaloir en France et transmis à Colbert. Au même moment, le P. Fournier, dans son *Hydrographie*, en fait le même éloge, et un Nantais surenchérit encore dans un livre assez intéressant pour avoir mérité une réimpression récente, sous le titre : *Le commerce honorable, ou Considérations politiques contenant les motifs..... qui se trouvent à former des Compagnies..... pour l'entretien du négoce en France* (1).

Faut-il encore tenir compte de la proposition du chevalier Gerbier, faite en 1649 (2), d'aller à la recherche d'une mine d'or, avec un fonds de 67,000 livres fourni par les marchands français et une provi-

---

(1) Nantes, Guillaume Le Monnier, Grande Rue, à l'enseigne du *Petit Jésus* (in-4°, 361 pages). — Dédicace à de La Meilleraye, signée F. M. — Un Nantais, M. Udhart-Matifeux, qui a en partie réimprimé l'ouvrage, l'attribue à Jean Eon, en religion Mathias de Saint-Jean.

(2) Affaires étrangères, *Amérique*, I. — Gerbier a été secrétaire de Buckingham, ambassadeur du Roi à Bruxelles, maître des cérémonies à la cour de Londres. Il vint en France avec Henriette.

sion de 16,000 écus avancés par le Roi, « côme Christophe Colomb eust aultre fois du roy d'Espagne pour semblable voyage » ? Gerbier était Anglais, et une note en marge du mémoire fait observer que « le roy d'Angleterre se peult emparer de tout son bien ». Mais il paraîtrait que ce fut l'ambassadeur de France, de la Ferté-Imbault, qui provoqua cette communication, destinée d'abord au Portugal. A ce titre, elle est à retenir comme preuve de l'intérêt manifesté par le gouvernement de la Régence et par ses agents en faveur des entreprises d'un caractère colonial.

III

LES PUBLICATIONS.

Le public a-t-il témoigné le même intérêt? Au défaut de la littérature, qui est muette sur ce sujet, force nous est de le chercher dans l'analyse des publications spéciales, relations ou autres, et dans quelques faits caractéristiques.

Les publications sur les pays étrangers sont beaucoup plus nombreuses au dix-septième siècle qu'au siècle précédent. Nous en avons compté près de 450 de 1600 à 1661, et environ 230 depuis 1625. C'est une moyenne de 6 par an; certaines années, celle de 1645 entre autres, en ont compté jusqu'à 19.

Ces nombres, il faut l'avouer, seraient notablement réduits, si nous en retranchions, comme pour le seizième siècle, toutes les relations religieuses envoyées de l'Orient. Il n'y a, en effet, entre les dates indiquées, que 74 livres sur l'Amérique, contre 165 sur l'Orient, ou même 112 contre 341 entre les dates extrêmes.

Mais voyez le progrès. Dans les vingt-cinq premières années du siècle, sur 216 publications, l'Amérique n'en inspire que 38 : c'est environ le sixième. Dans l'intervalle de 1625 à 1661, elle est représentée par 74 contre 165 : c'est presque la moitié. L'action française, en effet, se porte principalement au Canada et aux Antilles, et la curiosité du public l'y suit.

Toutefois, il se poursuit en Orient une autre action, dont il faut tenir compte, car elle s'impose aux hommes d'État et au public. C'est l'action des missionnaires. Le fameux P. Joseph fut nommé par le Pape, en 1625, directeur des missions du Levant, et cette nomination, qui concorde avec celle de Richelieu à la charge de grand maître de la navigation, est une nouvelle preuve des fermes résolutions prises alors en vue de l'expansion coloniale. Seulement, comme il est dit plus haut, on ne songe pas encore à l'exploitation commerciale de l'Orient. On s'en tient, de ce côté, à la propagande religieuse, qui n'est d'ailleurs pas la moindre partie du programme colonial de l'époque. Le P. Joseph s'y employa avec son ardeur et son adresse ordinaires. Il envoya dans l'Inde, la Chine, le Japon, la Perse, de nombreux Capucins français, missionnaires à la fois et agents diplomatiques. Tous lui adressèrent des relations qui furent presque toujours livrées au public (1). Elles sont d'une autre importance que les anciennes lettres des Jésuites, et il ne nous est plus permis de les négliger. Pour être principalement religieuses, elles n'en jouent pas moins le même rôle d'initiation que les relations des découvreurs de terres neuves au siècle précédent.

Les *Voyages du Levant,* que nous avons aussi laissés de côté précédemment parce qu'ils n'avaient qu'une valeur confessionnelle (2), changent eux-mêmes de caractère et méritent de nous occuper. Au lieu du vieil esprit des croisades qui les inspirait jadis, on y trouve, après 1600, deux nouveaux sentiments dont l'expression intéresse notre sujet : la curiosité scientifique et le patriotisme. Le gentilhomme breton Villamont, « qui part de la duché de Bretagne en 1588 » pour faire un voyage dans le Levant et qui en publie la relation en 1595 (3), nous montre la transition. Il déclare qu'il a entrepris son voyage « parce que les voyages forment l'esprit par la comparaison des mœurs de différents peuples ». De même, le Lorrain Henri de

(1) Cf. Ch JORLI : *J.-B. Tavernier* (page 16).
(2) Excepter les *Observations de plusieurs singularitez.....* du naturaliste manceau P. Belon, dont nous avons parlé précédemment; c'est une œuvre de science plus que de foi.
(3) *Voyage d'Italie, de Grèce et d'Égypte,* cinq fois réimprimé jusqu'en 1618.

Beauveau, qui publie en 1608 sa *Relation journalière du voyage du Levant* (1), dédiée à Henri de Lorraine, duc de Bar, et approuvée par les Cordeliers de Toul, assure « que le désir de servir à sa patrie l'a porté au delà des mers ».

Ainsi, toutes les publications ayant pour objet les pays hors d'Europe ont les caractères que nous devons demander aux ouvrages d'intérêt colonial.

Quels sont maintenant les enseignements qu'ils nous donnent?

Le lieu de leur publication n'est d'abord pas indifférent. De nos jours, si la province faisait concurrence à Paris pour la publication d'œuvres ayant un même objet, ce serait un signe certain que cet objet préoccupe vivement l'opinion et qu'il est « populaire ». Or c'est le cas au dix-septième siècle pour le sujet qui nous occupe. Sur les quatre cent cinquante livres ou brochures que nous avons comptés, cent vingt au moins ont paru en province.

Il ne faut pas dire que c'est là un cas fortuit, ou que la centralisation littéraire n'était pas alors aussi grande qu'aujourd'hui. Nous convenons que Paris n'avait pas encore attiré à lui, comme il l'a fait depuis et dès la fin du siècle, toute l'activité intellectuelle de la nation. Les imprimeries fondées dans les différentes villes, au cours du siècle précédent, n'ont pas encore abandonné

---

(1) Quatre éditions en dix ans.

la concurrence, et les Universités ou les couvents leur continuent leur clientèle. Les auteurs, suivant leurs relations personnelles ou leur lieu de naissance, les choisissent de préférence (1). Mais ce n'est pas à cela seul qu'il faut attribuer la dispersion des éditeurs, pour la série d'ouvrages que nous étudions. On voit très bien, en effet, les villes faire le choix qui convient à leurs intérêts. Lyon, par exemple, que touche surtout le commerce du Levant, publie trente-sept récits sur l'Asie et l'Afrique barbaresque contre huit sur les Indes occidentales.

Il semble donc qu'on puisse légitimement inférer du relevé des éditions provinciales le goût des différents groupes de population. Il serait excessif, sans doute, de conclure à une préférence exclusive. Telle congrégation, en effet, vouée à une mission particulière, a pu faire publier ses relations par le libraire le plus à sa proximité, sans que le public ait contribué au choix de la contrée à convertir ou manifesté une préférence pour les nouvelles qui en viennent. Douai, par exemple, n'eut pas nécessairement d'engouement pour le Japon, bien que les Jésuites y aient, de 1606 à 1618, publié en français et en latin leurs *Lettres annuelles du Japon*. De même, les habitants du Mans

---

(1) Le P. Biard, « Grenoblais », se fait imprimer à Lyon ; le P. du Jarric, « Tholosain », à Bordeaux ; Daniel « de Dieppe », à Rouen, etc. — Par contre, le sieur de La Boullaye Le Gouz, « gentilhomme angevin », s'est fait, on ne sait pourquoi, éditer à Troyes plutôt qu'à Angers ou à Paris.

ne peuvent être taxés d'enthousiasme pour les missions générales ou particulières, parce qu'il a plu à un de leurs évêques d'établir parmi eux un couvent des missions et à un des moines de publier au Mans son *Voyage des isles camercanes en l'Amérique* (1). Toutefois, partout où l'on trouve une série de publications de même nature, ayant pour objet la même contrée, on peut supposer que ces publications ont satisfait un goût ou qu'elles l'ont fait naitre. Dans les deux cas, c'est une manifestation qui nous appartient.

Quoi qu'il en soit, la multiplicité des villes qui fournissent les éditions est, sans contredit, une preuve de la généralité du goût ainsi manifesté. Or, il n'y eut pas moins de vingt-sept villes qui éditèrent des œuvres d'intérêt colonial, y compris toutefois Lille, Douai, Valenciennes, Nancy, Avignon, qui ne sont pas encore à la France; Pont-à-Mousson et Arras, qui ne deviennent françaises qu'en 1632 et 1640. En tête, se place Lyon, avec 45 publications, puis Rouen, avec 19; Bordeaux en compte 10; Lille, 8; Douai, 6; Troyes, 4; Aix, Toulouse, Caen, Rennes, Arras, 3 chacune; Dieppe, Valenciennes, Nancy, Nantes, 2 seulement; et enfin, on n'en trouve qu'une à Grenoble, Avignon, Agen, Niort, Pont-à-Mousson, Toul, Chaumont, Poitiers, Bourges, le Mans, la Flèche, Angers.

---

(1) Couvent établi en 1645 par décret de l'évêque Émeric Marc de La Ferté. (Archives de la Sarthe, G. 739.) — L'auteur est le Carme Maurile de Saint-Michel.

Nous ne croyons pas que la querelle même des Jansénistes et des Molinistes ait produit un pareil effort de publicité.

Quant aux préférences des lecteurs, elles nous seront indiquées avec sûreté par le dénombrement comparatif des ouvrages d'après les contrées et par l'examen de ceux qui ont eu le plus de vogue.

Les contrées qui ont le plus excité la curiosité des voyageurs ou des lecteurs sont : le Levant (Turquie, Lieux saints et Perse), qui se présente avec 96 publications; la Chine et le Japon, avec 74; la Nouvelle-France, avec 52; les Indes orientales (îles et Asie intérieure), avec 45; l'Afrique barbaresque, avec 37. Viennent en seconde ligne : l'Amérique méridionale, qui est l'objet de 18 relations; les Indes occidentales (possessions espagnoles), qui atteignent le même chiffre; l'Afrique (côtes et intérieur), qui en compte 16; la Cochinchine et le Tonkin, 13. Les moins favorisées ont été les Antilles et le Groënland, qui n'en ont attiré que 8 et deux auteurs.

En additionnant ces chiffres par continent, on trouve 228 livres sur l'Asie, 98 sur l'Amérique et 53 sur l'Afrique (1).

D'après ces chiffres, c'est l'Asie qui semble en

---

(1) Cela ne fait qu'un total de 381, au lieu de 450. Mais nous avons naturellement laissé de côté les ouvrages qui ne peuvent être affectés à telle ou telle contrée : ainsi 14 documents officiels, 20 récits de voyages autour du monde, une dizaine d'écrits purement scientifiques (histoire naturelle ou philosophie), etc.

faveur. Lescarbot et Champlain, dont nous avons constaté le succès, ne sont plus réimprimés depuis 1618 et 1632. Aucune relation sur l'Amérique n'a retrouvé la popularité des leurs. *Le grand voyage au pays des Hurons,* du Récollet Sagard Théodat, a seul été réédité (1632, 1636). Cela n'implique pas, cependant, que l'Amérique soit en discrédit : nous en avons donné plus haut la preuve. Mais cela démontre que les « terres neuves », pour les hommes du dix-septième siècle, ne sont plus les îles et terres d'Occident; ce sont celles de l'Orient. Champlain et Lescarbot ont contribué eux-mêmes à créer ce nouveau goût : d'un côté, ils n'ont rien laissé à apprendre sur l'Amérique, au moins l'Amérique française; de l'autre, ils ont préconisé l'emploi des missionnaires, qui emplissent la scène après eux.

C'est, en effet, aux relations des missionnaires que l'Asie doit d'avoir le plus occupé l'attention du public. Là, opèrent Capucins et Jésuites, les premiers en Perse et dans l'Inde principalement, les seconds presque exclusivement en Chine, Indo-Chine et Japon. Leur zèle de conversion n'a d'égal que leur ardeur de publication (1). Nous verrons plus loin que les esprits en

---

(1) Le P. Couplet, dressant, en 1686, la liste des Jésuites qui ont été employés aux missions de Chine et le catalogue des livres écrits par eux en chinois, presque tous annoncés ou traduits en France, compte 106 Jésuites (dont 11 seulement avant 1600) et 340 volumes jusqu'en 1636 seulement. (Cf. BAYLE, *Nouvelles de la République de Lettres,* octobre 1686.)

France sont montés à peu près au même diapason.

Prenons seulement l'exemple des Jésuites. Le P. Trigant s'impose d'abord avec son *Histoire des missions du Japon,* traduite par Morin, 1614, rééditée en 1624, avec son *Histoire de l'expédition chrétienne au royaume de la Chine,* traduite en 1616 par Riquebourg, imprimée la même année en latin à Lyon, l'année suivante en français à Lille et à Paris, une seconde fois à Lyon en 1639, enfin avec son *Vocabulaire chinois,* d'abord imprimé à Nankin en 1620, d'après le P. Cotton. Le P. Alexandre de Rhodes, déjà connu par deux publications faites en 1587 et en 1603 sur la Chine et le Japon (1), avait laissé de nombreuses notes et relations manuscrites : son Ordre les publia scrupuleusement. En 1650, ce fut la *Relation des progrès de la foi au royaume de Cochinchine;* en 1651, l'*Histoire du grand royaume du Tonkin et des grands progrès que la prédication de l'Évangile y a faits;* en 1653, un *Sommaire des divers voyages et missions apostoliques du P. Alexandre de Rhodes à la Chine et autres royaumes de l'Orient, depuis l'an 1618 jusqu'à l'an 1633* ; en même temps, le libraire Cramoisy rééditait la relation de 1603. Or, le premier ouvrage fut réimprimé à Paris en 1652; le second le fut trois fois à Lyon en français ou en latin, dans les années 1651 et 1652. Le P. Alexandre de la Croix

---

(1) *La vie et martyre de plusieurs religieux de la Compagnie de Jésus dans le Japon,* fait en collaboration avec Eusèbe de Nuremberg. (Bordeaux, 1597.) — *Divers voyages et missions du P. Alexandre de Rhodes en la Chine et autres royaumes de l'Orient.* (Paris, 1603.)

fit paraître à Rennes, en 1631, la *Relation de la nouvelle mission des PP. de la Compagnie de Jésus au royaume de la Cochinchine,* traduite de l'italien du P. Borri. Son livre fut imprimé à Lille en 1632, à Vienne en 1633, à Paris en 1652. Enfin, comme si ces traités, un peu lourds et compacts, n'étaient pas suffisants à satisfaire la curiosité, les bons Pères imaginèrent, en 1633, de publier leurs *Lettres annuelles* de la Chine ou du Japon C'étaient de courts et maniables opuscules dans le genre des *Annales de la propagation de la foi* d'aujourd'hui. Le public pouvait s'y repaître de touchantes scènes de conversion, de naïfs propos de sauvages (les Chinois eux-mêmes étaient des sauvages!) ou de dramatiques martyres. A entendre tout ce bourdonnement, on pourrait croire que les noms des PP. Jésuites étaient les plus familiers aux lecteurs de voyages; le Japon, la Chine, la Cochinchine et le Tonkin, l'objet des principales préoccupations des contemporains.

Il n'en est pas tout à fait ainsi cependant. Il ne manque pas d'ouvrages laïques qui ont partagé la faveur dont semblent s'emparer les congréganistes. Non moins estimables, ils ont été en réalité plus estimés; ils ne le cèdent que pour le nombre.

Voici d'abord les *Voyages en Afrique, Asie, Indes orientales et occidentales,* de Jean Mocquet. Moins par sa date que par sa vogue, par les fonctions de l'auteur et par son élévation d'esprit, ce livre mérite une place d'honneur. Mocquet était garde du « Cabinet des singularitez du Roy aux Tuileries ». Il entreprit ses voyages sur l'ordre de Henri IV et dans le but d'enrichir ses collections. Il exprime sa joie, au retour, « d'avoir maintenant le moyen de continuer et parfaire le cabinet des singularitez qu'il a, par le commandement de Sa Majesté, commencé à dresser au palais des Tuileries ; entreprise si louable qu'elle mérite bien d'estre adjoustée à tant d'autres dignes actions d'honneur et de vertu, qui rendent Sa Majesté célèbre et recommandable à tousiours (1) ». Une pensée très haute l'a soutenu dans ses pérégrinations dangereuses et le porte à en faire le récit : il l'exprime en ces termes : « Dieu ayant mis l'univers sous la cognoissance de l'homme, ce n'est pas de merveille que naturellement nous soyons portés à la curieuse recherche d'iceluy..., car de quel ravissement d'esprit ne nous sentons-nous emportés quand nous venons à considérer la création de la terre et de la mer !... Ces considérations, outre ce qui est de ma curiosité naturelle, m'ont principalement esmeu à entreprendre divers voyages, dont Dieu m'ayant fait la grâce de retourner sain et sauf, j'ay pensé estre raisonnablement obligé à en faire part à mon pays. » Cette curiosité philosophique, ce dévouement à la science et à la patrie, ne valaient-ils pas le prosélytisme plus ou moins intéressé que nous venons

(1) Dédicace à Louis XIII. — La collection avait été commencée dès le règne de Henri II, dans le château de Madrid. P. Belon en parle dans ses *Observations sur les singularitez...* (V. notre article sur P. Belon, *Revue de géographie,* novembre-décembre 1887.)

de voir s'étaler? Les lecteurs pouvaient, à coup sûr, en retirer plus de fruit. On n'est donc pas étonné de voir le livre atteindre sa quatrième édition en 1665 (1).

Un autre sympathique voyageur, dont le récit fut également fort apprécié, c'est le sieur de La Boullaye Le Gouz, «gentilhomme angevin», le même qui fut, en 1664, chargé de préparer les voies dans l'Inde à la nouvelle Compagnie et de rendre le Grand Mogol favorable Il voyagea durant de longues années en Orient et visita de nombreux pays dont il se plait à faire l'énumération : « Italie, Grèce, Natolie, Syrie, Perse, Palestine, Karamenie, Kaldée, Assyrie, État du Grand Mogol, Bijapour, Indes orientales des Portugais, Arabie, Égypte, Hollande, Grande-Bretagne, Irlande, Danemarck, Pologne, isles et autres lieux d'Europe, Asie et Afrique. » Ce coureur intrépide avait mérité d'être appelé par excellence en Europe *le voyageur catholique,* et d'être connu en Orient sous le nom oriental d'« Ibrahim-bey ». Il s'est d'ailleurs fait représenter en costume persan à la première page de son livre. Nous avons affaire, en lui, à un fanatique de voyages, à un affamé de nouveautés, peut-être aussi, si l'on en juge par les amis qu'il s'est faits en tous lieux et dont il dresse la liste très longue, à un négociant plein d'initiative. C'était un observateur, en tout cas. Il donne, par exemple, le fac-simile des caractères hiéroglyphi-

---

(1) 1616, 1617, 1645, 1665.

ques qu'il vit sur la ceinture d'une momie. Aussi est-ce par ordre exprès du Roi qu'il publie à Troyes, en 1653, ses *Voyages et observations*. Il les dédie à un de ses amis de rencontre, le cardinal Capponi, bibliothécaire du Vatican. Est-ce l'orgueil de cette distinction particulière ou une morgue gentilhommesque qui lui fait traiter avec dédain le lecteur à qui il s'adresse? Il se présente à lui, en effet, avec une crânerie très originale. « Le peu de dessein que j'avais, dit-il, de mettre au jour ces Mémoires... te doit dispenser, lecteur, de l'obligation que tu m'aurais, si je l'avais fait pour ta seule considération. Si tu ne les trouves pas à ton goût, je te puis assurer que ta censure n'est pas au mien, et soit que tu les rejettes ou que tu les approuves, le tout m'est indifférent. » Il faut avoir affronté mille dangers et avoir vu mille choses, pour oser parler de ce ton. On avait trop d'esprit au dix-septième siècle pour s'en fâcher, et les *Voyages* du sieur de La Boullaye Le Gouz eurent quatre éditions avant 1661 et d'autres après (1).

Un livre qui eut plus de vogue encore que les précédents fut l'*Histoire du sérail* de Michel Baudier, du Languedoc. Paru en 1626, il fut réimprimé en 1631, en 1635 (à Londres), en 1642 (à Rouen et Paris), en 1662, 1669, etc. Ce n'est plus une relation. L'auteur prétend même éviter au lecteur « les longs voyages et

---

(1) 1653, 1654 à Troyes et Paris, 1657.

les périls qui s'y rencontrent », tout en satisfaisant sa curiosité. C'est proprement un livre de vulgarisation. Il fait connaitre « la cour du Grand Seigneur », et, dans le même volume, « la cour de Chine ». Baudier est un historien. L'*Histoire du sérail* est son premier ouvrage; il le fit suivre de beaucoup d'autres, ayant toujours pour objet la Turquie ou la France. Mais c'est un historien moraliste, qui veut faire du tableau des mœurs un enseignement de morale. Ainsi, dans l'*Histoire du sérail,* il veut donner « à tous ceux qui ont bien connu la cour et ne l'ont point aimée un exemple de tous les vices qu'elle engendre au milieu des délices dont elle a sucré sa poison », à savoir : l'amour, la cruauté, l'avarice. De même, « ce qui l'a porté à la teneure de l'*Histoire de la cour de Chine,* sont les rares et éminentes qualitez des esprits chinois... chez qui on voit deux puissances toujours agissantes : la récompense asseurée pour la vertu et la peine infaillible pour le vice ». Avec cela, Baudier est véridique. De La Boullaye Le Gouz déclare qu'il a trouvé l'exposé de Baudier si semblable aux mémoires qu'il avait rapportés de la cour du Grand Turc, qu'il les a retranchés de son livre.

D'autres ouvrages ont pris place à côté des précédents dans la faveur publique. Les *Voyages* de François Pyrard de Laval, contenant sa navigation aux Indes orientales, Maldives, Moluques et Brésil, furent édités successivement en 1611, 1615, 1616, 1619, et après un long intervalle en 1679. La *Relation du voyage d'Oléarius en Moscovie, Tartarie et Perse* eut une bizarre destinée. Résultat d'une ambassade allemande, elle fut publiée en français, à Paris, en 1629, avec le *Voyage de J.-A. de Mandelslo,* jeune gentilhomme envoyé par les ambassadeurs sur les rives de la Caspienne ; elle fut ensuite réimprimée en hollandais à Amsterdam, en 1651, puis reparut à Paris, en 1656 et 1659, comme traduite du hollandais, de même qu'en Allemagne en 1656, fut traduite d'allemand en anglais à Londres en 1662, d'allemand en français par Wicquefort en 1666, et, sous cette dernière forme, eut trois éditions nouvelles jusqu'à la fin du siècle. Ces vicissitudes témoignent de la confiance qu'on lui accordait partout et surtout en France. Les *Voyages aux quatre parties du monde* de Vincent Le Blanc ont mérité cet éloge de La Boullaye : « Le Blanc pourrait disputer avec Ulysse de la longueur de ses voyages. Il donne beaucoup d'instruction de l'Afrique aux géographes modernes. Il serait à désirer qu'il eût sceu la langue orientale afin de raporter les noms propres des lieux où il a esté. Comme ses Mémoires n'ont été imprimés qu'après sa mort, ce serait un travail digne d'un illustre voyageur d'en corriger quelque chose pour faire vivre la mémoire d'un si grand homme. » C'est Pierre Bergeron, l'auteur bien connu du *Voyage de Rubruquis et autres en Tartarie* (1634) et d'un instructif *Traité de la navigation* (1629), qui publia, en 1649, la relation de Vincent Le

Blanc; elle fut réimprimée à Troyes en 1658. Notons enfin les nombreuses éditions du *Voyage de l'illustre seigneur et chevalier François Drake, admiral d'Angleterre, autour du monde,* publié, d'après l'Anglais Pretty (1600), par François de Louvencourt, sieur de Vauchelles, en 1613, puis avec une seconde partie en 1627, 1631, 1641.

Tels sont à peu près tous les livres, tant laïques que congréganistes, qui ont obtenu faveur au temps de Richelieu et de la Régence. Il semble ressortir clairement de notre analyse que la préoccupation religieuse dans l'action coloniale est prédominante, surtout en Orient, mais que la curiosité générale est bien marquée pour toute contrée où peut s'étendre l'influence nationale.

IV

FAITS PARTICULIERS.

Quelques faits caractéristiques vont appuyer ces conclusions. Acteurs, auteurs et lecteurs se rencontrent à la cour comme à la ville, en province comme à Paris, au cloître comme dans les ruelles. Pareille unanimité ne se retrouvera plus : aussi est-il bon de la bien établir.

LA PLUS GRANDE EXPANSION. — LES COMPAGNIES.

Tout d'abord, c'est la noblesse, petite et grande, qui est chargée de l'action militaire ou administrative. Les « capitaines de mer », qui conduisent les expéditions, sont presque tous de petite noblesse : Champlain « escuyer », Isaac de Razilly « commandeur de Malte », Pierre de Blain « escuyer, sire de Desnambuc », etc. Il s'y rencontre pourtant de simples roturiers, comme Jacob Bontemps et Jérémie Deschamps. Les charges de vice-roi ou de lieutenant général sont conférées à des seigneurs de haut lignage : duc de Ventadour, duc de Dampville, marquis de Feuquières, vicomte d'Argenson, etc.

Mais la noblesse ne s'en tint pas à cette participation officielle. Elle marqua son intérêt pour l'œuvre en usant de la faculté que lui assurait l'édit de 1604 et en entrant dans les Compagnies. Elle y coudoyait sans répugnance des gens de robe et des marchands bourgeois.

Prenons la liste imprimée et certifiée (1) des associés de la Compagnie fondée en 1627, dite Compagnie de la Nouvelle-France ou des Cent associés. Ils étaient exactement cent huit. Quelles étaient leurs qualités et leurs provenances? On y trouve d'abord trente seigneurs de la cour : Richelieu, d'Effiat, l'intendant de la marine Martin de Mauvoy, Louis Hoüel, sieur du

---

(1) « Noms, surnoms, qualitez des associés en la Compagnie de la Nouvelle-France, suivant les jours et dates de leur signature. » (*S. l. n. d.*) Pièce in-4°. (Bibliothèque nationale, réserve.)

Petit-Pré (1), etc. Ne tirons pas avantage de ceux-là, qui peuvent n'obéir qu'à un mot d'ordre. Mais à côté d'eux, voici douze « escuyers », gentilshommes campagnards, sans attache administrative et militaire, qui n'ont pu venir que dans le désir de faire une bonne œuvre ou une bonne affaire. C'est le même désir qui amène le secrétaire de l'archevêque de Paris, celui du duc de Retz, le « chef de paneterie » de Monsieur, frère du Roi, qu'ils soient ou non les prête-noms de leurs maîtres. Jacques de La Ferté, chanoine de la Sainte-Chapelle, adhère par zèle religieux, puisqu'il fut lui-même missionnaire. D'autres viennent tenter une opération financière : ce sont les « thrésoriers » de différentes provinces, représentant les gros capitalistes, puis des bourgeois représentant la petite épargne trois femmes, toutes trois veuves et dont une a été mariée à un descendant de François de Gourgues ; six hommes de robe, un notaire, un docteur en médecine, le libraire Cramoisy, « imprimeur ordinaire de la marine ». Quant aux négociants ou « marchands-bourgeois », ils sont au nombre de trente-huit, dont dix-neuf de Paris, neuf de Rouen (parmi lesquels l'oncle de Cavelier de La Salle), trois de Dieppe, deux de Bordeaux, un de Calais, le Havre, Lyon, Bayonne, Libourne. On ne peut demander vraiment une plus grande variété de noms et de conditions. Cette Com-

(1) Hoüel, d'après le P. Charlevoix, fut le promoteur des missions d'Amérique, en 1611. Il était « conseiller du Roy ».

pagnie des Cent apparaît comme un résumé de toute la France; elle réalise l'idée de Razilly, qui voulait, dans l'œuvre coloniale, la participation de tous les ordres et de toutes les villes du royaume.

Mais elle n'offre pas seule ce spectacle. Les contrats des autres Compagnies, tous notariés et signés après lecture, présentent la même diversité de noms et de conditions (1). On trouve dans le projet de compagnie, dont parle Fouquet en ses *Défenses* (2), les noms d'hommes comme Chanut, homme d'affaires très délié, qu'employèrent souvent la Régente et Louis XIV (3); comme Arnaud d'Andilly, qui n'entra à Port-Royal qu'en 1644.

Voici maintenant d'autres noms et d'autres faits, non moins caractéristiques.

Nous avons vu s'élever dans la littérature de voyages l'esprit de prosélytisme religieux, imité de l'Espagne. Or, on sait que l'époque de Richelieu est marquée par un remarquable réveil de l'esprit monastique. Il se fonde une foule d'Ordres religieux : Carmélites, Ursulines, Visitandines, Sœurs grises, Filles de la Croix, Dames de la charité, Lazaristes, Oratoire, Port-Royal, missions de Saint-Sulpice, etc. Ces nouveaux congré-

---

(1) Cf. Archives Affaires étrangères, *Amérique*, I, f°s 360, 361, 375. — Le contrat de la Compagnie des Iles porte les signatures de Richelieu, d'Effiat, Marion, de Fléchelles, Morand, de Guénégaud, Cornuel, Bardin, Royer, Martin, Lavocat, Serrier, Canclet, Camille, les huit derniers, négociants.

(2) *Défenses de Fouquet*, t. III, p. 349 (édition 1665).

(3) Sur Chanut, v. JAL : *Dictionnaire critique*.

ganistes déploient une ardeur de néophytes; ils sont tous possédés de la manie enseignante; ils rivalisent d'activité avec leurs aînés et leurs maîtres, les Jésuites. Richelieu, dans son *Testament politique,* se plaint de cette marée montante de couvents et en signale les dangers. Il fit même rendre en 1629 une ordonnance interdisant d'établir aucun monastère sans la permission expresse du Roi. Cependant il trouve bon aux colonies ce qu'il redoute à l'intérieur; il impose les missionnaires aux Compagnies et le catholicisme aux colons; il fait, comme nous le savons, une affaire chrétienne de la colonisation presque autant qu'une affaire politique. Aussi les colonisateurs montrent-ils un zèle de conversion digne des missionnaires eux-mêmes. Il faut voir le respect de Champlain pour les bons Pères Jésuites qui l'escortent, le soin qu'il met à les défendre en toute occasion, les honneurs qu'il leur rend et fait rendre. Dans le même esprit, Isaac de Razilly écrivait à Richelieu : « Vostre Éminence peut faire venir au giron de l'Église plusieurs millions d'âmes, lesquels estant au ciel prieront Dieu à jamais pour faire récompenser vostre charité des soins qu'il aura pris pour leur salut (1). » On peut donc dire que l'idée religieuse est dominante à cette époque, et elle ne pouvait manquer de produire des manifestations éclatantes. Nous n'en citerons que quelques-unes.

(1) Lettre à Richelieu, du 25 juillet 1636. (Affaires étrangères, *Amérique,* I, f° 106.)

C'est une grande dame, madame de Guercheville, née Antoinette de Pons, femme du marquis de Liancourt (1), qui introduisit les Jésuites au Canada, malgré toutes les oppositions. Elle y déploya un grand zèle de dévote. Elle se porta d'abord acquéreur des droits de de Montz, concédés par Henri IV et délégués, pour une partie, à Poutraincourt; puis, par contrat passé devant Me Levasseur, notaire à Dieppe, le 20 janvier 1611, elle constitua les Jésuites associés de Poutraincourt. Aux termes de l'acte, l'argent versé par la marquise devenait « un bon fonds pour y perpétuellement entretenir les Jésuites, sans qu'ils fussent à charge au sieur Poutraincourt, et que, pour ainsi, le profict des pelleteries et pesche que ce navire rapporterait ne reviendrait point en France pour se perdre entre les mains des marchands ». Cela fait, comme des Jésuites sont toujours nécessiteux, et qu'il fallait à ceux-là un trousseau, c'est-à-dire des ornements d'autel et des instruments du culte, elle fit à la cour une quête à cette intention. Elle y fut aidée par madame de Sourdis, cette tante de Gabrielle d'Estrées, qui s'était faite entremetteuse entre elle et Henri IV, au camp devant Chartres, en 1591. Tout le monde tint à honneur de se montrer généreux ; Marie de Médicis donna 300 livres. Avec la somme recueillie, madame de

---

(1) Premier écuyer du Roi, gouverneur de Paris, parent du malheureux époux de Gabrielle d'Estrées. (Cf. CHAMPLAIN : *Voyages*, édition 1627, 3e partie.)

Guercheville approvisionna amplement les bons Pères Biard et Massé (car ils n'étaient que deux, tout d'abord!). Mais voici que deux irrévérencieux huguenots de Dieppe, les sieurs Dujardin et Duchesnes, créanciers de Poutraincourt et surtout ennemis des Jésuites, font opposition au départ du navire; elle les force à lui céder leur créance. Elle eut enfin la joie de voir partir ses protégés : les sauvages connaîtraient donc la sainte doctrine après laquelle ils soupiraient! Mais la dévote dame ne crut pas son rôle terminé. Elle se fit la directrice de la mission; elle commanda les missionnaires, comme ses pareilles les petits abbés. C'est ainsi qu'en 1612, ayant appris qu'il y avait querelle à la colonie et que les PP. Jésuites, pour don de joyeux avènement, avaient excommunié tous les colons, y compris Biencourt, le propre fils de leur associé Poutraincourt, elle ordonna à ses Jésuites de quitter Port-Royal et d'aller fonder ailleurs un établissement. Ils allèrent, en effet, à Pentagoët (1). Mais ils pourront bientôt se passer de tutelle. Arrivés, comme Tartufe, pauvres et humbles dans la maison, ils ne tarderont pas à y commander en maîtres. Dès 1625, ils essayent de mettre Orgon hors de chez lui, c'est-à-dire d'expulser les protestants de la colonie qu'ils ont fondée, et ils y réussissent un peu plus tard. En 1630, ils

---

(1) Cf. P. BIARD : *Relation de 1616*, ch. IX. — *Contrat d'association avec les Jésuites,* 1613, petit in-8° de huit feuilles (pamphlet protestant).

équipent eux-mêmes le navire qui les porte au Canada. Ils seront, au temps de Colbert, les principaux propriétaires fonciers de la Nouvelle-France et des Iles.

Et comment n'auraient-ils pas fait cette fortune? Les dons aux missionnaires affluaient de tous les coins de la France. Les Récollets, qui n'avaient pas su s'enrichir, et, pour cela, avaient dû céder la place aux Jésuites, plus habiles, n'avaient-ils pas, cependant, avec les seules aumônes recueillies en France, achevé en 1621 l'église de Notre-Dame des Anges, à Québec? Les quêtes à la cour, les dons du Roi étaient devenus comme d'institution. On en a la preuve dans cette note, non signée, adressée à la Régente en 1653 (1) : « La Reine est très humblement priée de recommander au sieur Servient de signer une ordonnance de contant de 4 mil livres, que le Roy donne en aumosne, au temps de Jubilé, pour l'establissement de la mission d'Amérique, où il n'y a que le seul P. Meslan, ministre, dans un pays six ou sept fois plus grand que la France, plein d'une infinité de peuples et de nations barbares, qui n'ont jamais entendu parler de l'Évangile..... Il y a tout subject de croire que le zèle de Leurs Majestés pour la conversion de ces peuples sera récompensé dès cette année par une heureuse campagne. »

La légataire de madame de Guercheville, pour ses bonnes œuvres d'outre-mer, fut madame de Comba-

---

(1) Affaires étrangères, *Amérique*, I, f° 459.

let, plus tard duchesse d'Aiguillon, nièce de Richelieu (1). Sa première entreprise fut la fondation de l'Hôtel-Dieu de Québec. Le 16 avril 1637, elle fit avec son oncle un contrat où l'un et l'autre assurent à l'établissement un revenu de 3,000 livres, « à condition qu'il sera dédié à la mort et au précieux sang du Fils de Dieu, afin d'en obtenir qu'il l'applique tant sur l'âme de Monseigneur le cardinal et celle de madame de Combalet que pour tout ce pauvre peuple barbare (2) ». Pour avoir un personnel, elle s'adresse aux Religieuses hospitalières de Dieppe. Une veuve de qualité de Tours, madame de la Peltrie, née de Chauvigny, apprenant ce projet, se fait elle-même propagatrice de l'œuvre, recrute des Ursulines à Tours et à Paris, et parmi elles la fameuse Marie de l'Incarnation (3). Le capitaine Bontemps fut chargé de mener à bon port le couvent volant, et partit de Dieppe, sur le navire *le Saint-Joseph*, au commencement de 1638. Cette œuvre assurée, la duchesse d'Aiguillon consacre à d'autres son intelligence, son influence et sa fortune. Elle fait les frais de missions dans l'Extrême-Orient. Envoyées successivement par mer et par terre, elles réussirent,

(1) V. sur cette intéressante figure, FLÉCHIER : *Oraison funèbre de madame la duchesse d'Aiguillon*; BONNEAU-AVENANT : *La duchesse d'Aiguillon* (1879); ARNAUD D'ANDILLY : *Lettres* (L. 156 et autres); SAINTE-BEUVE : *Causeries*.

(2) Sœur Françoise SUCHEREAU de Saint-Ignace : *Histoire de l'Hôtel-Dieu de Québec*.

(3) « La sainte Thérèse de la France. » — Ses lettres furent publiées avec grand succès en 1677, 1681.

après bien des pertes d'hommes et de temps, à gagner le royaume de Siam, où elles établirent pour un temps l'influence française. On voit, après cela, la duchesse souscrire à la première Compagnie de la Chine (1660), dont le célèbre Fermanel, négociant rouennais, était le promoteur et le directeur, fonder en 1642 la maison des missions à Rome et en 1658 le séminaire des Missions étrangères à Paris, envoyer des prêtres à Tunis et Alger pour secourir physiquement et spirituellement les esclaves, participer enfin avec Olier à la fondation de la Ville-Marie ou Montréal. Fléchier caractérise heureusement, dans son *Oraison funèbre*, cette activité bienfaisante : « Il me semble, dit-il, que je vois des prêtres, des évêques, ou, pour mieux dire, des apôtres, courir partout selon les besoins, et notre charitable duchesse, de son palais comme du centre de la charité, envoyer les secours et les rafraîchissements nécessaires pour entretenir et pour avancer ce grand ouvrage. » C'est, en effet, une sorte de ministère des missions qu'exerça, pendant plus de trente ans, la digne nièce de Richelieu.

Mais les dames ne sont pas seules à s'employer à cette œuvre. Les dévots rivalisent de zèle avec les dévotes. L'ardeur est telle qu'elle est capable de rapprocher Jésuites et jansénistes : « Que vous êtes heureux, écrit Arnaud d'Andilly au P. Jésuite Lejeune, supérieur des missions du Canada, que vous êtes heureux, mon Père, dans la grâce si extraordinaire que Dieu vous fait de lui consacrer ainsi votre vie, pour aller en ce Nouveau-Monde déclarer la guerre à ses ennemis et leur arracher d'entre les mains ces âmes qu'il est venu racheter au prix de son sang!..... Soyez bien aise, mon Père, de ce que M. de Saint-Cyran lève les mains au ciel durant que vous combattez ; ses prières ne nuiront pas à vos victoires, et la confiance qu'il a aux vôtres n'est pas, à mon advis, une des moindres marques combien Dieu vous ayme (1). »

Le duc de Ventadour, neveu de Montmorency, qui avait été dans les Ordres, n'achète de son oncle la charge de vice-roi de la Nouvelle-France que dans l'intention déclarée de livrer le pays aux Jésuites. C'est lui, en effet, qui fit en 1625 la substitution des Jésuites aux Récollets dans les missions du Canada. Content de son œuvre, il ne fit aucune difficulté de céder sa charge en 1627 (2).

Olier, fondateur de Saint-Sulpice, et un gentilhomme angevin du nom de Jérôme Le Royer de La Dauversière, lieutenant général au présidial de la Flèche, et fondateur lui-même, avec Marie de La Ferre, des Religieuses hospitalières de Saint-Joseph pour la France et le Canada (3), établirent de concert, en 1641, la

---

(1) *Lettres*, édition 1666. (L. 222.)
(2) CHARLEVOIX : *Histoire de la Nouvelle-France*. — Cf. Lettre inédite de Lauson à Richelieu, 2 décembre 1626. (Affaires étrangères, *Intérieur*, t. XXXVIII.)
(3) Abbé GOUANIER DE LAUNAY : *Histoire des religieuses hospitalières de Saint-Joseph*, 2 vol. in-8°. (Le Mans, 1886.)

LA PLUS GRANDE EXPANSION. — LES COMPAGNIES.

Compagnie libre de la Nouvelle-France ou Société de Notre-Dame de Montréal. Le but était de créer un établissement qui serait à la fois le siège des missions, une barrière aux incursions des sauvages, un centre de commerce pour les peuples voisins et un lieu consacré à la Très Sainte Vierge. Les fonds furent fournis par de La Dauversière, qui y consacra une partie de son bien, par madame de Bullion, qui donna 72,000 livres, par la duchesse d'Aiguillon, et par une humble cabaretière, Marie Rousseau, pénitente et amie d'Olier. Des religieuses de la maison fondée à la Flèche y furent envoyées sous la conduite de mademoiselle Manse, demoiselle de condition, et de Marguerite Bourgeois, d'une bonne famille bourgeoise de Langres. Paul de Chomedey, sieur de La Maisonneuve, voulut se charger du transport. Une grande « peuplade » fut faite en peu de temps et la ville de Montréal fondée. Toutefois, la Compagnie ne fut pas sans avoir besoin de fonds. Quand elle crut devoir faire appel au crédit public, elle exposa (1) « qu'elle n'avait pas été fondée et le Canada n'avait pas été découvert pour en rapporter seulement des castors et des pelleteries », mais bien dans le but « de procurer la gloire du Très-Haut » ; elle représenta « qu'en fin de compte, la despense de ce grand œuvre est assignée sur le trésor de l'épargne

---

(1) *L'estat général des debtes passives de la Compagnie générale de la Nouvelle-France* (in-4º, Paris, 1643. Bibliothèque nationale, réserve).

céleste, sans qu'il soit à charge au Roi, au clergé ni au peuple ». Cette hypothèque mystique parut suffisante, puisque Montréal prospéra. M. de Bretonvilliers, à lui seul, engagea sur elle une somme de 400,000 livres (1) C'est là, sans aucun doute, une belle preuve de confiance et de foi.

Toutes ces manifestations pieuses cesseront à l'époque de Colbert ; ce sont alors les plus fréquentes.

Ce ne sont pas les seules, pourtant. La colonisation laïque, c'est-à-dire le peuplement ou la mise en œuvre commerciale des colonies, a aussi ses fanatiques. Ninon de Lenclos, la « belle païenne », ne songea-t-elle pas sérieusement, en 1656, à fuir la haine jalouse des dévotes jusque chez leurs sauvages clients de Guyane (2) Beaucoup firent ce qu'elle projeta seulement. Cadets de famille et gentilshommes fuyant leurs créanciers, négociants ruinés par les abus qui sévissaient dans la métropole, petits capitalistes, engagés, missionnaires, formèrent, au dire du P. Charlevoix, la première population de la Nouvelle-France, qui en 1665 était de trois mille deux cent quinze. Un édit de 1642 constate que la Compagnie des Iles, fondée en 1635, a introduit sept mille colons. Les navires qui vont à Madagascar portent toujours une centaine

---

(1) Cf. DE BELMONT : *Histoire du Canada*. (Manuscrits, Bibliothèque nationale, Supplément, fr., n° 1625.) — DOLLIER DE CASSOU : *Histoire de Montréal*. (Manuscrits, Bibliothèque Mazarine, II, 2706.)
(2) SAINTE-BEUVE : *Lundis*, IV, p. 134.

d'émigrants que n'intimident ni la longueur et les dangers du voyage, ni les malheurs survenus (1).

Consultez, d'autre part, le *Mercure français*, qui précède et annonce la *Gazette de Renaudot* (2). Il est rempli de documents officiels et de notes officieuses sur les colonies et le commerce colonial. Quand on sait le soin qu'apportait Richelieu à « travailler l'opinion (3) », on ne peut douter que ces articles ne fussent ou dictés ou inspirés par lui : on y peut donc trouver la mesure de ce que peut et doit être, par la volonté du ministre, l'opinion du temps, de ce qu'elle fut en réalité. Or, on y trouve, à chaque page, des réflexions comme celle-ci : « La France, flanquée de deux mers, ne se peut maintenir que par des forces maritimes » ; ou des indications commerciales, comme le détail des richesses que les galions espagnols apportent d'Amérique, comme l'énumération des denrées africaines ou autres, introduites par navires français (4). L'effort est

(1) Cf. DE FLACOURT : *Histoire de Madagascar*. — SOUCHU DE RENNEFORT : *Relation de Madagascar*. — Un mémoire encore inédit du missionnaire Nacquart (Bibliothèque du Mans).

(2) Le *Mercure*, suite de la *Chronologie septennaire de Palma Cayet*, publie chaque année un volume, par les soins de Richer, de 1611 à 1635, et de Renaudot, de 1635 à 1643. — La *Gazette*, le *Mercure de France*, même le *Mercure galant*, le continuent avec des genres différents.

(3) Cf. Communication de M. Sorel à l'Académie des sciences morales et politiques, 13 mai 1882. — Thèse de Léon GELEY : *Fancan et la politique de Richelieu de 1617 à 1627*.

(4) « Arrivée à Dieppe (28 octobre 1634) de la coste d'Afrique au delà du cap Vert, de quatre vaisseaux chargés de gommes, cuirs, ivoires, singes, guenons et autres richesses et raretés de la zone torride. » (T. XIX, p. 715.)

perpétuel pour persuader à la nation que « nul climat ne lui est non plus accessible qu'aux autres », qu'il y a tout profit « à entreprendre sur mer comme font les Anglais et Hollandais ». Bref, toute la pensée des Montchrétien et des Razilly s'y retrouve, mais appuyée de faits, répétée sans cesse, comme si elle hantait les esprits. Tout ce que nous avons dit précédemment prouve bien que Richelieu, en inspirant le *Mercure* en ce sens, donnait moins un enseignement à ses contemporains qu'une satisfaction à leurs préoccupations.

CHAPITRE III

LA DISCUSSION.

Les plaintes des commerçants.

La discussion sur l'utilité de l'œuvre entreprise ou sur les procédés employés n'existe pas, au temps de Richelieu. Il semble que l'enthousiasme soit unanime, ou que la question soit trop neuve pour qu'on en puisse raisonner. Soit dédain, soit crainte, aucune critique ne se produit au grand jour. Les opposants, dont parlent Montchrétien et Razilly, ne se permettent qu'à l'oreille des objections discrètes.

Ce sont les commerçants, chose étonnante, qui formulent le plus hardiment leurs plaintes. Ils ne le font pas dans des écrits, ce n'est pas leur habitude, mais dans leurs réponses aux commissaires enquêteurs que Richelieu délègue près d'eux. Leurs griefs, d'ailleurs, ne portent pas sur l'action coloniale elle-même, mais sur le mode d'action.

Rappelons-nous que le système des Compagnies à monopole a été nettement condamné par le tiers état de 1614(1). Ce n'étaient pas, il est vrai, des négociants

---

(1) V. livre I, chapitre III, § 3.

qui composaient la majorité, mais des hommes de loi Cette majorité n'en représentait pas moins l'opinion de la bourgeoisie éclairée. Richelieu se hasardait donc beaucoup à passer outre à ce sentiment ainsi manifesté. Il s'exposait soit aux plaintes, soit à l'abstention de ceux sur qui il devait le plus compter. Plusieurs ouvrages ont paru pour soutenir la doctrine du ministre : c'est donc qu'elle était attaquée et que la doctrine contraire avait ses partisans.

Richelieu charge de Lauson en 1626, et de Séguiran en 1632, d'aller consulter sur leurs affaires, l'un les commerçants de Rouen, l'autre ceux de Marseille. Voici le compte qu'ils rendent des plaintes entendues (1).

Les négociants de Rouen remercient le Roi de l'intérêt qu'il porte au commerce et du souci qu'il a de le protéger contre les corsaires. Mais « ils osent lui remontrer » qu'il n'a pas pris, à leur avis, la meilleure voie pour aller au but. D'abord, cet achat de navires aux Hollandais n'aurait pas dû être fait au nom du Roi, « à cause de l'appréhension qu'ils ont que le Roy ne devienne puissant sur la mer ». Si l'on avait emprunté le nom des négociants, « le Roy serait servi avec plus de diligence ». Ce n'est pas assez, d'ailleurs. « Il faut que le Roy fasse construire des vaisseaux en France,

---

(1) Lettre de Lauson, du 26 novembre 1626 (Affaires étrangères Amérique, I, f° 367). — Lettre de Séguiran, dans les Documents inédits, *Correspondance de Sourdis*, III, 221-24.

non pas en aussi grand nombre à la fois, mais tant il y a qu'il y pourrait estre servi avec contentement. » Une partie de ces vaisseaux pourrait être employée « à l'assistance des navires marchands », mais à une condition absolue : « Il faut qu'on donne aux négociants la liberté entière d'y préposer telles personnes de probité et valeur recognue qu'ils porront choysir eux-mesmes..... Ils fourniraient les vaisseaux de biens et autres choses nécessaires pour l'équipage, les tiendraient continuellement en estat de servir en cas que le Roy en eust besoin, et à ce fayre les communautés s'obligeraient. Quant à la despense, ils suppliraient le Roy d'avoir agréable qu'il s'en feist un répartiment entre eux à prendre sur les marchandises, pour l'escorte desquelles les vaisseaux du Roy auraient servy. » Mais, à aucun prix, ils ne veulent de capitaines nommés par le Roi. L'expérience leur a appris à connaître leur mauvaise volonté et leurs exigences, et, « tant s'en fault que les marchants en reçoivent soulagement, qu'au contraire leur condition en empirera ». Ils ne veulent pas non plus contribuer aux dépenses de construction ou d'achat des navires, « à cause des continuelles pertes soufertes depuis plusieurs années ». Mais ils indiquent un moyen de trouver les fonds. C'est de faire comme le roi d'Angleterre, « qui, l'an passé, feit par forme d'emprunt de grandes levées sur les estrangers de nouveau establis en son royaume, jusqu'à fayre payer 20,000 escus à l'un d'entre eux ».

On est, en effet, en France, d'une tolérance incompr[é]hensible envers les étrangers; on leur accorde « d[es] lettres de naturalité », sans même exiger qu'ils po[s]sèdent ou contribuent; « ils ne font aucunes acqui[si]tions d'immeubles ny font contruire aucuns vaisseau[x] et ayants tout leur bien en une cassette, le transport[ent] quand il leur plaist ». Bien plus, on leur accorde [les] mêmes droits et faveurs qu'aux « régnicoles », bi[en] qu'il n'y ait aucune nation « qui ne se donne quelq[ue] privilège en son pays au préjudice des estrangers ». [Le] traité de 1606, enregistré en 1607, a été à ce point [de] vue une véritable trahison. Aussi « les Espagnols [et] les Portugais se réservent seuls le trafic des Indes, e[t] pour les Flamens, ils ne nous donnent pas le loy[sir] d'aller rien quérir chez eux, nous sommes pleins [de] leurs manufactures ». Il faut donc protéger le co[m]merce français, qui est menacé de ruine, en metta[nt] certaines impositions sur les marchandises étrangè[res] et en déchargeant les Français. « Cela produirait de[ux] effets : pour l'un le secours présent en deniers; po[ur] l'autre, et bien plus advantageux pour le Roy, donn[e]rait à la France quatre mil matelots qu'elle n'a poin[t] et par la douceur du gain et des advantages que l'[on] donnerait au régnicole, on le rappellerait dans le co[m]merce, duquel l'estranger fait tous ses efforts de [le] chasser et de le mettre à tel point que lui tournan[t à] perte, il soit forcé de l'abandonner cóme il faict. »

On reconnaît, dans cette dernière partie, l'argume[nt]

LA PLUS GRANDE EXPANSION. — LES COMPAGNIES. 135

tation de Montchrétien. L'économiste normand a inspiré les sentiments de ses compatriotes ou il les a fidèlement traduits. Ces sentiments, en tout cas, ne sont pas entièrement favorables aux procédés que va suivre Richelieu. Les négociants demandent une autonomie qu'il n'entre pas dans le plan général de Richelieu de leur accorder. Le ministre écoutera plutôt Razilly, lui disant : « Il faut planter colonies, non par des marchands, qui n'y sont pas propres, mais par un homme de qualité et faveur qui aura la libre disposition d'une bourse commune faite par des trésoriers-partisans (1). »

La consultation de 1633 a été faite auprès « des députés nommés par les consuls et conseils de Marseille ». Nous la choisissons entre plusieurs autres, parce qu'elle fait le pendant de la précédente, eu égard à la date, à la situation et aux intérêts commerciaux. France du Nord et France du Midi, commerce du Levant et d'Amérique, débuts et épanouissement de l'action commerciale et coloniale de Richelieu se trouveront mis en parallèle.

« Nous estant soigneusement enquis, dit Séguiran,

(1) On se rappelle la bruyante enquête sur la crise commerciale faite en 1886. Que l'on mette le traité de Francfort ou les traités de commerce à la place du traité de 1606, les Allemands à la place des Anglais et Hollandais, toute l'administration consulaire et coloniale à la place des capitaines de mer, et les plaintes du commerce de nos jours auront exactement le même cadre et le même fond que celles des commerçants rouennais du dix-septième siècle. Ne parle-t-on pas même d'établir enfin sur les étrangers résidant en France cet impôt demandé dès 1625 ?

des causes de la déchéance de leur commerce, il nous en a esté représenté plusieurs sujets, qui sont : les grandes et longues guerres d'Europe, les voleries des corsaires, les oppressions des ministres du Grand Seigneur et autres princes estrangers, et de ceux encore de ce royaume qui, par ci-devant, au lieu de leur résister, les ont souffertes et tolérées pour leur intérêt et avantage particulier; les malversations de la plupart des consuls establis aux Échelles du Levant et ailleurs, les commissionnaires français qui résident en Italie, les fréquentes banqueroutes et perfidies des gens de marine et d'autres négociants; les fraudes et abus qui se commettent aux contrats de sûreté, l'un des principaux fondements du négoce; les grandes impositions dont on les surcharge; le peu de protection qu'ils trouvent partout; le mauvais traitement que font la plupart des fermiers du Roi aux estrangers négociants à Marseille, qui, à cause de cela, se trouvent esloignés du royaume; et enfin, à cause de plusieurs manquements et désordres, qui ont besoin d'une sévère information, si on désire faire revivre le négoce et lui donner quelque vigueur..... » Après avoir formulé ces griefs, les Marseillais ont proposé : « Que l'on tienne la main à ce que les estrangers fussents bien traictés, parce que ce sont eux qui entretiennent le commerce, par leur concours et par les marchandises qu'ils emportent; que l'on contienne par châtiment les malversations des consuls; que l'on châtie toute contrebande pour la Barbarie, où l'on porte des munitions de guerre, par le moyen desquelles les corsaires désolent les chrestiens, et, plus que tous autres, les Français. »

Les Marseillais reprochent, en somme, à Richelieu, de ne pas assez surveiller les agents royaux en France et à l'étranger, notamment les consuls, et de ne pas assurer une législation commerciale suffisante. Ils demandent, contrairement aux Rouennais, protection et faveur pour les étrangers, et, comme eux, répression vigoureuse de la piraterie.

Ces griefs ne visent l'action coloniale que dans la mesure où le commerce y est engagé. On sait que cette mesure est toujours grande. Elle l'était dès le temps de Richelieu, bien qu'on ne fût qu'aux débuts. Aussi nous faut-il prendre acte du mécontentement exprimé par les commerçants. Il en ressort, quelles que soient les exagérations et les contradictions, que le commerce ne trouve pas son compte à l'action commencée. Il n'y résiste pas; il ne demande pas mieux que de s'y intéresser et d'appuyer l'effort que l'on tente; il entre dans les Compagnies et il y reste, malgré tous les déboires. Mais quelque chose lui semble à reprendre ou à compléter dans l'ensemble des actes, à l'intention desquels il rend justice; car ils n'ont pas fait naître cette prospérité que l'on annonçait. Ce quelque chose pourrait bien être : d'un côté, un plus grand souci des intérêts commerciaux aux colonies, c'est-à-dire la subordination des religieux aux commerçants; de l'autre, une plus grande autonomie jointe à une plus efficace protection, c'est-à-dire la restriction des monopoles concédés aux Compagnies et des pouvoirs donnés aux agents du gouvernement.

Il paraît bien, en effet, que ce soient là les critiques qu'appelle la politique coloniale de Richelieu (1). Colbert y apportera quelques corrections, sans toutefois changer le système.

(1) A propos des griefs du commerce, Colbert leur appliquait ce criterium : « Lorsque je m'informe de tous les marchands du royaume, de l'estat du commerce, ils soutiennent tous qu'il est entièrement ruiné; mais quand je viens à considérer que le Roy a diminué d'un tiers les entrées et sorties du royaume, et que les fermiers non seulement ne demandent aucune diminution, mais mesme demeurent d'accord qu'ils gagnent, j'en tire une preuve démonstrative et qui ne peut être contredite, que le commerce augmente considérablement en France, nonobstant tout ce que les commerçants peuvent dire au contraire. » (Colbert à l'intendant de Sauzy, *Correspondance administrative*, III, p. 504.) — Cette preuve démonstrative n'aurait pu être fournie par Richelieu, dont l'administration financière ne vaut pas celle de Colbert, et qui ne diminua aucun impôt de douanes ou autres.

DEUXIÈME PARTIE

COLBERT ET LOUIS XIV.

CHAPITRE PREMIER

L'ACTION.

La question coloniale dans les conseils du gouvernement.

Tout semble dit sur le règne de Louis XIV et sur le ministère de Colbert. Nous nous sommes aperçu, pourtant, que la politique coloniale du grand roi et de son ministre réserve quelques découvertes au chercheur. La part personnelle qui revient à l'un et à l'autre dans la direction; la part d'originalité qui revient à Colbert dans l'œuvre déjà engagée; la place que la question coloniale occupe dans la politique intérieure et extérieure : voilà autant de points qui sont peu élucidés, qui méritent de l'être, et qui doivent l'être dans notre étude.

I

COLBERT ET LOUIS XIV.

Sur l'action personnelle de Louis XIV, une thèse paradoxale a été récemment soutenue, avec un certain luxe de documents (1). Elle présente Louis XIV comme un novateur en matière de colonisation, et de plus, comme un agioteur. On sait que, depuis 1880, l'action coloniale a provoqué bien souvent l'accusation d'agiotage : il a sans doute paru piquant de reporter jusqu'au dix-septième siècle ces procédés de discussion.

Mais, sans nier la valeur des documents fournis, il n'est pas malaisé de démontrer qu'on les a enveloppés de conjectures et de contradictions.

Attribuer à Louis XIV le mérite « d'avoir eu de lui-même l'idée d'organiser un commerce suivi entre la France et les Indes orientales » est une simple conjecture. Elle est même en contradiction avec le témoignage de Saint-Simon sur les rapports du Roi et de ses ministres (2), et avec celui de Colbert, que nous allons voir. C'est pure conjecture encore de prétendre que

---

(1) PAULIAT : *Louis XIV et la Compagnie des Indes* (Lévy, 1886)
(2) « Ils l'infatuèrent à l'envi de sa grandeur et de son autorité, pour l'exercer eux-mêmes et n'en laisser à personne qu'à eux. » (*Parallèle entre les trois Bourbons*, édition Feugère.)

« le livre de Charpentier (1), destiné à la propagande, ait été inspiré et comme dicté par le Roi lui-même » : Charpentier, ainsi qu'on le reconnaît, appartenait à la domesticité littéraire de Colbert. Et quant à ce fameux discours prononcé par le Roi dans l'assemblée générale des associés de la Compagnie des Indes orientales, discours qu'on déclare si insolite, qu'on assimile par la pensée à ces exposés fantaisistes faits à leurs actionnaires par des financiers véreux, d'où conjecture-t-on qu'il a été médité, comme une suprême « rouerie », par le Roi seul, sans la collaboration de Colbert? N'a-t-il pas, au contraire, été précédé d'un Mémoire de Colbert, très net et très complet, dont le discours n'est que l'écho (2)?

Non! Dans cette affaire comme en toute autre, l'initiative, louable ou répréhensible, appartient au ministre. Colbert nous met lui-même sous les yeux la méthode dont il usait avec un maître susceptible et infatué. Le 3 mars 1678, il adressait à Seignelay, qui accompagnait le Roi dans sa campagne de Flandre, deux lettres : l'une était un rapport sur l'état présent des affaires et devait être lue au Roi ou analysée devant lui; l'autre est particulière et confidentielle. Dans la première, Colbert s'exprime ainsi : « Des nouvelles viennent d'arriver que Gand est assiégé et que le Roi y vole. Sans compa-

---

(1) CHARPENTIER : *Discours d'un fidèle sujet du Roy touchant l'establissement d'une Compagnie française pour le commerce des Indes orientales* (avril 1664).

(2) PAULIAT : *op. cit.*, p. 50, 65, 68, 181, etc.

raison, nous devons tirer exemple de la gloire et des avantages que son application et sa prodigieuse vertu lui donnent, pour nous exciter à l'imiter de loin. » Dans la seconde, il dit à son fils : « Il y a quelquefois dans mes lettres et mes Mémoires de certains endroits, comme celui-ci, desquels, si vous tourniez avec adresse et esprit le compte des affaires que vous rendez au Roi, en sorte que sans affectation et naturellement vous lui en puissiez faire lecture, vous feriez bien votre cour auprès de Sa Majesté et pour vous et pour moi. » A peu près à la même date, le 18 février 1678, il écrivait encore confidentiellement à son fils : « Vous ne devez lire au Roy la lettre de Blenac (alors gouverneur du Canada) que par extrait, et bien examiner les termes des autres, avant que de les lire (1). » Ne voilà-t-il pas la confirmation du témoignage de Saint-Simon? Ne trouve-t-on pas ici la mesure de l'initiative que paraît garder Louis XIV dans les affaires de la Compagnie des Indes orientales?

Au reste, si Louis XIV avait fait sienne cette affaire, du vivant de Colbert, s'il y avait déployé cette habileté d'homme d'affaires qu'on dénonce, il aurait, après la mort de Colbert, employé les mêmes ressources d'esprit à maintenir ou à sauver son œuvre. Or, que voit-on après 1683? Une série d'actes contradictoires et malhabiles qui ne vont à rien moins qu'à ruiner la

---

(1) P. Clément : Introduction au t. III *bis* de la *Correspondance de Colbert* (p. xiii). — Colbert à Seignelay (III *bis*, p. 198).

compagnie, et contre lesquels la compagnie proteste.

Citons seulement les arrêts sur les soies d'Orient, toiles et ouvrages de coton, étoffes de Chine et des Indes à fleurs d'or et d'argent. L'importation de ces produits commence en 1686. On les adopta avec fureur en France (1), et la compagnie avait en eux une source de fortune. Ils avaient même fait naître une nouvelle industrie, celle de l'impression en couleur des toiles importées blanches, dont les profits s'ajoutaient à ceux de la vente. Il était donc élémentaire, pour qui voulait du bien à la compagnie et au commerce d'Orient, de favoriser cette importation. Colbert n'y eût pas manqué. Mais que fait Louis XIV, privé de Colbert? Par des arrêts aussi nombreux que contradictoires, tantôt il prohibe et tantôt autorise ces tissus. L'énumération en est curieuse : le 30 août 1686, arrêt qui surtaxe ces produits; le 26 octobre, arrêt qui interdit les fabriques pour l'impression des toiles blanches, et prohibe, après la fin de décembre, la vente des étoffes brochées d'or et d'argent; le 27 janvier 1687, arrêt qui annule les deux précédents, et qui permet à la compagnie ce commerce et cette industrie jusqu'en 1688 et jusqu'à concurrence de 150,000 livres d'importation; le 17 mai 1688, nouvel arrêt prohibitif, et le 17 août, nouvelle autorisation avec

---

(1) Abbé BAUDRAND : *Dictionnaire universel de géographie* (édition française de 1706), art. : *Indes*. — DU FRESNE DE FRANCHEVILLE : *Histoire de la Compagnie des Indes*, p. 75 et suiv.

l'obligation de la « marque »; le 1ᵉʳ février 1689, interdiction formelle et qui semble définitive; mais en 1695, 1700, 1706, etc., levée complète de cette interdiction Bref, l'arrêt du 13 juillet 1700, qui énumère tous les édits antérieurement rendus sur la matière depuis le 30 avril 1686, n'en compte pas moins de seize, soit plus d'un par an, et qui tous se contredisent à qui mieux mieux. Si c'est là de la sollicitude, la compagnie s'en fût passée volontiers (1).

Cette discussion, toutefois, nous fournit une conclusion utile. Si l'on a pu prendre le change sur la participation de Louis XIV aux entreprises coloniales de son règne, et lui attribuer le premier rôle dans l'une d'elles, c'est que cette participation a été grande en réalité. Il est certain que le Roi a approuvé et appuyé la politique de son ministre, au point de paraître la faire sienne. Nous pouvons donc le mettre en tête des partisans de l'expansion coloniale à l'époque de Colbert.

II

RICHELIEU ET COLBERT.

A Colbert seul revient la gloire d'avoir fait de la France, pour un moment, la plus grande puissance coloniale des temps modernes.

---

(1) Du Fresne de Francheville : *op. cit.* (P. J.).

LA PLUS GRANDE EXPANSION. — LES COMPAGNIES.

Pour bien juger de son mérite, il faut séparer nettement ce qu'il a dû au passé de ce qu'il a innové, ses imitations de ses inspirations personnelles. Nous ne croyons pas qu'on l'ait jamais fait avec quelque détail (1).

Colbert se montre d'abord le docile élève de Richelieu. Il lui emprunte le procédé des Compagnies avec privilèges et monopoles, et en même temps les raisons qui semblaient le légitimer. « Sa Majesté, dit-il (2), sait qu'une Compagnie composée d'un nombre d'intéressés puissants, travaillant au bien commun et à l'établissement général desdites îles, peut bien plus avantageusement faire ledit commerce que des particuliers, lesquels ne s'appliquent qu'à faire valoir ce qui leur appartient. » Aussi la liste est-elle longue des Compagnies créées sous son administration et sous celle de ses successeurs (3) :

Mai 1664. — Compagnie des Indes occidentales.

Août 1664. — Compagnie des Indes orientales.

1669. — Compagnie du Nord.

1670. — Compagnie du Levant.

---

(1) M. Pigeonneau a publié, dans les *Annales de l'école libre des sciences politiques* (octobre 1886), une importante étude sur l'action coloniale de Colbert, dont nous nous sommes inspiré.

(2) Arrêt ordonnant aux intéressés de la Compagnie des Iles ou ayants droit de rapporter leurs lettres de concession, pour les voir annuler, 1664.

(3) *Anciennes lois françaises*, t. XVIII. — *Mémoire des commissaires du Roi pour les limites de l'Acadie*, t. II (P. J.). — DU FRESNE DE FRANCHEVILLE, P. J.

Novembre 1673. — Compagnie du Sénégal.

1679. — Deuxième Compagnie du Sénégal.

1683. — Compagnie de l'Acadie.

Janvier 1685. — Compagnie de Guinée.

Mars 1696. — Troisième Compagnie du Sénégal et Cap Vert.

1697. — Compagnie de la Chine.

Septembre 1698. — Compagnie de Saint-Domingue.

Août 1702. — Compagnie de l'Asiento.

Mai 1706. — Compagnie pour la vente des castors.

Novembre 1712. — Deuxième Compagnie de la Chine.

Mars 1715. — Troisième Compagnie de la Chine.

C'est encore d'après Richelieu que furent formulés, dans les contrats de 1664 et autres, les privilèges et monopoles des Compagnies, les réserves du Roi ou du commerce métropolitain. Les contrats de la Compagnie des Cent et de la Compagnie des Indes occidentales semblent rédigés de la même main. En voici l'analyse comparative :

Les terres et îles conquises ou à conquérir sont données à la Compagnie « en toute propriété, seigneurie et justice », à la réserve de la foi et l'hommage au Roi, avec le don d'une couronne d'or à chaque nouvel avènement. (Article 4 de la Compagnie des Cent; 20 et 21 de la Compagnie des Indes.)

La Compagnie pourra vendre et inféoder les terres

LA PLUS GRANDE EXPANSION. — LES COMPAGNIES.

à tels cens, rentes et droits seigneuriaux qu'elle voudra et à telles personnes qu'elle trouvera à propos, sauf à prendre des lettres de confirmation du Roi en cas d'érection de duchés, marquisats, comtés et baronnies. (Article 5, Compagnie des Cent; 24, Compagnie des Indes.)

Elle aura le commerce exclusif à perpétuité de tous cuirs, peaux et pelleteries de la Nouvelle-France, à la réserve de la pêche de la morue et de la baleine, qui reste libre à tous les sujets. (Article 7, Compagnie des Cent; 15, Compagnie des Indes.)

Elle jouira de l'exemption de tous droits d'entrée sur les denrées des colonies importées et de tous droits de sortie sur les armes et munitions de guerre, vivres et avitaillements de vaisseaux et équipages. (Articles 14 et 15, Compagnie des Cent; 19, Compagnie des Indes.)

Toute personne, quelle que soit sa condition, ecclésiastique, noble, officier, pourra entrer dans la Compagnie, sans déroger. (Article 16, Compagnie des Cent; 2, Compagnie des Indes.)

Les artisans ayant excercé durant six ans leur métier aux colonies « seront réputés maîtres à leur retour en France, et pourront tenir boutique ouverte en toute ville du royaume ». (Article 13, Compagnie des Cent; 35, Compagnie des Indes.)

Les descendants de Français qui s'habitueront audit pays, ensemble les sauvages qui seront amenés à la connaissance de la foi et en feront profession seront censés et réputés naturels français et auront les mêmes droits que les regnicoles. (Article 17, Compagnie des Cent; 35, Compagnie des Indes.)

Obligation à la Compagnie d'entretenir des ecclésiastiques pour la conversion des sauvages. (Article 3, Compagnie des Cent; 1, Compagnie des Indes.)

D'avoir son siège social à Paris. (Article 12, Compagnie des Cent; 13, Compagnie des Indes.)

Les directeurs seront élus par l'assemblée des actionnaires, de façon que « le tiers soit des marchands ». (Article 5, Compagnie des Cent; 8, Compagnie des Indes.)

Pouvoirs des directeurs. (Article 6-16, Compagnie des Cent; 13, 14, 27, Compagnie des Indes.)

Assemblées annuelles. (Articles 20 et 21, Compagnie des Cent; 9 et 10, Compagnie des Indes.)

Le régime ainsi constitué peut se résumer en ces quelques points : propriété féodale; commerce exclusif; faveurs et exemptions tant à la Compagnie qu'aux colons nobles ou roturiers; surveillance de l'État sur la Compagnie; obligation de propager la foi; loi française appliquée aux habitants de la colonie, tant indigènes convertis que colons.

Remarquons cette dernière disposition. Elle se retrouve dans l'édit d'établissement de la Compagnie des Indes orientales (article 38). Elle marque et continue cette tradition toute française d'humanité, que nous avons signalée au début, dans les auteurs du seizième siècle, et, au temps de Richelieu, dans les contrats signés avec les diverses Compagnies. On la chercherait en vain dans les lettres patentes ou contrats qui constituent les Compagnies anglaises, par exemple. Cette législation n'appartient qu'à nous : ne nous lassons pas de nous en faire honneur.

Colbert a donc, tout d'abord, exactement suivi les procédés de son devancier. Mais il ne tarda pas à les réformer, voire même à les abandonner, après expérience faite. La méthode d'exploitation par compagnie, bonne peut-être pour fonder une colonie, insuffisante pour la rendre prospère, lui parut condamnée par l'insuccès de la Compagnie de 1664. Il y substitua d'emblée, et sans hésitation, le gouvernement direct (1674). Il donna ainsi la préférence au système espagnol, si infécond aux mains de l'Espagne, sur le système anglais et hollandais, alors en plein épanouissement. Cette résolution n'était pas sans hardiesse.

Sous le régime du gouvernement direct, les colonies du Canada et des îles ressemblèrent à des provinces du royaume. Ce furent mêmes représentants du pouvoir : gouverneurs ou lieutenants généraux, chargés de l'action militaire et de la représentation; intendants, dirigeant, sous le contrôle apparent du gouverneur, toute l'administration civile et financière. Ce furent mêmes lois, la coutume de Paris étant purement et simplement transportée au delà de l'Atlantique. Ce fut aussi la même centralisation : le ministre fait toutes les nominations des agents principaux, casse et réforme, ordonne ou inspire toutes les décisions. Dans l'ordre judiciaire, les conseils souverains de Québec et de la Martinique jugent en premier ressort et en appel comme les Parlements de France, et le Roi en nomme les membres. Comme en France, ils enregistrent les édits royaux et arrêts des gouverneurs, sans droit de remontrance préalable. Tout au plus sont-ils consultés, pour la forme, dans les initiatives que prend le gouverneur. Il n'y a, d'ailleurs, ni assemblées de paroisses, ni assemblées de provinces : la liberté, n'étant pas un produit de la métropole, n'a pu être importée aux colonies. Bref, l'assimilation est telle que de Tocqueville a pu dire : « Quand je veux juger l'esprit de l'administration de Louis XIV et ses vices, c'est au Canada que je dois aller. On aperçoit alors les difformités de l'objet comme dans un microscope (1). »

Mais le génie de Colbert, tout d'observation et de sens pratique, devait le prémunir contre les exagérations et les vues systématiques. Un autre eût pu, en présence des résultats, proscrire partout l'intermédiaire des Compagnies, trouvé mauvais en un point. Il s'en garda bien. Il savait que rien n'est absolu en politique, surtout en politique coloniale. Il comprit les différences profondes qui séparent, quant à l'exploitation, les

(1) *L'ancien régime et la Révolution.* — Notes (n° 24).

colonies de peuplement et les colonies de commerce. Les premières ont besoin d'une administration vigilante, et il voulut les avoir directement sous sa main; les autres exigent avant tout des capitaux, et il laissa aux commerçants réunis en Compagnies le soin de les constituer.

C'est même en cela que consiste son originalité : il a complété la conception coloniale de Richelieu. Celui-ci, nous l'avons vu, avait mis au premier plan la conquête et le peuplement de terres nouvelles ; le profit commercial devait en être la résultante. Premier ministre, il visait surtout l'honneur du royaume et son influence en Europe. Colbert, ministre des finances, chargé d'accroître la richesse du pays, fait de la colonisation un effort économique. Il met au premier plan l'intérêt commercial qui restait au second dans la pensée de Richelieu.

En conséquence, dans les colonies de peuplement, il veut une production agricole intensive, en vue d'une abondante exportation; ailleurs, il prodigue les faveurs pour susciter les capitaux, activer les échanges, assurer les profits. Richelieu n'avait pas créé une seule Compagnie purement de commerce : Colbert ne crée ou ne laisse subsister que celles-là.

Rappelons ses principaux actes et mémoires, en commençant par les colonies d'immigration.

Voici d'abord l'idée générale de son administration, le programme de son œuvre entière. Elle est exprimée dans un Mémoire adressé à Mazarin, dès 1653. « Il faut, dit en substance Colbert, rétablir ou créer toutes les industries, même de luxe ; établir le système protecteur dans les douanes ; organiser les producteurs et commerçants en corporations, alléger les entraves fiscales nuisant à la circulation ; restituer à la France le transport maritime de ses produits ; développer les colonies et les attacher commercialement à la France seule ; supprimer tous les intermédiaires entre la France et l'Inde ; développer la marine militaire pour protéger la marine marchande (1). » On retrouve le même plan avec ses premières applications dans le préambule d'un édit de septembre 1664, où se reconnaît la main de Colbert (2).

Que l'on consulte maintenant les préambules des contrats et les contrats eux-mêmes passés avec la ou les Compagnies d'Amérique et les instructions données aux agents employés au Canada ou dans les Iles : partout apparaît la préoccupation commerciale. Il y est surtout question des genres de culture, des produits d'exportation, des ports d'attache, de tout ce qui, enfin, peut contribuer à la mise en valeur commerciale de ces colonies agricoles (3). On a même reproché, non sans rai-

---

(1) Guizot : *Histoire de la République d'Angleterre*, I, p 451-457.
(2) *Correspondance administrative*, III, p. 27 et suiv.
(3) V. surtout : Instructions à Gaudais, chargé d'une enquête commerciale au Canada (1ᵉʳ mai 1669) ; Lettres à de Baas, lieutenant général aux Antilles (1ᵉʳ juin 1669, 9 avril 1670, 3 juillet 1670) ; Instruc-

son, à Colbert, d'avoir poussé cette exploitation jusqu'à l'oppression des colons, jusqu'à la ruine des colonies.

C'est par suite de la même préoccupation que Colbert songea à réglementer définitivement l'esclavage et la traite. Il y voit, en effet, un double profit : assurer des ouvriers agricoles là où l'Européen ne peut travailler, attirer en France l'important mouvement d'affaires créé par la traite sur les côtes d'Afrique. D'une part, les résultats médiocres obtenus malgré beaucoup de sollicitude (1), et, de l'autre, les troubles causés aux Iles par une législation défectueuse sur les noirs, déterminèrent le ministre, instruit par les intendants Patoulet et Begon, à rédiger « un édit servant de règlement pour le gouvernement et l'administration de la justice et police des îles françaises dans l'Amérique et du commerce des noirs dans lesdites colonies ». C'est le fameux Code noir, qui ne fut promulgué qu'en 1685 (2). Ce Code, en réglant l'état civil de l'esclave, ses droits vis-à-vis du maître, les droits et devoirs du

---

tions à Talon, intendant du Canada (11 février 1671); à Patoulet, envoyé à Pantagoet (30 mars 1671). — *Correspondance de Colbert*, III *bis*.

(1) Monopole du commerce de la côte d'Afrique à la Compagnie des Indes occidentales, 1664 ; cession de ce monopole aux armateurs de Saint-Malo ; exemption de tout droit pour les marchandises exportées de France pour la Guinée ; prime de 10 livres par tête de noir importé aux Antilles ; soin de la traite, avec prime de 13 livres concédé, en 1675 à Oudiette, fermier d'Occident, sous la condition d'importer deux mille nègres par an ; monopole donné à une Compagnie d'Afrique en 1679, puis à une autre en 1681.

(2) *Anciennes lois françaises*, t. XIX, p. 494.

maître envers lui, les rapports de propriété de l'un à l'autre, les questions de travail et de pécule, le tout avec une douceur relative dont la législation étrangère est fort éloignée, visait exclusivement à la conservation de cette marchandise très chère à la fois et indispensable, de cette espèce de bétail humain qui s'appelait l'esclave. Il ne faudrait pas chercher dans la pensée de Colbert la moindre trace d'humanité ou ce philosophisme qui va se saisir de la question après lui, il en est à cent lieues. Pour lui, il n'y a en tout cela qu'un intérêt commercial. Comme jadis le vieux Caton, il est doux et humain envers les esclaves par spéculation.

C'est encore par spéculation ou par esprit de bonne administration que Colbert, ministre du Roi Très Chrétien, vivant dans une société dévote, et ayant reçu de la génération précédente le respect des choses et des hommes de religion, subordonne hardiment, dans les colonies, le spirituel au temporel, le missionnaire à l'intendant. Il donne, par exemple, ces instructions à l'intendant Talon, le 27 mars 1665 (1) : « A l'égard du spirituel, les avis de ce pays portent que l'évêque de Pétrée et les Jésuites y établissent trop fortement leur autorité, par la crainte des excommunications et par une trop grande sévérité de vie qu'ils veulent maintenir. Faire en sorte qu'ils adoucissent un peu leur sévérité; les considérer comme des gens d'une

(1) *Correspondance de Colbert*, III bis. — V. aussi les Instructions à de Courcelles, du 1ᵉʳ mai 1669; à M. de Frontenac, du 7 avril 1672

piété exemplaire, et que jamais ils ne s'aperçoivent qu'on blâme leur conduite, car l'intendant deviendrait dans ce cas presque inutile au service du Roi.....; empêcher, autant qu'il se pourra, la trop grande quantité de prêtres, religieux et religieuses; il suffit qu'il y en ait le nombre nécessaire pour le besoin des âmes et l'administration des sacrements. » Il donne à un autre agent, M. de Frontenac, gouverneur du Canada, des ordres de même nature, qui provoquent l'instructive réponse que voici : « Les Jésuites en useront à l'égard de leur mission, sur laquelle je leur ai parlé, de la sorte que vous me l'ordonnez, mais inutilement, m'ayant déclaré tout net qu'ils n'étaient icy que pour chercher à instruire les sauvages, ou plutôt 2. 20. 20. 12. 39. 18. 68. 17. 239 (1), et non pour estre curez des Français (2). » Ce que voulait Colbert, c'était faire lever le « cas de conscience » à propos de la consommation des liqueurs fortes, qui portait un réel préjudice au commerce métropolitain des spiritueux; c'était propager parmi les naturels l'enseignement du français, pour rapprocher plus vite les deux populations et mettre en valeur une plus grande étendue de terre. Frontenac nous apprend qu'il avait affaire à forte et dangereuse partie. En revanche, les Juifs établis aux Iles se mon-

---

(1) « Attirer les castors. » — L'emploi d'un chiffre, dans une lettre semblable, est significatif. Il montre combien on redoutait les Jésuites, même dans la haute administration.

(2) MARGRY : *Mémoires et documents pour servir à l'histoire des pays d'outre-mer* (1879), I, 250.

traient aussi bons commerçants et aussi souples sujets que les Jésuites l'étaient peu au Canada : Colbert obtient qu'il soit fait, en leur faveur, une exception à la règle interdisant, aux colonies françaises, toute autre religion que la catholique (1).

Mais il ne faut pas croire que cette préoccupation de l'intérêt commercial, si bien accusée, si persistante, fût jamais exclusive : Colbert, obstiné dans l'effort, a de la souplesse et de la variété dans l'esprit. Ayant à faire, par intermédiaire ou directement, de la colonisation dans des colonies de peuplement, il s'emploie avec ardeur à recruter des colons. Il prie les évêques de faire prêcher l'émigration par les curés, soit au prône, soit dans la sacristie après les mariages; il recrute lui-même, jusque dans les bagnes, des ouvriers colons, engagés pour un temps déterminé; il ordonne à ses agents de traiter « en bons pères de famille » toute la population de la colonie, et de prendre pour devise : liberté, loyauté et petits bénéfices; il assure les conseils souverains de la sollicitude royale, et il porte cette sollicitude jusqu'au règlement méticuleux de l'état civil, du groupement de la population, de l'habitation, de la culture, etc.

Tant de soins donnés aux colonies de peuplement suffisaient-ils à l'activité de Colbert? Non; car c'est particulièrement des colonies et des Compagnies de

---

(1) Louis XIV à de Baas, 23 mai 1671 (*Correspondance administrative*, III *bis.*)

commerce qu'il s'est occupé. Elles sont réellement son œuvre de prédilection.

Il n'est pas de notre sujet de rappeler son administration commerciale : elle ne nous intéresse que dans ses rapports avec les colonies. Le programme cité plus haut (1) nous fait connaitre l'esprit et la méthode. Ajoutons seulement ici que Colbert a donné au commerce, tant intérieur qu'extérieur, la satisfaction qu'il sollicitait de Richelieu, à savoir : une législation si complète et si bien faite, qu'elle a passé en tout ou partie dans la coutume anglaise et dans notre code actuel. L'ordonnance du commerce (1673) règle uniformément toutes les transactions commerciales : tenue de livres, mode de payement, lettres et billets de change, contrainte par corps, sociétés de commerce, faillites, banqueroutes, juridiction des tribunaux de commerce, corporations d'arts et métiers (2). L'ordonnance sur la marine ou *Code de l'amirauté* (1681) met de l'ordre et de la justice dans une matière qui était encore soumise aux « Jugements d'Oléron », datant du treizième siècle, ou à l'arbitraire d'un grand officier tout-puissant, l'amiral. Les sièges de l'amirauté avec leur juridiction et leur procédure, les charges consulaires avec leurs devoirs et leurs droits, la police des côtes, ports et havres, les contrats maritimes, le fret, les assurances, les droits de pêche, etc., etc., furent

(1) V. page 152.
(2) *Anciennes lois françaises*, t. XIX, 91.

réglés avec un soin méticuleux, une sagesse prévoyante et une sûreté de jugement dont le commerce ne tarda pas à ressentir les effets (1).

Mais Colbert savait qu'il fallait créer en France l'esprit commercial, — nous ne disons pas l'esprit d'aventure, qui s'était brillamment manifesté depuis deux siècles, — et c'est à ce but que tendirent tous ses efforts. Il se plaint, à tout moment, que les capitaux soient immobilisés en France dans l'achat des offices, de magistrature ou autres, dont les prix sont devenus exorbitants (2). Il eût voulu, pour le bien de l'État, qu'ils fussent employés à quelque entreprise commerciale. C'est là tout le secret des efforts de propagande, voire même des violences, qui ont présidé à la formation de la Compagnie des Indes orientales, et que l'on a présentés sous un si vilain jour (3). Colbert est allé jusqu'au bout de la pensée de Razilly, qui voulait une souscription obligatoire de tous les ordres de la société et de toutes les villes. Il a fait un appel général à l'épargne; il a voulu engager, de gré ou de force, gentilshommes et bourgeois, magistrats et ecclésiastiques, particuliers et villes, dans la grande opération commerciale d'Orient.

(1) *Anciennes lois françaises*, t. XIX, 382 et suiv.
(2) Forbonnais estime à 800 millions le capital ainsi immobilisé. — Cf Mémoire de Colbert, 15 mai 1665 ; Édit de décembre 1665, préambule
(3) M. PAULIAT : *op. cit.* — Yves GUYOT : *Notice sur Colbert* (1886). Qui ne conviendra que l'intention, au moins, ne fût louable et patriotique, et que pareille tentative d'un ministre serait bien nécessaire de nos jours?

La Compagnie créée eut charge de coloniser Madagascar et d'accaparer le commerce de l'Orient. Cette colonisation de Madagascar, bien qu'on en ait dit (1), n'est que secondaire dans le plan général d'action. Elle devait assurer un entrepôt et une station; mais l'action principale devait se porter aux Indes. Les principaux agents de la Compagnie, les directeurs envoyés en mission, opèrent aux Indes, à Siam et jusqu'en Chine : à Madagascar reste le représentant du Roi et de la Compagnie, dont le rôle presque unique est de servir d'intermédiaire entre le ministre et les « facteurs » de l'Inde. La Compagnie est exclusivement une Compagnie commerciale.

Aussi Colbert lui appliqua-t-il le régime qu'il a lui-même formulé, et lui prodigua-t-il des faveurs en rapport avec le grand résultat qu'il en attendait. Ce régime est caractérisé par l'article 34 du contrat et expliqué dans de nombreux arrêts du conseil intervenus à différentes dates. Il peut se résumer ainsi : exemption de tous droits d'entrée pour les denrées coloniales importées en vue du commerce et entreposées; exemption de partie de ces droits pour les mêmes denrées destinées à la consommation; maintien des droits de sortie pour tous produits non destinés aux navires eux-mêmes. Quant aux faveurs, on les connaît : subventions qui sont parfois une vraie recon-

---

(1) M. Pauliat.

stitution du capital, primes à l'importation ou à l'exportation de certaines marchandises, dons ou prêts de navires, privilèges, monopole, etc.

Les instructions données aux agents sont tout aussi nombreuses, tout aussi catégoriques que pour les colonies de peuplement; la sollicitude du ministre est plus instante encore pour cette œuvre que pour l'autre Citons seulement, pour exemple, cette instruction à M. de la Haye (1673) (1) : elle montre nettement les vues de Colbert. « Vous ne devez point, dit-il, avoir d'autre vue en ce pays-là que le commerce, vous appliquer tout de bon à bien connaître les marchandises qui peuvent être d'un bon débit en Europe, chercher tous les moyens possibles de les avoir à bon marché et de les bien rassortir, faire les mêmes réflexions sur celles que vous pouvez tirer d'icy et qui peuvent être de débit dans les Indes, bien establir vos comptoirs dans tous les lieux qui peuvent vous apporter du profit, bien establir le commerce d'Inde en Inde, en un mot prendre en tout le véritable et seul esprit du commerce. »

Il nous reste à élucider un dernier point, et le plus grave, pour connaître tout le système colonial de Colbert : quels rapports concevait-il entre les colonies et la métropole ?

Toute sa théorie se résume en cette formule : « Tout

(1) *Correspondance de Colbert*, III *bis*.

par et pour la métropole. » Le *pacte colonial* comprend deux termes : la métropole fonde, entretient, administre les colonies ; les colonies enrichissent la métropole. Il suit de là que le ministre a tous les droits que s'arroge Colbert sur la propriété, la culture, le commerce des colonies ; que les négociants métropolitains ont droit exclusif au commerce colonial, tant pour l'approvisionnement en vivres que pour la revente des produits. La caractéristique du système est l'interdiction rigoureuse de tout trafic avec l'étranger, c'est ce qu'on appelle l'*exclusif*, et la subordination des intérêts du colon à ceux du négociant sédentaire, ou *système protecteur*. Le privilège et le monopole n'en font point partie intégrante, comme on l'a cru. Colbert veut au contraire, et il le dit souvent, l'égalité entre tous les marchands français. Il résume toute sa pensée dans cette lettre à de Baas (1670) : « Appliquez votre industrie et votre savoir-faire à ces trois points : l'expulsion entière des étrangers, la liberté à tous les Français, et à cultiver avec soin la justice et la police. » On trouverait en vingt endroits de la correspondance de Colbert le principe de la liberté commerciale revendiqué pour le négociant français ; on ne trouverait pas une seule atténuation à l'interdiction du trafic étranger ou à la sujétion du commerce colonial.

Tel est, dans ses traits principaux, le système colonial de Colbert. Nous n'avons pas à l'apprécier. Nous ferons seulement ces deux remarques. D'une part, ce système, issu de celui de Richelieu, en vient bientôt à lui être diamétralement opposé, malgré les affinités qu'il conserve. De l'autre, exagéré par les successeurs de Colbert, il excitera au dix-huitième siècle une vive réprobation, et il sera frappé par la Constituante comme une des plus mauvaises institutions de l'ancien régime.

Malgré cela, on a rendu pleine justice à son auteur, dont la renommée n'a fait que grandir.

III

L'EXPANSION COLONIALE ET LA POLITIQUE EXTÉRIEURE.

L'empire colonial créé par Colbert a été un des plus étendus des temps modernes. Ce n'est pas exagérer que de l'estimer à dix millions de kilomètres carrés.

En voici le détail complet :

1° Dans le continent américain du Nord :

Tout le bassin du Saint-Laurent et des Grands Lacs, le pourtour de la baie d'Hudson jusqu'à la rivière Sainte-Thérèse (fl. Nelson); le Labrador; le pourtour du golfe du Saint-Laurent avec les îles Terre-Neuve, Cap-Breton, etc.; l'Acadie, appelée déjà par les Anglais Nouvelle-Écosse; le pays à l'ouest de l'Acadie jusqu'à la rivière Saint-Georges ou de Pentagoët; tout le bassin du Mississipi, qui, il est vrai, n'est pas encore colonisé, mais dont possession a été prise au nom du Roi, par Marquette et Jolliet (1673), pour la partie supérieure jusqu'au Wisconsin, par l'héroïque Cavelier de la Salle (1678-87), pour la partie inférieure du fleuve et le bassin particulier de l'Ohio ; l'ensemble porte le nom de Louisiane, restreint depuis au delta.

2° Dans les Antilles :

Les îles Martinique, Guadeloupe, Marie-Galante, la Désirade, Saint-Martin, Grenade et Grenadines, la moitié de Saint-Christophe, partagée avec les Anglais, Tabago, Sainte-Lucie, une partie de Saint-Domingue et la petite île de la Tortue.

3° Dans le continent américain du Sud :

L'« île de Cayenne » et la terre ferme de Guyane, qui n'a pas de limite au nord ni à l'ouest vers la contrée qu'au temps de Razilly on appelait Eldorado, et qui au sud va jusqu'à l'Amazone (1).

4° Sur les côtes d'Afrique :

Saint-Louis du Sénégal ; la côte depuis le banc d'Arguin jusqu'au Sierra-Leone ; les comptoirs de Guinée (Commando, Popo, Offa, Ardra, Ouida, etc.), la côte méridionale de Madagascar et l'île Sainte-Marie, l'île Bourbon ou « Mascaregne ».

5° Aux Indes :

Surate, Pondichéry, Mazulipatam, des comptoirs à Ceylan et dans le Bengale (Ougly, Chander-

---

(1) Cf. *Mémoire des commissaires* (1752) et la *Correspondance de Colbert*, III bis.

nagor, Bellezor, Kazumbazar, Cabripatam) (1)

C'était un vaste empire : l'Espagne seule en possédait un plus grand. Mais il ne pouvait manquer d'arriver qu'une telle puissance coloniale, qu'on essayait de mettre en valeur commerciale par tant d'efforts, n'excitât la jalousie des nations rivales de la France. Les Anglais surtout, qui s'étaient établis tard sur le continent américain et qui n'y possédaient qu'une petite contrée enclavée dans les territoires français, manifestèrent une vraie fureur jalouse. Ils revendiquèrent, comme premièrement explorées et occupées par eux, des contrées essentiellement françaises, telles que l'Acadie et le Canada septentrional; ils essayèrent traitreusement de s'en emparer en 1629, 1654, 1661, 1685, 1687. Forcés à restitution par les traités de Saint-Germain (1632), de Bréda (1667), de Nimègue (1678) et le traité de neutralité pour l'Amérique (1686), ils opposaient des réserves et des subtilités sans fin, produisaient des titres de Jacques Ier ou de Cromwell qui portaient concession, mais non possession. Ennemis ou alliés, ils soudoyaient contre nous les Iroquois, la seule peuplade indigène qui nous fût hostile. Leur obstination, d'ailleurs, et leur mauvaise foi les servirent à merveille. A force de surprendre, ils finirent par prendre et garder (2).

(1) Cf. Du Fresne de Francheville : *Histoire de la Compagnie des Indes* (texte et P. J.). — Forbonnais : *Recherches sur les finances.* — *Corresp. de Colbert.*

(2) *Mémoire des commissaires* (1752), t. II et III. P. J.

LA PLUS GRANDE EXPANSION. — LES COMPAGNIES. 165

Cette jalousie anglaise, jointe à la rivalité commerciale de la Hollande, voilà tout le secret de la coalition de 1701, qui devait nous porter des coups si rudes. L'article 8 du traité d'alliance dit expressément : « La paix ne pourra être conclue sans avoir pris des mesures..... pour empêcher que les Français se rendent jamais maîtres des Indes espagnoles ou qu'ils y envoient des vaisseaux pour y exercer le commerce. » Les Hollandais, à la Haye et à Gertruydemberg, mettaient au nombre de leurs exigences l'interdiction absolue des Indes espagnoles au commerce français. (Articles 7, 16, 17, 19, 25 des articles préliminaires du 28 mai 1709.) Foscarini, dans un rapport de 1710, faisait connaître leur intime pensée : « Les Hollandais, apprend-il à de Torcy, disent que leur commerce était perdu si l'Espagne et les Indes demeuraient entre les mains d'un prince français (1). » Le propos de lord Stanhope, rapporté par de Noailles, à la même date, montre que les Anglais n'avaient pas d'autres sentiments : « J'ai ordre de la reine Anne et des alliés, disait-il, de conduire à Madrid le roi Charles. Que Dieu ou le diable l'y maintienne ou l'en fasse sortir, je ne m'en soucie point, ce n'est point mon affaire. » La mainmise des Anglais sur le commerce des Indes espagnoles était, en effet, la seule chose qui les intéressât (2).

(1) *Mémoires de Torcy*, 3 août 1710, p. 246 (édition Masson).
(2) Cf. Freschot : *Actes et mémoires de la paix d'Utrecht* (3 vol. in-12, 1713).

Il est un contemporain, le marquis de Feuquières, qui a parfaitement saisi et nettement exposé l'intérêt commercial et colonial engagé dans la guerre dite de Succession. Il en montre toute l'importance internationale « Deux autres raisons, dit-il, portèrent les Anglais et les Hollandais à se joindre à l'Empereur contre la France et l'Espagne : l'une, la crainte raisonnable que la France, alors puissante sur mer, ne leur ôtât tout le commerce prodigieusement lucratif que ces deux puissances faisaient avec l'Espagne dans son continent (1); l'autre, que, lorsque la France se serait à l'aise enrichie des trésors du Nouveau Monde par son commerce avec l'Espagne, elle ne leur ôtât encore celui des deux Indes. Ces deux motifs d'intérêts présents étaient assez puissants sur les Anglais et sur les Hollandais pour qu'ils fissent tous leurs efforts afin d'éviter la ruine de leur commerce, qui aurait entraîné celle de leur État (2). »

La France fut vaincue, et c'est elle qui consentit, sinon à la ruine, du moins à l'amoindrissement de son commerce. L'Angleterre adhéra la première à la paix et aida la France à l'obtenir; mais ce fut après s'être assurée de ce fameux commerce des Indes espagnoles (traité de l'Asiento, 1711) et d'une portion de cet empire colonial français qu'elle convoitait (Terre-

(1) Cf. Lettre de Colbert au sieur de Vauguyon, ambassadeur en Espagne, 29 septembre 1681. (P. CLÉMENT: *Histoire de Colbert*, P. J, n° 9.)

(2) *Mémoires*, I, chap. 1er, p. 16 (édition de Londres, 1736).

Neuve, baie d'Hudson, Acadie, Sainte-Lucie, la moitié de Saint-Christophe). Elle joua ses alliés et elle dépouilla la France : ainsi commença cette prodigieuse fortune que le dix-huitième siècle devait accroître si vite.

L'exemple donné à Utrecht sera fatal. L'Angleterre y apprit à « effeuiller l'artichaut » colonial français, la France à se désintéresser d'un domaine sacrifié. La plus grande expansion de la France avait duré vingt ans à peine.

CHAPITRE II

L'INTÉRÊT.

La collaboration.

Nous avons essayé de mettre en lumière les progrès théoriques et pratiques de l'idée coloniale, au temps de Colbert. Il nous reste à montrer comment elle a été servie et appréciée.

I

LE GOUVERNEMENT APRÈS COLBERT.

Ne nous laissons pas influencer par l'impopularité de Colbert. Voltaire l'a dit : « Il est plus aisé en France qu'ailleurs de décrier le ministère des finances dans l'esprit du peuple; ce ministère est le plus odieux, parce que les impôts le sont toujours. » Un ministre honnête, mais dur, soucieux de la misère, mais forcé de la créer pour subvenir à des dépenses qu'il réprouve, devait être plus que tout autre impopulaire. La coterie des amis de Fouquet, toujours pleine de rancune, les rentiers privés de leurs quartiers, les traitants punis, les novateurs condamnant tout un système économique, ont poussé de telles clameurs que le peuple, malheureux malgré Colbert, a accusé Colbert de son malheur.

Ce n'est pas le colonisateur que vise cette réprobation. Pourtant, il faut bien convenir que la réaction qui se produit contre la politique de Colbert, après 1683 (1), a bien un caractère anticolonial. Le gouvernement de Louis XIV protège encore, plus ou moins maladroitement, le commerce, les Compagnies et les colonies. Pontchartrain, pour consommer le sacrifice d'Utrecht, étudie en un long mémoire, encore inédit, les droits et les intérêts de la France dans les deux Amériques, et quelque chose de la pensée de Colbert s'y retrouve (2). Mais la préférence dont Louvois est l'objet dès 1682 est un fait significatif.

Colbert et Louvois représentent, auprès de Louis XIV, les deux tendances entre lesquelles la France, grâce à sa situation à la fois continentale et maritime, a toujours oscillé : d'une part, l'action sur mer et l'essor vers le commerce et les colonies; de l'autre, l'action sur le continent et l'effort vers l'extension des frontières ou la prépondérance en Europe. Colbert disparu, Louvois entraîne son maître et son pays dans ce dédale

(1) M. Ferry a rencontré la même impopularité et provoqué la même réaction. Mais il n'était pas ministre des finances.
(2) Archives Affaires étrangères : *Indes occidentales*, t. XIX. Le Mémoire, fort étendu (54 pages), est daté du 2 janvier 1712.

d'intrigues et de guerres européennes, qui aboutiront à la perte de notre empire colonial et à la diminution de nos forces productives. Industrie, commerce, marine, colonies, toute l'œuvre de Colbert, tout ce qui avait assuré, durant vingt ans, la vraie gloire du « grand règne », est rejeté au second plan. On met au premier les acquisitions territoriales, les revendications hautaines, la force militaire, tout ce qui, enfin, flatte l'orgueil d'un roi égoïste et vaniteux, tout ce qui, au détriment de la France, profite à la dynastie bourbonienne. C'est pour cela, et pour avoir poussé à cette action par pur intérêt personnel, que Louvois a mérité d'être appelé le mauvais génie de son roi et de sa patrie (1).

Les contemporains les plus clairvoyants sont cependant pour Colbert et son œuvre. Saint-Simon, qui maltraite si fort Louvois, dit de Colbert : « Il ne songeait qu'à rendre les peuples heureux, le royaume florissant, le commerce étendu et libre, remettre les lettres en honneur et utilité, avoir une marine puissante. » Ces paroles ne sont pas seulement une justice rendue ; elles sont une protestation contre l'abandon d'une œuvre à laquelle beaucoup applaudissaient.

(1) Cf. Saint-Simon : *Parallèle des trois Bourbons* (édition Feugère), p 256.

II

LES AGENTS.

Beaucoup y contribuèrent aussi. A n'en juger que par le nombre et la valeur des collaborateurs, on pourrait croire que la politique coloniale de Colbert a joui de la plus grande faveur.

En tête, il faut placer le Roi, comme nous l'avons dit. Après le Roi, les princes du sang et les gens de cour, qui s'intéressent dans les Compagnies, comme nous le verrons tout à l'heure. Après eux, les ministres, conseillers d'État et membres des Parlements, qui jouent un rôle dans les affaires coloniales. Ainsi, parmi les directeurs de la Compagnie des Indes orientales, on trouve de Thou, ancien président du Parlement de Paris; Berryer, secrétaire du conseil. Parmi les commissaires nommés dans l'assemblée de décembre 1668 « pour assister aux comptes de la Compagnie, les examiner, les calculer et les arrêter », figurent Lamoignon, premier président du Parlement, Pussort, Voisin, de La Reynie, « pour les maîtres des requêtes », les procureurs généraux du Parlement, de la Chambre des comptes et de la Cour des aides. La première Compagnie de la Chine, formée le 15 avril 1660, choisit pour directeurs « le président Garibal d'Argenson, conseiller du Roi ordinaire en ses conseils ; Pingré, sieur de Férainvilliers, conseiller au grand conseil ; Arnaud de Pomponne, conseiller du Roi en ses conseils ; L'Hoste et Le Comte, administrateurs de l'Hôtel-Dieu ». C'est le sieur d'Appougny, « secrétaire du Roy », qui est à la tête de la troisième Compagnie du Sénégal, formée par les marchands de Rouen en mars 1696. Les directeurs généraux de la Compagnie des Indes occidentales sont, entre autres : Bechameil, « conseiller du Roi, secrétaire ordinaire de son conseil d'État, direction et finances de Sa Majesté » ; François Berthelot, « conseiller, commissaire des poudres et salpêtres de France », d'Alibert, « conseiller, trésorier de France en la généralité de Montauban ».

Voilà, certes, un brillant cortège officiel, qui n'a que le tort d'être officiel. Mais on peut le grossir d'autres hauts personnages qui, pour avoir agi par ordre, n'en ont pas moins bien servi l'idée. Les présidents des Parlements de province, par exemple, ont apporté à la grande souscription de 1664 un concours qui mérite d'être signalé. Un des plus zélés fut le premier président du Parlement de Bordeaux, de Pontac. Il négocie avec ses confrères du Parlement ou de la Cour des aides, avec les jurats de la ville, avec les bourgeois : il les stimule, les menace au besoin, fait tenir des assemblées générales, et finalement obtient un total de souscription très présentable. On peut citer encore Brulart, président du Parlement de Bourgogne, ou bien Libeyre, premier président de la Cour des aides d'Auvergne (1).

Mais en voici d'autres dont la collaboration, plus imprévue, a été plus spontanée : ce sont les évêques. L'archevêque de Lyon, l'archevêque de Rouen, l'évêque de Clermont, non seulement consentent à lire au prône, comme une bulle du Pape, la lettre de Sa Majesté invitant à souscrire, mais ils font des mandements en faveur de la Compagnie et les font lire en chaire par leurs curés. Ils surveillent la souscription, transmettent les objections et se chargent d'y répondre ; ils proposent des hommes d'action et discutent les intérêts de leur ville. Bref, ils ne s'emploient pas moins à cette affaire temporelle que s'ils n'avaient pas la charge du spirituel. Ils s'y montrent d'ailleurs fort entendus. L'archevêque de Lyon, par exemple, traite avec compétence du commerce des soieries, des revendications de Nîmes contre Lyon, du change, etc. (2). Colbert, comme Richelieu, a souvent employé des prêtres pour ses négociations ou ses enquêtes commerciales à l'étranger, et il n'a eu qu'à se louer de leur aptitude. L'archevêque d'Embrun, par exemple, envoyé en Espagne, en 1663, fait « de très justes raisonnements sur la nécessité d'avoir un port au cas que l'on voulust faire quelque commerce aux Indes (3) ». Au reste, ne sait-on

---

(1) *Correspondance administrative*, III, p. 358-365, 363, 381.
(2) *Id.*, III, p. 365-370, 366, 372.
(3) *Id.*, III, p. 338.

pas que le savant Huet, évêque d'Avranches, a écrit une *Histoire du commerce de Hollande* et une *Histoire du commerce et de la navigation des anciens?*

Ce goût du clergé pour les affaires est vieux et durable, comme l'Église. Du moment qu'il est mis au service de l'État, on ne peut qu'y applaudir. Aux colonies aussi, Colbert se servit des hommes de religion. L'accord ne fut pas aussi complet qu'en France. Frontenac, par exemple, est forcé, en 1673, de faire jeter en prison l'abbé de Salignac-Fénelon, de la mission de Saint-Sulpice, qui prêchait contre lui à Montréal. Les Jésuites, nous l'avons vu, sont des maîtres que le ministre recommande à ses agents de ne pas irriter. Cependant, c'est avec l'aide des missionnaires que Colbert organise les paroisses au Canada, et les missionnaires de Saint-Sulpice consentent, au refus des Jésuites, à donner aux jeunes sauvages une instruction et des sentiments français.

Quant aux agents civils et militaires, on peut être sûr que Colbert les choisit avec soin sous le rapport de l'intelligence et de l'activité. Mais il est bon de savoir aussi que tous sont des hommes de haute valeur, déjà distingués par des services antérieurs, capables non seulement de bien servir, mais d'honorer une œuvre. Prenons seulement quelques exemples au Canada.

Parmi les vice-rois ou gouverneurs généraux on compte : le comte d'Estrades, qui fut ambassadeur en Hollande et en Angleterre, de 1662 à 1667, et qui a laissé d'importants Mémoires sur la première période du règne; Prouville de Tracy, qui l'a suppléé dans sa charge et qui, comme conseiller d'État, commissaire général de l'armée d'Allemagne, lieutenant général de l'armée, s'était fait remarquer du Roi et du ministre, qui enfin reçut, au retour d'Amérique, le commandement de Dunkerque, puis celui de Château-Trompette, à Bordeaux; Dubois d'Avaugour, qui, à peine rentré en France, en 1663, partit avec Coligny et alla mourir vaillamment sur le champ de bataille de Saint-Gothard; Daniel Remi, sieur de Courcelles, qu'on éleva au gouvernement de Thionville; Louis de Buade, comte de Frontenac, petit-fils d'un chevalier de l'Ordre, qui s'était distingué pendant la Ligue et contre elle, lieutenant général des armées du Roi, protégé par Turenne et par le maréchal de Bellefond (1); le marquis de Denonville, colonel de dragons, « également estimable, d'après le P. Charlevoix, par sa valeur, sa droiture et sa piété... » On pourrait les citer tous, car tous ont du mérite.

Des intendants, le plus remarquable fut Talon. Il séjourna au Canada de 1665 à 1672, et pendant ce temps il déploya une intelligente initiative. Il sut choisir ses auxiliaires avec le même soin et le même bonheur que Colbert lui-même. Par exemple, il envoie

---

(1) V. la lettre de Turenne au doge Contarini, publiée par M. de Mas-Latrie. (Bibliothèque École des chartes, 1882, t. XXXVII, p. 33.)

le sieur de La Tesserie dans la baie de Saint-Paul pour reconnaître une mine de fer, et peu de temps après la fait examiner, sur l'ordre de Colbert, par le sieur Mathurin du Tremblay, sire de la Potardière (1), délégué tout exprès. Il députe Nicolas Perrot, « homme d'esprit, d'assez bonne famille et qui avait quelque étude », chez les Miamis et autres tribus du Nord et de l'Ouest, et en même temps son subdélégué, le sieur de Saint-Lusson, chez les tribus du « Sault Sainte-Marie », pour les engager à envoyer des représentants à une assemblée générale où fut solennellement reconnue l'autorité du roi de France. Il fait enfin commencer par le P. Marquette et Jolliet l'exploration du Mississipi, qu'ils descendirent du 42° au 33° degré de latitude nord, entre les confluents du Wisconsin et de l'Arkansas.

Parmi les militaires, le marquis de Salières, colonel du régiment de Carignan-Salières, qui revenait de la guerre contre les Turcs quand il fut envoyé au Canada en 1665, donna l'exemple d'un de ces établissements militaires plusieurs fois essayés au dix-huitième et au dix-neuvième siècle, recommandés de nos jours et dès le dix-septième siècle par les meilleurs esprits. « La meilleure partie de son régiment, dit le P. Charlevoix, demeura au Canada. Six compagnies, qui y furent envoyées deux ans après, firent de même. Plusieurs de

---

(1) Les Archives de la Sarthe ont sur ce personnage et sa famille plusieurs pièces intéressantes. (E, 306, registre, petit in-fol. de 48 p.)

leurs officiers avaient obtenu des terres avec tous les droits de seigneurs; ils s'établirent presque tous dans le pays, s'y marièrent, et leur postérité y subsiste encore. La plupart étaient gentilshommes : aussi la Nouvelle-France a-t-elle plus de noblesse ancienne qu'aucune autre de nos colonies. »

Mais il est un autre collaborateur qu'il faut distinguer entre tous : c'est l'héroïque Cavelier de La Salle. Si la persistance obstinée, le mépris des fatigues et des dangers, le sacrifice entier de ses biens et de sa personne peuvent passer pour de bonnes preuves de dévouement à une cause, il est certain que Cavelier de La Salle s'est absolument dévoué à la cause coloniale. On a tardé à lui rendre justice. Le P. Charlevoix est contre lui d'une partialité évidente. Jésuite, il lui gardait rancune des intrigues dont son Ordre avait essayé de traverser l'entreprise. Son œuvre même a été discutée (1), grâce aux hâbleries du P. Hennepin, « Récollect ». Il a été ensuite oublié; et, comme le remarque Michel Chevalier (2), « il a fallu, pour que son nom ne pérît point, que le congrès américain lui érigeât un petit monument dans la rotonde, entre Penn et Smith ». C'est tout récemment (3) qu'on a recueilli les documents qui permettent d'apprécier la pensée et l'œuvre

---

(1) Elle l'est encore aujourd'hui. Voir la lettre de M. Clarck d'Auburn à M. G. Marcel (*Revue de géographie*, novembre 1884).
(2) *Lettre sur l'Amérique du Nord* (1837).
(3) M. Margry : *Mémoires et documents pour servir à l'histoire de quelques contrées lointaines* (Paris, Maisonneuve, 4 vol. in-4°), 1878.

du grand homme auquel, suivant Mirabeau le père, « il faudrait un Camoëns ». Et cependant, quelle grandeur de vues et quel patriotisme ! Aucun voyageur n'a peut-être entrepris une exploration avec une conscience plus entière du service à rendre. Cavelier, dans ses entretiens avec Seignelay, a exposé que la sécurité de la Nouvelle-France et sa complète mise en rapport commerciale dépendaient d'une entière possession de la vallée voisine. Plein de son idée, instruit par le voyage de Marquette et Jolliet, par sa propre exploration de l'Ohio, il vint en France pour obtenir des vaisseaux qui lui permettraient de reconnaître l'embouchure du grand fleuve, dont le cours supérieur et moyen et un affluent de gauche étaient explorés. Il songeait à remonter la vallée jusqu'à celle de l'Ohio et à tracer une route de Québec à la mer du Sud, à travers le continent. Mais il dut d'abord répondre aux calomnies des Jésuites et de leur homme lige, le gouverneur La Barre. Seignelay avait été prévenu contre La Salle, et il lui marchanda des secours. Il lui accorda cependant le commandement d'une petite escadre, mais sans argent. La Salle, pour faire les frais de l'expédition, dut engager sa propre fortune, celle de ses parents et de ses amis. Il put enfin partir de Rochefort avec quatre bâtiments et deux cent quatre-vingts hommes. Mais on sait comment il fut trahi par les capitaines des navires et périt assassiné par deux misérables, au moment où il pénétrait dans la haute vallée, le 19 janvier 1687. Il avait eu le pressentiment de sa mort, et il n'en avait pas moins délibérément marché à cette conquête pacifique, dont il savait l'importance pour son pays. Voilà, certes, un dévouement qui fait honneur à la période coloniale de Colbert et qui la caractérise.

L'exemple de Cavelier de La Salle n'est pas unique, d'ailleurs. Son neveu d'Iberville, en Louisiane, et surtout l'illustre André Brue, au Sénégal, méritent après lui des éloges. Ils sont animés du même esprit.

III

LES COMMERÇANTS ET LA NATION.

Mais venons-en, enfin, à cette collaboration que Colbert prisait par-dessus toutes, et qui était nécessaire à son système : celle des commerçants, pour qui les colonies étaient faites, celle de la nation elle-même que les colonies devaient enrichir.

Tout d'abord, à ne juger que par le nombre des Compagnies fondées pendant le règne de Louis XIV, les négociants ont donné volontiers dans les entreprises coloniales. De La Boullaye Le Gouz, chargé en 1704 d'inspecter les colonies d'Amérique, affirme, dans un rapport inédit (1), que trois cents navires français y font

(1) Archives de la marine, colonies : *Mémoires généraux*, t. XXII, n° 5.

commerce. « Depuis trente ou quarante ans, ajoute-t-il, la France en tire des sommes immenses d'or et d'argent, pour plus de 300,000,000 de livres. » La correspondance de Colbert révèle, pourtant, quelques hésitations. Les commerçants de Dieppe, le Havre et Bordeaux, par exemple, refusent de s'engager dans la Compagnie du Nord. Ceux de Nantes laissent les Hollandais enlever le sucre brut des Iles et le revendre raffiné. Ceux de Saint-Malo ne veulent pas contribuer aux armements. Les Marseillais sont ennemis du commerce général et des Compagnies, etc. (1). Mais à côté de ces abstentions se présentent beaucoup de concours empressés. Ainsi, « neuf des plus fameux négociants et manufacturiers du royaume » présentent à Colbert, en 1664, un Mémoire demandant la création de la Compagnie des Indes orientales (2). Des commerçants vont eux-mêmes aux Indes, comme agents de la Compagnie, pour choisir et instituer des comptoirs. D'autres, comme Crozat en 1708, comme plusieurs Malouins en 1712, se substituent aux Compagnies devenues insuffisantes. D'autres encore, comme le célèbre Fermanel, de Rouen, et le sieur Jourdan, prennent l'initiative de Compagnies nouvelles, la première et la seconde de Chine, par exemple (1660-1698).

(1) *Correspondance de Colbert,* III *bis,* p. 335, 518, 549, 599, 617, etc.
(2) C'étaient : Pocquelin père, Maillet père, Lebrun, de Faverolles, Cadeau, Saumon, Simonet, Jabac, de Varennes. (V. DE FRANCHEVILLE, *op. cit.*, p. 28.)

On peut dire en toute vérité que rarement le commerce français a été aussi intrépide qu'à cette époque ; ajoutons aussi patient et aussi confiant. Malgré des entraves de toute nature, dont la plus grave était le régime même des Compagnies ; malgré les tergiversations du pouvoir, qui tantôt monopolise un commerce et tantôt le déclare libre (1) ; malgré les impôts écrasants, les guerres ruineuses, la révocation de l'édit de Nantes et toutes les folies d'un règne trop admiré, les commerçants osent risquer des capitaux énormes pour l'exploitation des pays qu'on leur offre. S'ils n'ont pas mieux réussi, ou plutôt s'ils n'ont pas continué leurs succès, ce n'est à coup sûr pas leur faute. Ils n'ont pas marchandé leur coopération.

En a-t-il été de même de l'épargne, grande et petite ? Nous avons, pour en juger, une source très sûre de renseignements. C'est la correspondance échangée à propos de la fameuse souscription à la Compagnie des Indes orientales.

On voulait rendre cette souscription aussi universelle que possible. On n'épargna rien, ni lettres autographes du Roi, ni affiches, ni brochures, pour populariser l'affaire. On eut un correspondant dans tous les

---

(1) Prenons l'exemple du commerce des castors : 1664, privilège de la Compagnie ; 1668, édit déclarant ce commerce libre ; 1675, édit concédant le monopole au fermier du domaine d'Occident, et nombre d'édits confirmatifs jusqu'en 1700 ; 1700, édit accordant la liberté du commerce des castors à la colonie du Canada ; 1706, édit rétablissant le monopole pour la Compagnie Aubert. (V. DE FRANCHEVILLE, p. 388-415, P. J.)

182   LA QUESTION COLONIALE EN FRANCE.

centres, pour rendre compte des mouvements d'opinion. Nous trouverons donc, dans les rapports adressés au ministre, une enquête sérieuse et complète. Nous ne pouvons chercher de meilleurs documents sur les sympathies ou antipathies du public au sujet de la politique coloniale.

Notons d'abord, d'après M. Pauliat, qui a consulté aux archives des colonies le registre des souscriptions, quel fut le résultat obtenu (1).

La cour s'intéressa pour 2,000,000 de livres; les gens de finance, pour la même somme; les cours souveraines, pour 1,200,000 livres (2); les villes, pour les sommes suivantes : Lyon, 1,000,000 de livres; Paris, 650,000 livres; Rouen, 500,000 livres; Bordeaux, 400,000 livres; Nantes, 200,000 livres; Tours, 150,000 livres; Saint-Malo, Rennes, Dijon, 100,000 livres; puis, pour des sommes moindres, Moulins, Bourges, le Havre, Marseille, Dunkerque, Metz, Amiens, Langres, Châlons, Riom, Clermont, Orléans, Abbeville, Caen, Montluçon, Reims, la Rochelle, Soissons, Poitiers, Aix, Arles, Thiers, Limoges, Quimper, Angers, etc.

C'est là, en apparence, un beau résultat, et le sens de la manifestation semble bien indiqué. Cependant, on sait que les 15,000,000 de livres demandés ne furent

---

(1) Archives de la marine, colonies : Compagnie des Indes orientales: Administration en France, 4 C², fos 1-131.

(2) Cf. VOLTAIRE : *Siècle de Louis XIV*, chap. XXIX.

pas versés dans les délais indiqués. Des souscripteurs ne s'étaient pas encore acquittés en 1676. Il y eut aussi de nombreuses désertions. Dans l'assemblée du 29 mai 1684, on reconnut que le fonds de la Compagnie n'était que de 3,553,966 livres 13 sols 4 deniers, et que, de tous ceux qui y étaient restés intéressés, quatre-vingt-dix-huit seulement avaient payé le quart supplémentaire qui leur avait été demandé (1). La manifestation semble donc se retourner contre elle-même. Examinons-la de plus près (2).

Voici d'abord un certain nombre de villes ou de personnalités qui refusent de s'engager. Les unes, comme Montpellier, « n'ont pas l'habitude de mettre leurs fonds dans des entreprises lointaines ». D'autres, comme Grenoble et Montauban, refusent sans donner de raison, ou bien, comme Saumur, Soissons, Saint-Chamond, ne répondent même pas à la convocation faite par leurs maires et échevins. Un certain nombre, Saint-Jean de Luz, Narbonne, Dinan, Pézenas, la chambre des comptes de Navarre, se retranchent derrière « leur pauvreté ordinaire », ou derrière « les pertes souffertes pendant les dernières guerres ». Un gentilhomme de Guyenne, le comte de Fontrailles, répond même par une jolie gasconnade : « Pour l'exemple que vous m'alléguez, écrit-il à l'intendant Pellot, de vous, de M. de Saint-Luc et de Marin, je

---

(1) DE FRANCHEVILLE, p. 70-71-73.
(2) *Correspondance administrative*, III, p. 354-414.

voudrais de tout mon cœur avoir autant d'argent que vous en retirez tous trois du Roi, chaque année, et je vous assure que je ne ferais point de difficulté d'y mettre aussi grande somme que vous faites. » — Ces abstentions, plus ou moins franches, peuvent être comptées, si l'on veut, pour des hostilités à l'action coloniale, surtout à celle qui cherchait des actionnaires.

Voici, en second lieu, des souscriptions qui ne valent guère mieux, puisqu'elles ont été obtenues par menaces. A Bordeaux, le président de Poutac se heurte d'abord à un refus catégorique des jurats, en octobre 1664. Le mois suivant, « il fait entendre aux jurats et aux bourgeois que, s'ils résistent, le Roi examinera les privilèges de la bourgeoisie avec tant de sévérité qu'ils en seront sans doute privés d'une partie la plus considérable ». Alors, plusieurs assemblées sont tenues entre les jurats, le juge de la Bourse et les bourgeois, « lesquels ont témoigné beaucoup d'affection dans ce rencontre ». Finalement, après une assemblée générale dans l'hospice, « où chacun témoigna d'un grand zèle », de Poutac annonce qu'on peut compter sur 100,000 livres. Il faut dire que, dans l'intervalle, l'intendant Pellot, ayant su que les sieurs Dejean et Durlant, qui sont des plus considérables et des plus riches marchands, « en ont très mal usé », s'est promis et a promis à Colbert « de les condamner sur la noblesse, s'ils ne souscrivent pas, pour le moins, 3,000 livres chacun ». Le même intendant rapporte que M. de La

Chère, receveur général, refuse d'entrer dans la Compagnie des Indes orientales, parce qu'il est déjà dans celle des Indes occidentales, et il constate « que cela fera un meschant effet à l'esgard de tous les autres receveurs généraux et particuliers ». Il demande ce qu'il y a à faire pour ramener le récalcitrant. — A Clermont et en Auvergne, où l'évêque s'en mêle, on souscrit. Mais Colbert reçoit des lettres anonymes où il est dit : « Je suis assuré que le Roi ni son conseil n'entend point qu'il (l'intendant de Fortia) exerce dans ce pays toutes les violences et les menaces qu'il met en pratique pour la contribution du commerce des Indes, où l'on sait que Sa Majesté veut que la liberté soit entière. Ne se contentant point de ce que les Compagnies ont voulu donner de gré, il est revenu à la charge, disant qu'il avait vos ordres pour les obliger à faire plus. Il s'est servi du même prétexte pour y contraindre les villes, en se rendant maître de leurs taxes, et, sans considérer leur pouvoir, les a mis dans l'impossibilité de les payer, à moins d'y employer le ministère des dragons, comme il commence à faire. » — Brulart, président du Parlement de Dijon, dit « qu'il fait valoir, autant qu'il peut, l'ordre qui lui est donné par Sa Majesté de lui envoyer, avec la liste de ceux qui y prendront part, le nom de ceux qui ne voudront pas s'y associer, ce qui obligera plusieurs, qui n'y auraient rien mis, de s'y engager ».

Des souscripteurs recrutés par de tels moyens ne sont pas, bien entendu, de chauds partisans. Ils verraient sans doute volontiers l'aventure se tenter, avec l'argent des autres. Si on les joint à ceux qui refusent toute souscription, on obtient un total de douze personnalités qu'on peut dire hostiles, sur les vingt-deux dont la correspondance rapporte la consultation. La majorité, dans ce vote d'un nouveau genre, se prononce contre l'action proposée.

La minorité même ne s'engage pas sans quelques réserves. A Toulouse, l'assemblée tenue à l'Hôtel de ville « est disposée à mettre dans la Compagnie une somme considérable » ; mais le prieur des marchands avait déclaré « qu'ils étaient hors d'état de souscrire ». A Lyon, on est prêt à s'engager pour un million, mais à la condition qu'on y aura une chambre de direction particulière. A Rouen, le registre de souscriptions se couvre de cent cinquante signatures, et l'archevêque avance qu'elles « feront infailliblement plus de 200,000 livres ». Mais Fermanel affirme que le fonds de Rouen eût été plus considérable, « si ce n'est que les religionnaires, n'ayant pas obtenu d'exercice public dans l'île Saint-Laurent, ont modéré leur somme à 1,000 livres, quoiqu'ils soient les plus riches et composent le tiers de la communauté (1) ».

En somme, il faut en convenir, nous nous trouvons en présence d'une véritable opposition. C'est là un fait grave. Au moment où la colonisation devient

(1) Lettre de Fermanel. (*Correspondance administrative*, III, p. 382-383.)

rationnelle, où la théorie coloniale a pris corps, où le pouvoir porte dans l'action la plus énergique initiative, la nation résiste et l'épargne se dérobe. La cour est presque seule à souscrire spontanément. Les cours souveraines, les particuliers, les trente et quelques villes qui figurent sur les listes, ont plus ou moins cédé à une pression ou n'ont pas tenu leurs engagements.

Est-ce donc que les contemporains de Colbert ont perdu l'enthousiasme qu'avait excité Richelieu? Colbert doit-il être convaincu d'avoir fait de la colonisation gouvernementale?

Quelques remarques font hésiter devant cette conclusion. D'une part, cette manifestation hostile est en contradiction avec l'activité commerciale, qui est indéniable. De l'autre, elle semble plutôt une protestation contre la pression officielle que contre la politique coloniale. Beaucoup pensèrent, en effet, comme les officiers d'Auvergne : « C'est un piège, disaient-ils, pour mettre à la taille les nobles et tous autres exempts. On forcera tout le monde d'y entrer, l'Église, la noblesse et le tiers, et ensuite on les taxera tous les ans. On leur fera nouvelles demandes, tantôt sous prétexte de quelque perte arrivée ou de quelques entreprises à faire, utiles en apparence. »

Pour nous bien fixer, faisons une contre-épreuve. La nation a refusé ses capitaux : mais peut-être a-t-elle fourni des hommes à la colonisation?

Nous avons parlé des efforts que fit Colbert pour

peupler le Canada et les Iles. Quelques documents et témoignages nous renseignent sur le résultat qu'il obtint.

L'édit de révocation de la Compagnie des Indes occidentales (décembre 1674) accuse une population dans ses domaines de 45,000 âmes. D'après le P. Charlevoix, le recensement fait en 1688 au Canada a donné le chiffre de 11,249 habitants. La Martinique, en 1700, d'après Froger (1), comptait 10,600 blancs; la Guadeloupe, 3,825; Saint-Domingue, 30,000; Cayenne, 400. Cela fait un total de 55,000 colons et engagés dans l'ancien domaine de la Compagnie. C'est un gain de 1?,000 sur la population de 1674. Durant une période d'environ vingt ans, il est allé aux colonies d'Amérique, année moyenne, 750 Européens. Au seul Canada, entre les deux recensements de 1665 et de 1688, la population s'est trouvée portée de 3,215 à 11,249; elle a donc augmenté de 8,034 en vingt-trois ans, ou de 349 par an.

Est-ce là un résultat favorable? Il paraît difficile de le soutenir. Cette émigration de 300 ou de 700 individus en moyenne semble bien faible auprès des milliers d'Allemands qui, de nos jours, vont à peu près dans les mêmes parages, auprès des 500,000 Anglais qui ont émigré en Australie en dix ans (1851-61), auprès des 600,000 qui ont pris possession de la Nou-

---

(1) FROGER : *Relation du voyage de M. de Gennes* (in-12, 1699).

velle-Zélande en quarante-six ans (1840-86) (1). Ne sait-on pas, d'ailleurs, que cette émigration si restreinte est entachée des mêmes violences que la souscription, au moins en ce qui concerne les engagés? Seignelay fait partir jusqu'à des forçats invalides, et engage jusqu'à des Turcs.

Cette contre-épreuve confirme donc les résultats de la première. Malgré beaucoup d'adhésions, malgré des collaborations dévouées, malgré l'activité du commerce, les contemporains de Colbert ont hésité à le suivre dans ses entreprises coloniales. S'ils ne condamnent pas l'idée, ils ne s'associent pas à l'action.

(1) V. Vignon : *La France dans l'Afrique du Nord* (1887), p. 9, 98.

CHAPITRE III

L'INTERÊT (*Suite*).

Les publications.

I

NOMBRE ET CARACTÈRE.

Trouverons-nous, dans les cinquante-cinq dernières années de la période coloniale qui nous occupe, la même curiosité manifestée par les publications que dans les soixante premières?

Il y a une légère infériorité dans le nombre des livres parus : 380 contre 450. La moyenne ne ressort plus qu'à 6, au lieu de 7,5 par an. Mais on peut expliquer la différence.

Les relations des missionnaires, au temps de Richelieu, comptent pour plus d'un tiers (176) dans le total de 450. A l'époque suivante, elles sont réduites au quart (96 sur 380). Encore n'y a-t-il pas que des relations, mais beaucoup d'ouvrages de polémique religieuse.

Il était, en effet, arrivé aux Jésuites, principaux auteurs des relations, plusieurs mésaventures qui avaient quelque peu ébranlé leur crédit auprès du public. La première fut leur querelle avec Jean de Palafox de Mendoza, évêque d'Angelopolis et doyen du conseil des Indes. Dans une lettre en latin au pape Innocent X, du 8 janvier 1649, et dans un petit opuscule paru secrètement sans aucune des approbations ordinaires (1), l'évêque espagnol dénonçait l'orgueil, la cupidité, les intrigues, la corruption des Jésuites. Il les accusait, entre autres choses, « d'avoir exercé la banque dans l'église de Dieu, tenu publiquement dans leurs propres maisons des boucheries et d'autres boutiques d'un trafic honteux....., d'avoir plongé la grande et opulente cité de Séville dans la douleur et les larmes, en trompant les plus honnêtes gens, et, après leur avoir tiré plus de 400,000 ducats, dépensés pour leurs usages particuliers, en ne les payant que d'une honteuse banqueroute.....; d'avoir moins instruit que séduit l'Église de Chine, où, par crainte des persécutions, ils ont caché la croix et autorisé des coutumes païennes... ». Les ennemis des Jésuites s'emparèrent naturellement du réquisitoire de l'évêque. Les éditeurs des *Lettres provinciales* insérèrent, dans l'édition de 1667, la traduction de la lettre au Pape : c'était, avec d'autres pièces, un document à l'appui des éloquentes

---

(1) *Virtudes del Indio*, por Juan Palafox, obispo de la Puebla de los Angeles. (*S. l. n. d.*)

indignations de Pascal (1). L'autre mésaventure n'était pas moins humiliante. Un missionnaire de Saint-Sulpice, l'abbé d'Allet, qui séjourna au Canada plus de quinze ans, donna, à son retour en 1685, quelques renseignements sur les agissements des Jésuites dans la colonie. Il composa même deux Mémoires qu'il communiqua à Arnaud et qu'on trouve dans les œuvres de ce dernier (2). Or, voici ce qu'il dit des fameuses Relations annuelles : « Dès que ces Relations étaient imprimées en France, on avait soin de les envoyer aux ecclésiastiques qui étaient à Montréal, et ils gémissaient de voir que les choses étaient rapportées autrement qu'elles n'étaient dans la vérité. M. de Courcelles en ayant donné avis à la cour, on donna ordre aux PP. Jésuites de ne plus faire de Relations. » Cette interdiction fut faite en 1673. Le fut-elle par la cour ou par la Société de la propagande, comme le demande Arnaud (3)? Peu importe : la raison était la fausseté reconnue des *Relations*.

On n'avait pas fait taire les Jésuites, pourtant. Si la Nouvelle-France leur échappe, la Chine leur reste. Profitant de leur faveur auprès de l'empereur Kang-hi, ils soutinrent une vraie lutte contre les Dominicains, Franciscains, Sulpiciens, qui voulaient les supplanter,

---

(1) Un exemplaire de cette édition fort curieuse est entre nos mains. Il forme un gros in-8° de 893 pages. Il a été imprimé à Cologne, chez Nicolas Schoute.

(2) Arnaud : *OEuvres*, t. XXXIV, p. 732.

(3) *Lettres d'Arnaud*, II, p. 619. (Lettre à M. de Vaucel, 1675.)

et ils inondèrent la France de lettres ou de livres sur la Chine et l'Extrême-Orient. C'est alors que s'éleva cette fameuse querelle sur les superstitions chinoises, que Voltaire a racontée dans le dernier chapitre du *Siècle de Louis XIV*. Elle commença en 1687, par un livre du P. Le Tellier, le futur confesseur du Roi (1), et elle n'inspira pas moins de trente-cinq livres ou brochures jusqu'en 1701. L'année 1700, si pleine pourtant d'événements ou d'appréhensions à l'extérieur, semble avoir été toute consacrée à cette affaire : vingt-six publications en harcèlent le public. Français, italien, latin, chinois même, toutes les langues sont mises au service de cette polémique; Paris, Lyon, Cologne, Liège, Louvain fournissent les imprimeurs. Les PP. Le Tellier et Le Comte furent les champions de l'Ordre de Loyola; Arnaud, Louis de Cicé, les prêtres de Saint-Sulpice, les Dominicains en furent les plus ardents adversaires. Chose curieuse : c'étaient les Jésuites qui se montraient libéraux, pour une fois. Ils s'opposaient à ce que la morale de Confucius, la science des mandarins, le respect des Chinois pour les ancêtres, fussent condamnés par l'Inquisition de Rome comme croyances et pratiques athéistes (2). Mais leurs adversaires, en défendant une mauvaise cause, avaient beau jeu contre

(1) *Défense des nouveaux chrestiens et des missionnaires de la Chine du Japon et des Indes, contre la Morale des Jésuites et l'Esprit de M. Arnauld* (Paris, in-12.)

(2) Cf. *Recueil de pièces touchant le culte qu'on rend, à la Chine, à Confucius* : Cologne (Hollande), chez Louis Le Sincère, in-12, 1700.

eux ; car les mauvaises causes ne manquent pas dans l'histoire des Jésuites. C'est ainsi qu'Arnaud tira argument de l'histoire de Palafox, qu'il raconta en 1690, un anonyme, « de la persécution de deux saints évêques par les Jésuites, l'un D. Bernardin de Cardenas, évêque du Paraguay, l'autre D. Philippe Pardo, archevêque de Manille (1691) »; les Sulpiciens, des violences commises « par les chrestiens des Jésuites contre M. Maigrot, Sulpicien, évêque de Conon, et le R. P. Croquet, Dominicain (1700) », etc. Bref, cette querelle « aussi vive que puérile » amusa fort la galerie. Elle était de nature à mettre à la mode, si elles ne l'eussent été déjà, les terres et nations de l'Orient; elle ferait, à la rigueur, le pendant de l'affaire de Villegagnon. Mais qu'arriva-t-il? La Sorbonne elle-même, sur la dénonciation de l'abbé Boileau, s'en émut et en délibéra. Elle pensa même à envoyer en Chine douze de ses docteurs pour s'instruire à fond de la cause. Toutefois, se croyant assez éclairée sans cette périlleuse enquête, elle prit une décision et rendit cette mémorable sentence : « Les louanges des Chinois sont fausses, scandaleuses, téméraires, impies et hérétiques. » Les Chinois s'en moquèrent un peu (1); mais les Jésuites durent, sinon cesser, du moins restreindre leurs publications ainsi dépréciées.

(1) L'empereur Kang-hi, apprenant cette décision, en 1705, en rit beaucoup, mais ne s'en fâcha pas, montrant ainsi qu'on avait autant d'esprit en Chine qu'en France, et même un peu plus.

De ces faits et d'autres analogues, il est résulté que la publicité en matière coloniale, au temps de Colbert, s'est trouvée allégée en partie de la propagande religieuse. Colbert, nous l'avons vu, se garda bien d'aviver cette dernière comme avaient fait Richelieu et le P. Joseph. De cette façon, l'intérêt humain l'emporta sur le divin, et la question coloniale fut en partie laïcisée. C'était un grand progrès.

Un autre en découla naturellement. Les missionnaires, colportant un article unique, la doctrine catholique, choisissaient leur champ d'action et imposaient leurs préférences. Les auteurs laïques, pionniers du commerce et commerçants eux-mêmes, sont obligés de se plier aux préférences commerciales. La publicité alors se rapproche de l'action et en offre une plus fidèle image.

Ainsi, toute l'action coloniale a été, on le sait, centralisée par Colbert à Paris. C'est là que doivent être, d'après les contrats, le siège social et le conseil des directeurs des Compagnies ; là que sont recrutés, au moins pour moitié, ces mêmes directeurs ; là enfin que Colbert donne l'impulsion générale. Or, Paris devient le centre principal et quasi unique des publications de caractère colonial; il a, sauf une ou deux exceptions (1), le monopole des premières éditions. Au lieu

---

(1) *Le Voyage d'Italie et du Levant,* de MM. Fermanel, Fauvel, Baudouin et de Stochove, fut publié d'abord à Bruxelles, patrie de Stochove, puis avec des additions à Rouen, patrie de Fermanel, en

des 120 publications provinciales que nous avons comptées au temps de Richelieu, l'époque de Colbert n'en offre plus que 43. Deux villes seulement ont imprimé plusieurs ouvrages : Lyon, 20 ; Rouen, 8 Onze autres se présentent avec un seul, qui presque toujours a eu une édition antérieure ou simultanée à Paris.

Ce premier fait acquis, reprenons le groupement qui nous a servi pour la première moitié du siècle. Nous y trouverons des différences notables et significatives dans l'intérêt manifesté.

Chine et Japon, 82 (74 à l'époque précédente).

Levant (Turquie et Perse), 72 (96).

Nouvelle-France et Antilles, 54 (60).

Indes orientales, 53 (45).

Indo-Chine et Tonkin, 28 (13).

Afrique barbaresque, 23 (37).

Afrique (côtes et intérieur), 22 (16).

Le Levant et l'Afrique barbaresque font les plus grandes pertes, c'est-à-dire les pays turcs contre lesquels, malgré les velléités de croisade de Louis XIV, l'animosité chrétienne n'est plus excitée. Les côtes d'Afrique, où se fait la traite, l'Indo-Chine, où l'on ébauche une alliance et un établissement, la Chine, le Japon, Madagascar et l'Asie intérieure, où Colbert porte l'action commerciale, font au contraire des gains

1664, 1668, 1670. — Le *Dictionnaire caraïbe-français* du P. Raymond Breton a eu ses trois éditions à Auxerre (1664-65-66).

sensibles. L'attention est donc principalement attirée de ce côté.

La nature des ouvrages qui eurent le plus de vogue appuie cette démonstration.

Les illustres voyageurs Thévenot, Bernier, Tavernier, Chardin, ont surtout occupé l'attention. Jean Thévenot, mort en 1667, avait parcouru l'Europe, mais surtout l'Égypte, la mer Rouge, la Turquie, la Perse et l'Inde. Son *Voyage dans le Levant,* publié en 1665, par les soins du sieur de Luisandre, fut réimprimé en 1674-81-84-87-89, traduit en anglais et en allemand. Bernier, médecin de la Faculté de Montpellier, philosophe épicurien (1), lié avec Molière et avec la société du Temple, résida douze ans à la cour d'Aureng-Zeb, dont il fut le médecin. Son *Histoire de la révolution des États du Grand Mogol* eut trois éditions en France (1670-71-99), deux en Angleterre (1673-76), une en Allemagne (1676). Tavernier, fils d'un cartographe d'Anvers réfugié en France, passa sa vie en voyages. Il parcourut d'abord l'Europe, dont toutes les langues lui étaient familières; puis il se voua à l'Asie, et, durant quarante ans, fit six voyages en Turquie, en Perse et aux Indes. Il allait en entreprendre un septième pour le compte de l'Électeur de Brande-

(1) Auteur d'un *Abrégé de la philosophie de Gassendi,* si beau et si curieux, dit Bayle, que la première édition fut enlevée rapidement et qu'il en fallut aussitôt donner une seconde « pour satisfaire à l'empressement du public ». (*Nouvelles de la République des lettres,* novembre 1684.)

bourg, lorsqu'il mourut (1). Ses *Voyages*, rédigés par La Chapelle et Chapuzeau, furent réimprimés chaque année de 1676 à 1683, et une fois en Hollande par les Elzevier. Chardin, fils d'un bijoutier de Paris, séjourna longtemps aux Indes et en Perse. Avec l'aide du célèbre académicien Charpentier, il rédigea son *Journal de voyages*, qui parut à Londres (2) en français, en 1686, en français à Lyon, en anglais à Londres et en hollandais à Amsterdam, en 1687, et d'une façon complète à Paris, en 1711 et 1735.

Tous ces récits, qui jouissent d'une vraie popularité, ont, comme on le voit, le même sujet : ils font connaitre et valoir la Perse et l'Inde. Mais leurs auteurs ont une autre ressemblance : ils sont tous, plus ou moins, des commerçants. Thévenot introduit le café en France. Bernier le recommande, et sa lettre sert de pièce justificative au célèbre *Traité du café* du sieur Dufour (1685). Il s'occupe, d'ailleurs, beaucoup plus de commerce que de médecine. Il adressa à Colbert et inséra au tome Ier de sa *Relation* une lettre sur les richesses de l'Inde, si précise et si complète, que Colbert recommanda à Caron d'en suivre les instructions (3). Tavernier rapporte tant de ces richesses

---

(1) Cf. M. JOREY : *Tavernier* (1884).

(2) Chardin, comme Thévenot et Tavernier, était protestant. A son retour en 1681, voyant les persécutions exercées contre ses coreligionnaires, il se réfugia en Angleterre, auprès de Charles II, qui le fit chevalier et lui confia une mission en Hollande

(3) *Mémoire de Colbert*, mars 1669. — *Correspondance*, III bis, p. 427.

d'Orient, qu'il en vend pour trois millions au Roi. Chardin, enfin, ne va en Orient que pour faire le commerce des diamants, et il devient « marchand du Roi » en Perse. Ne dirait-on pas que ces voyageurs sont des agents de Colbert, au même titre que les directeurs de la Compagnie? Leur pensée est, d'ailleurs, nettement exprimée par Tavernier. « Mon but dans cet ouvrage, dit la Dédicace au Roi, n'est pas simplement de contenter la curiosité publique; je me suis proposé une fin plus noble et plus élevée dans toutes mes actions..... En tous les pays que j'ay parcourus, ma plus forte passion a toujours esté de faire connaître les vertus héroïques de Votre Majesté et les merveilles de son règne..... et de montrer comment ses sujets excellent par leur industrie et par leur courage sur les autres peuples de la terre..... Ma façon d'agir un peu trop libre m'a exposé à plusieurs dangers parmi les nations jalouses de notre prospérité, qui nous détestent autant qu'elles peuvent, pour nous exclure du commerce qu'elles seules veulent faire. » Voilà bien le langage d'un pionnier. Il répondait aux sentiments des commerçants eux-mêmes. Un Mémoire « de plusieurs notables commerçants de Tours, Nantes et la Rochelle (1) » ne dit-il pas expréssement : « Le principal négoce qui se puisse faire aux Indes est la soye et les espiceries. Personne ne doubte que ce ne soit un advantage

---

(1) M PAULIAT : *op. cit.* (Appendice.)

très considérable pour toute la France, si l'on pouvait se passer des Hollandais pour aller querir lesdites espiceries, desquelles il faut en France pour 3,193,000 livres, et ces soyeries qui viennent du Levant, pour 2,000,000 de livres. »

Beaucoup d'ouvrages encore marquent cette tendance générale. Tels sont : la *Relation du voyage de Perse et des Indes,* de l'Anglais Herbert, traduite par Wicquefort, rééditée quatre fois ; *Les instructions morales d'un père à son fils,* du négociant érudit Dufour, lesquelles eurent un succès extraordinaire, furent traduites en latin, allemand, flamand, et furent réimprimées plusieurs fois à Paris, Lyon, Toulouse, Bâle, en Hollande, etc. (1) ; toutes les publications concernant la Compagnie des Indes orientales, depuis les brochures si bien faites et si bien accueillies de Charpentier (1664-65-66), jusqu'aux affiches répandues à profusion au moment de la fondation ou depuis.

Il existe un contraste frappant, et en même temps instructif, entre ces affiches et celles qui nous sont connues de la période précédente. Le P. Dutertre (2) nous a conservé celle que fit apposer la Compagnie de

(1) Cf. BAYLE : *Nouvelles de la République des lettres* (mai 1685). — Ce Dufour est le même que l'auteur du *Traité du café*. Marchand natif de Provence, il s'établit de bonne heure à Lyon. Il savait « ajuster ensemble le savoir et le trafic ». Il entretenait « commerce d'esprit » avec Lamoignon, Charpentier, mademoiselle de Scudéry, Chardin, Tavernier, etc. C'est assurément une remarquable figure.

(2) *Histoire des Antilles françaises,* chap. XVIII (t. Ier, p 480, édition 1667).

la Potherie et de la Vigne, dite « de la France équinoxiale », en 1636. Qu'y voit-on? Un éloge pompeux de l'abondance du pays, et rien autre chose. Il s'agissait de recruter des colons! On promet sur cette terre enchantée, qui est l'inhabitable Guyane : « des vaches, des manipolis, des cerfs de deux sortes, des sangliers aussi de deux sortes, deux ou trois espèces de lapins, des cochons, des tatous; dans les bois, une infinité d'oyseaulx bons à manger et d'un très beau plumage, comme poules, pintades, faisans, perdrix de trois sortes, ramiers, tourterelles, grives, ortolans, perroquets de cinq ou six espèces, et plus de cinquante sortes d'autres oyseaulx bons à manger; enfin des rivières regorgeantes de poissons très excellents comme turbots, rayes, dorades, bonites, mulets, et surtout le lamentin, duquel (outre la chair qui est aussi délicate que celle du veau) on tire de l'huille plus douce que la meilleure de Provence; la tortue, qui y est si commune que c'est le plus ordinaire manger des habitants, etc. » Ne sent-on pas, dans cette prolixe énumération, la préoccupation exclusive d'assurer les gens qu'ils ne mourront pas de faim? Du profit commercial qu'ils pourront faire en ce lointain pays, il n'en est pas même question. Au contraire, dans les affiches de 1664, on met cet intérêt au premier plan. On promet aux colons qui voudront aller à Madagascar des terres à cultiver, un bon climat, des fruits naturels et du bétail pour leur nourriture. Mais on ajoute : « Les vers à soie y sont communs sur les arbres et produisent de la soye fine et facile a filer, il y a des mines d'or, de fer, de plomb; du cotton, de la cire, du sucre, du poivre blanc et noir, du tabac, de l'indigo, de l'ébène, et toutes sortes de bois de teinture, et autres bonnes marchandises; il ne manque que des hommes qui ayent l'adresse de s'en servir et de faire travailler les nègres, habitants du pays, qui sont dociles, obéissants, et soumis à tout ce qu'on leur veut commander. Ceux qui auront connaissance de la culture de ces sortes de marchandises, y profiteront extraordinairement (1). » Voilà un appel direct à l'esprit d'entreprise. Il s'adresse, non aux affamés de la métropole, mais aux travailleurs et aux capitalistes. L'idée coloniale de Colbert est là tout entière.

Il n'est pas jusqu'aux œuvres purement littéraires qui ne manifestent un semblable esprit.

Boileau est pris d'enthousiasme, en voyant

> ...nos vaisseaux, domptant l'un et l'autre Neptune,
> Nous aller chercher l'or, malgré l'onde et le vent,
> Aux lieux où le soleil le forme en se levant (2).

Il écrit ces vers au-dessous du portrait de Tavernier :

> De Paris à Delhy, du couchant à l'aurore,
> Ce fameux voyageur courut plus d'une fois.

(1) Cf. Du Fresne de Francheville, *op. cit.*, p. 36-38.
(2) Discours au Roi.

LA PLUS GRANDE EXPANSION. — LES COMPAGNIES.

De l'Inde et de l'Hydaspe il fréquenta les rois,
Et sur les bords du Gange on le révère encore.
En tous lieux sa vertu fut son plus sûr appui,
Et, bien qu'en nos climats de retour aujourd'hui,
  En foule à nos yeux il présente
  Les plus rares trésors que le soleil enfante,
Il n'a rien rapporté de si rare que lui (1).

La Bruyère, dans son chapitre du Souverain ou de la République, s'attache, avec son ingéniosité ordinaire, à démontrer la nécessité du commerce. « Que sert dit-il, au bien des peuples..... que le prince place les bornes de son empire au delà des terres de ses ennemis?... Que me servirait, comme à tout le peuple, que le prince fût heureux et comblé de gloire par lui-même et par les siens, que ma patrie fût puissante et formidable, si, triste et inquiet, j'y vivais dans l'oppression et l'indigence....., si, par la facilité du commerce, il m'était moins ordinaire de m'habiller de bonnes étoffes et de me nourrir de viandes saines, et de les acheter peu?..... » Un des chapitres les plus connus du *Télémaque* est celui qui raconte le séjour à Salente (2). Or, Salente, d'après les clefs, c'est Amsterdam, la ville active, toute au commerce, qui semble bien répondre à l'idéal que concevait Fénelon. Mentor fait de plus, devant Idoménée, une théorie du commerce assez différente, comme nous le verrons, de celle de Colbert,

---

(1) Portrait et vers ont été mis en tête du *Recueil de plusieurs relations*, 1679. (4ᵉ édition de Tavernier. Paris, 2 vol. in-12.)
(2) *Télémaque*, l. VI.

mais qui débute par une apologie digne de l'époque de Colbert. La ruine du commerce est précisément un des principaux griefs que relèvent contre le gouvernement de Louis XIV et la guerre de succession d'Espagne les Mémoires que l'archevêque de Cambrai adressait en secret à son élève le duc de Bourgogne (1). De même, le grand patriote et penseur Vauban ne craint pas de dire à Louvois (2) que la révocation de l'édit de Nantes a causé, « entre autres maux très dommageables à l'État,..... la désertion de quatre-vingt à cent mille personnes de toutes conditions, qui ont emporté avec elles plus de 30,000,000 de livres de l'argent le plus comptant, la ruine de nos arts et manufactures particulières, la plupart inconnus aux étrangers, qui attiraient en France un argent très considérable, la ruine de la plus considérable partie du commerce, etc.... » Et plus tard essayant, dans la *Dîme royale*, d'esquisser une meilleure répartition des charges publiques en vue d'un accroissement des forces productives du pays, il montre l'importance qu'il attachait au commerce en recommandant de ne l'imposer que très peu ; car, dit-il, « le commerce est désirable en tout et partout, dedans et dehors le royaume (3) ».

(1) *Plan de gouvernement*, novembre 1711 : article Commerce-marine.
(2) *Oysivetés* (édition Augoyat), t. Ier, p. 1-42.
(3) *Dîme royale*, première partie, second fonds.

II

CURIOSITE COLONIALE.

Mais ce n'est pas seulement au commerce en général, ni même au commerce d'exportation qui implique la possession des colonies, que répondent les préoccupations que nous venons de saisir : c'est, d'une façon précise, au commerce colonial. La curiosité pour les colonies ou les pays colonisables ressort de nombreux incidents de publicité que nous ne devons pas omettre.

Voici, par exemple, ce que raconte, à propos de son livre (1), le P. Dutertre : « Il y a environ quinze ans (1652), les prières de quelques personnes de qualité m'obligèrent à mettre en ordre quelques remarques que j'avais faites dans mes premiers voyages et séjours aux Antilles... Le livre fut si curieusement recherché que je n'en pus conserver une copie... On m'en déroba une qui servit au sieur de Rochefort à composer son *Histoire naturelle et morale des Antilles* (1658) (2)... MM. de l'assemblée des physiciens, mathématiciens et

---

(1) *Histoire des Antilles*, édition 1667, dédiée à du Harlay.
(2) Rééditée en 1665, 1666, 1667 (traduction anglaise), 1668 (traduction allemande), 1681 (à Rotterdam), 1688 (deuxième traduction allemande).

astronomes, à qui le livre de Rochefort avait été présenté, remarquerent facilement qu'il n'était qu'une copie, fidèle jusqu'aux erreurs, de mon ouvrage. Ils me pressèrent alors d'écrire pour réclamer mon travail et montrer la fausseté de plusieurs Mémoires faits par ledit sieur Rochefort. M. de Montmore, un des principaux d'entre eux, s'offrit à faire imprimer en Hollande, à ses frais, tout ce que j'aurais écrit... » Cette sollicitude de la future Académie des sciences n'est-elle pas bien significative ?

Elle fut persévérante aussi, comme on peut s'en convaincre en feuilletant le *Journal des savants*. Il n'est pas un volume, en effet, qui ne contienne un fait, une appréciation, une étude intéressant les colonies : c'est l'analyse des lettres de la Sœur Marie de l'Incarnation et sa biographie élogieuse, le rapport de l'évêque de Québec ou la relation du P. Leclerc sur l'établissement de la foi au Canada, le récit des découvertes de Cavelier, l'appréciation en 1688, sous l'influence du Code noir, de plusieurs ouvrages traitant de l'esclavage, comme l'*Eleutheria*, de Guillaume de Laon, les *Remarques contradictoires*, de Loisel et de M. de Launay, le traité de Grotius, *De jure pacis et belli*, etc. De 1672 à 1706, le journal note scrupuleusement et analyse tous les traités publiés sur les propriétés bonnes ou mauvaises du café.

L'usage de cette plante coloniale, introduite en 1660 de la Guyane hollandaise à la Guadeloupe et à la Martinique, a donné lieu à de vives discussions en France et, par suite, attiré l'attention sur les pays producteurs. Madame de Sévigné ne l'aimait pas, comme on sait; certains la croyaient dangereuse, malgré les témoignages de Bernier et de ceux qui l'avaient expérimentée sur place; d'autres lui attribuaient des vertus merveilleuses, comme « d'abattre les vapeurs du vin », « de rendre les femmes fécondes », ou, au contraire, « stériles ». Au milieu de tout cela, la mode s'en répandit vite, et le café ne passa pas plus que Racine. Le gouvernement y vit une source de revenus et résolut, en 1692, d'en faire l'objet d'un monopole vendu chèrement. « Les boissons de caffé, thé, sorbec et chocolat, dit l'édit de janvier 1692, sont devenues si communes dans toutes les provinces de nostre royaume, que nos droits d'aydes en souffrent une diminution considérable. Cependant, ne voulant pas priver nos sujets de l'usage de ces boissons, que la plupart jugent utiles à la santé, nous nous sommes proposé d'en tirer quelque secours dans l'occurrence de la présente guerre. » Ce monopole fut d'ailleurs révoqué, dès l'année suivante, pour deux causes : la fraude que favorisaient « les seigneurs, personnes considérables, couvents et communautés », les plaintes des épiciers (1).

Un autre fait, qui mit en émoi l'opinion et eut son

---

(1) DU FRESNE DE FRANCHEVILLE : *Histoire de la Compagnie des Indes*, P. J., p. 527-35.

retentissement dans les publications, ce fut l'ambassade de Siam en 1686. On sait que Louis XIV fondait les plus belles espérances, pour le commerce d'Orient, sur l'alliance avec l'empereur de Siam. Un habile ministre, d'origine grecque et du nom de Constance, servait avec ardeur l'influence française. Des ambassades solennelles furent échangées : de Chaumont, accompagné de l'abbé Choisy, y fut envoyé en 1685, les ambassadeurs siamois parurent à la cour de Versailles en 1686; de la Loubère alla tenter de renouer les relations, en 1690 (1). L'affaire ne réussit pas : une révolution, dans laquelle périt Constance, fit triompher le parti antifrançais. Mais l'impression était produite sur le public de France. On fut curieux de connaître les mœurs de ces Orientaux. La relation de Chaumont fut réimprimée coup sur coup en 1685-86-87. Comme si elle ne suffisait pas, l'abbé Choisy en publia une, de son côté, en 1687 (2), et la même année, Mabre-Cramoisy mit en vente la *Harangue faite à Sa Majesté par les ambassadeurs du roi de Siam*. Cette nouveauté

---

(1) Cf. M. LANIER : *État historique sur les relations de la France et du royaume de Siam*, de 1662 à 1703.

(2) La gaieté ne perdant jamais ses droits en France, Choisy fut censé adresser de San Jacob, en l'île de Madagascar, à l'abbé Saint-Martin, protonotaire du Saint-Siège, « pour la faire voir au public », une lettre sur les *Torisbos*, prétendus Pygmées de Madagascar [Bibliothèque nationale, manuscrits : *Recueil historique*, t XV, Z 2284, Zf 58 16] Or, cet abbé Saint-Martin, d'après FURETIÈRE (*Ana*, p. 42), était un Torisbo civilisé; « il était connu pour sa laideur, son costume grotesque, ses habitudes ridicules, sa vanité, son ignorance et sa crédulité ».

défraya longtemps les conversations. La Bruyère, qui les entendait, y trouva matière à ces piquantes réflexions : « Si les princes étrangers, dit-il au chapitre des Jugements, étaient des singes instruits à marcher sur leurs pieds de derrière et à se faire entendre par interprètes, nous ne pourrions pas marquer un plus grand étonnement que celui que nous donne la justesse de leurs réponses, et le bon sens qui paraît quelquefois dans leurs discours. La prévention du pays, jointe à l'orgueil de la nation, nous fait oublier que la raison est de tous les climats, et que l'on pense juste partout où il y a des hommes. » Et ailleurs, dans le chapitre des Esprits forts, il dit avec une liberté d'esprit remarquable : « Si l'on assurait que le motif secret de l'ambassade des Siamois a été d'exciter le Roi Très Chrétien à renoncer au christianisme, à permettre l'entrée de son royaume aux talapoins, qui eussent pénétré dans nos maisons pour persuader leur religion à nos femmes, à nos enfants, à nous-mêmes, par leurs livres et par leurs entretiens ; qui eussent élevé des pagodes au milieu des villes, où ils eussent placé des figures de métal pour être adorées, avec quelles risées et quel étrange mépris n'entendrions-nous pas des choses si extravagantes ! Nous faisons, cependant, six mille lieues de mer pour la conversion des Indes, des royaumes de Siam, de la Chine et du Japon, c'est-à-dire pour faire très sérieusement à tous ces peuples des propositions qui doivent leur paraître très sottes et très ridi-

cules..... » La Bruyère insinue que leur tolérance pour
nos missions pourrait bien être une preuve de la force
de la vérité. Mais qui ne conviendra que cette raison
est faible, autant que la satire est forte?

La Bruyère se rencontre ici avec Bayle, qui n'est ni
moins observateur, ni moins caustique. Mais Bayle ne
se croit pas obligé de pallier la critique : « Je ne scai
pourquoi, s'écrie-t-il, les chrétiens font si peu de ré-
flexion sur l'esprit de tolérance qui règne dans ces rois
payens, que nous traitons hautement de barbares et
de féroces. Voilà un empereur chinois, très persuadé
que la religion des Jésuites est fausse et tout à fait
opposée à celle dont lui et tous ses sujets font profession, qui ne laisse pas de souffrir ces missionnaires et
de les traiter fort humainement ! » (Février 1685.)

Puisque nous parlons de Bayle, remarquons en passant que ses *Nouvelles de la république des lettres,* gazette
littéraire aussi libre et judicieuse que bien informée,
nous fournissent une nouvelle preuve du goût général
pour les pays de colonisation. Il le dit lui-même : « Par
l'usage de tous les journalistes, des savans, et par la
déclaration que nous en fîmes dans notre première
préface, les raretés des Indes sont du ressort de ces
Nouvelles. » (Janvier 1686.) Et, de fait, on y trouve, à
chaque instant, des comptes rendus faits avec une
faveur visible, des relations, lettres, ouvrages spéciaux
touchant les pays et choses exotiques. On y peut même
toucher du doigt les deux sentiments que nous avons

notés plus haut : d'une part, la défaveur que rencontrent les récits des Jésuites, et, de l'autre, le goût très prononcé pour les relations d'intérêt commercial, comme celles de Bernier, Chardin, etc.

Il est encore un incident que nous n'aurons garde de passer sous silence : c'est la discussion qui s'élève, à la fin du siècle, à propos des découvertes de Cavelier de La Salle. Un des compagnons du héros, le P. Hennepin, Récollet, étant revenu en France après l'exploration de 1678 et ayant raconté en 1683 son « voyage au Sault Saint-Antoine », fut mis en goût par le succès. S'appropriant en partie la relation du P. Chrestien Le Clerc, Récollet comme lui, publiée en 1691 (1), et en totalité celle de l'abbé Bernon, restée manuscrite et communiquée à Colbert, il songea à s'attribuer le mérite de toutes les découvertes faites dans la vallée du Mississipi. Il publia, en 1697 et 1698, sa *Nouvelle découverte d'un très grand pays,* qui n'est qu'un tissu d'audacieux mensonges. Il eut honte sans doute de le faire en France ; c'est à Utrecht qu'il commit cette vilenie et à Guillaume III qu'il la dédia. Les amis et compagnons de Cavelier furent outrés de cette double trahison, et bon nombre se portèrent défenseurs du glorieux explorateur. Tonti, d'abord, publia ou laissa publier (2), en 1697, *Les dernières découvertes de Cave-*

(1) *Histoire de l'établissement de la foy dans la Nouvelle-France.*
(2) Le Jésuite Gabriel Marest (*Lettres édifiantes*, t. X, p. 308) affirme avoir entendu Tonti désavouer cet écrit Mais c'est le seul témoignage, et il est suspect.

lier de La Salle; Joutel, l'un des quatre survivants de l'expédition de 1686, fit rédiger, par Michel, son *Journal historique du dernier voyage de M. Cavelier de La Salle,* paru en 1713 ; le neveu du héros, celui qu'on appelait « le petit M. de La Salle » et qui fut le premier administrateur de la Louisiane après le voyage d'Iberville (1698), donna, lui aussi, un récit de l'expédition et de la mort de son oncle. La discussion continua après 1715 et ne fournit pas de conclusion. L'entrepreneur du *Recueil des voyages du Nord,* le libraire hollandais Bernard, donna indifféremment asile aux relations de Hennepin et à celles de ses contradicteurs. La mémoire de Cavelier ne fut pas vengée.

Mais cette discussion, qui termine la période coloniale de Colbert, jointe à celle qui s'est élevée en même temps sur les superstitions chinoises, ne montre-t-elle pas combien les esprits ont été occupés, jusqu'au dernier moment, des colonies et des découvertes? On peut donc affirmer que Louis XIV et Colbert ont opéré devant un public au moins attentif à leur œuvre.

CHAPITRE IV

LA DISCUSSION.

L'opposition et les appréciations.

Ce que nous avons dit précédemment sur la collaboration et sur les publications nous dispense de rechercher les adhérents à l'œuvre de Colbert. Venons-en tout de suite aux opposants. Une méthode coloniale a été créée; à quelles appréciations a-t-elle donné lieu? Une action importante est engagée; y a-t-on applaudi?

I

L'OPPOSITION CLASSIQUE.

Une première opposition se présente, que nous connaissons déjà : celle des littérateurs, nourris d'antiquité. Toute de forme et de convention, sans sincérité comme sans raison, elle s'attaque à l'œuvre entière. A l'en croire, et ses représentants sont de ceux qui font autorité, Colbert mériterait toutes les malédictions pour avoir rapetissé les esprits de son siècle. En réalité, ces opposants ne jugent pas, ils copient.

Ils copient les classiques grecs et latins, comme Ronsard et Montaigne ; seulement, ils rajeunissent la matière. Ils ne s'inspirent plus du lieu commun de l'âge d'or. L'art des écrivains du grand siècle est trop délicat et trop réservé pour donner dans une déclamation devenue invraisemblable. Mais n'en pratiquant pas moins l'art pour l'art, les écrivains choisissent d'autres tirades, jouent d'autres sentiments, jonglent avec d'autres idées.

On connaît l'*Illi robur et æs triplex* d'Horace : c'est un fort beau chant de deuil, mais aussi une malédiction contre l'esprit d'entreprise. Horace, et bien d'autres anciens avec lui, revient sans cesse sur cette idée. Il se plaît à opposer à l'esprit de lucre la sage philosophie de l'homme content de peu, et les douceurs d'une vie champêtre aux agitations inquiètes du négociant qui cherche la fortune. L'*O fortunatos nimium* de Virgile, et une foule de morceaux des poètes latins, voire des prosateurs, comme Cicéron et Sénèque, sont des amplifications sur ce thème. On sait ce que valent ces bucoliques tirades et le prétendu dédain des richesses qu'affecte la société de l'Empire : c'étaient jeux de rhéteurs ou rêveries de poètes, en complète opposition avec des mœurs très positives ; mais ils semblaient par cela même admirables. Nos écrivains français n'eurent garde de ne pas admirer ces beautés de convention, toutes de mots et toutes d'imagination. Quel beau lieu commun c'était là !

Voyez en combien de façons le tourne et retourne La Fontaine, le plus original pourtant de nos dévots d'antiquité. On compterait vingt fables où le *Rapax Orcus*, le trafic de mer, les voyages aux lointains pays, les « chercheurs de nouveaux mondes », l'avarice, sont moqués et bafoués, voire condamnés avec une indignation qui veut paraître sincère (1). Citons seulement cette adaptation des pensers antiques aux choses du temps (2) :

> La fortune a, dit-on, des temples à Surate ;
> Allons là. Ce fut un de dire et s'embarquer.
> Ames de bronze, humains, celui-là fut sans doute
> Armé de diamant, qui tenta cette route,
> Et le premier osa l'abîme défier.
>   Celui-ci, pendant son voyage,
>   Tourna ses yeux vers son village
>   Plus d'une fois, essuyant les dangers
> Des pirates, des vents, du calme et des rochers,
> Ministres de la mort : avec beaucoup de peines
> On s'en va la chercher en des rives lointaines,
> La trouvant assez tôt, sans quitter la maison.
> L'homme arrive au Mogol : on lui dit qu'au Japon
> La fortune pour lors distribuait ses grâces.
>   Il y court. Les mers étaient lasses
>   De le porter ; et tout le fruit
>   Qu'il tira de ses longs voyages,
> Ce fut cette leçon que donnent les sauvages :
> Demeure en ton pays, par la nature instruit !

(1) *Le Berger et la Mer ; l'Homme qui court après la fortune et l'Homme qui l'attend dans son lit ; l'Ingratitude des hommes envers la fortune ; le Marchand, le Gentilhomme, le Pâtre et le Fils de roi ; la Chauve-souris, le Buisson et le Canard ;* surtout la délicieuse idylle des *Deux Pigeons*, etc., etc.

(2) *L'Homme qui court après la fortune et l'Homme qui l'attend dans son lit.*

Ne croirait-on pas que le poète a pris à tâche de discréditer l'entreprise du commerce d'Orient et la Compagnie des Indes? Il y pensait certainement en écrivant ces vers. Mais il ne faut pas trop, comme M. Taine, chercher une intention de critique dans les boutades du bonhomme. Ici l'inimitable La Fontaine est tout simplement imitateur et même traducteur; il a développé un lieu commun classique, avec insouciance, par pure convention littéraire. Tout au plus pourrait-on dire qu'il obéit à une impulsion de sa nature : l'activité commerciale répugnait à son indolence.

Mais que penser de Boileau, qui loue les entreprises commerciales et les lointains voyages dans les termes que nous savons, lorsqu'on le voit faire du fameux dialogue de Perse entre l'Avarice et le paresseux (1) cette application toute directe :

> N'importe, lève-toi. — Pourquoi faire, après tout?
> Pour courir l'Océan de l'un à l'autre bout,
> Chercher jusqu'au Japon la porcelaine et l'ambre,
> Rapporter de Goa le poivre et le gingembre?
> Mais j'ai des biens en foule, et je puis m'en passer (2)...

ou bien lorsqu'on le voit paraphraser en se l'appropriant le *parvi contentum* d'Horace?

> A quoi bon ravir l'or au sein du nouveau monde?
> Le bonheur tant cherché sur la terre et sur l'onde

---

(1) PERSE : *Satire* V.
(2) BOILEAU : *Satire* VIII

> Est ici, comme aux lieux où mûrit le coco,
> Et se trouve à Paris, de même qu'à Cuzco.
> On ne le tire point des veines du Potose.
> Qui vit content de rien possède toute chose (1).

Ces sectateurs du lieu commun ne seraient pas dangereux s'ils n'étaient devenus classiques à leur tour. Mais qui pourrait dire en combien d'esprits français Boileau ou La Fontaine ou les autres ont insinué goutte à goutte, comme un poison, à l'aide de leurs belles tirades d'emprunt, ce dégoût et ce mépris de l'activité commerciale dont notre société souffre à cette heure?

II

LES APPRÉCIATIONS DU SYSTÈME.

Les poètes sont « chose légère », et leur opposition de fantaisie est la seule que nous trouvions à l'action coloniale de Colbert. Quant aux procédés de cette action, c'est autre chose. Ils ont provoqué une foule de contradicteurs, qui sont gens d'étude et de raisonnement.

Tout d'abord c'est le système fondamental des Compagnies à monopole que l'on attaque. La protestation vient à la fois des colonies et de la métropole. Dès le

---

(1) Cf Horace, *Épîtres*, I, 12 :
    Pauper enim non est cui rerum suppetit usus.

11 décembre 1664, le comte d'Estrades écrivait à Colbert : « Un habile homme qui trafique aux îles d'Amérique m'a dit que la nouvelle Compagnie fera partir les habitants des isles, si elle n'a tout d'un coup six vint vesseaux pour trafiquer dans toutes les isles, les Hollandais et Zélandais en avaient autant, et ils n'y fournissaient qu'au juste... (1). » L'année suivante, Talon dit à son tour : « Si Sa Majesté veut faire quelque chose du Canada, il me paraît qu'elle ne réussira qu'en le retirant des mains de la Compagnie des Indes occidentales et qu'en y donnant une grande liberté de commerce aux habitants, à l'exclusion des seuls estrangers..... Sur la première déclaration que la Compagnie a faite de ne souffrir aucune liberté de commerce, et de ne pas permettre aux habitants de faire venir pour leur compte les denrées de France, même pour leur subsistance, tout le monde a été révolté (2). » En France on pense de même, à la connaissance de Colbert. Il rapporte lui-même ce propos significatif : « Le sieur Formont, marchand de Paris, entendant parler dans mon cabinet de cette liberté du trafic, dit que, dès lors qu'elle serait establie, au lieu d'un vaisseau il en enverrait trois (3). » En 1661, les remontrances des six corps de marchands de Paris sur

(1) *Correspondance administrative*, t. II.
(2) Cité par le P. Charlevoix : *Histoire de la Nouvelle-France*, I, p. 383.
(3) Lettre à Pellissier, 21 juin 1670, *Correspondance administrative*, III *bis*, 285.

plusieurs impositions concluent par cette proposition hardie : « Nos voisins connaissent par expérience que la liberté, soit aux marchandises, soit aux personnes, fait fleurir le commerce (1). » Mais c'est surtout dans le discours du délégué de Nantes à l'Assemblée du commerce de 1701 que la critique est vive et précise : « Le monopole accordé aux Compagnies, dit-il, est devenu nuisible. Les Compagnies, composées principalement de Parisiens, étaient fort ignorantes sur le fait du commerce lointain; leur suppression enrichirait beaucoup d'autres villes, et par suite l'industrie et la navigation s'accroîtraient sensiblement. Tout le monde se jetterait dans le commerce : on ne verrait plus de mendiants et de vagabonds; les colonies se multiplieraient. En un mot, toute la France respire cette liberté. Elle relèverait le courage des négociants, et les revenus du Roi augmenteraient, à un point qu'on en serait surpris, d'autant plus que Sa Majesté reprendrait les droits dont elles jouissent par leurs privilèges (2). »

Si l'on rapproche ces plaintes de celles des négociants rouennais de 1604, des cahiers du tiers état de 1614, des théories de Bodin et de celles du dix-huitième siècle, ne trouvera-t-on pas qu'il a existé une sorte de tradition nationale en faveur du principe économique que le siècle de Richelieu et de Colbert a répudié? Colbert

(1) FORBONNAIS : *Recherches sur les finances*, I, 274 et suiv. (année 1661).

(2) DARESTE : *Histoire de l'administration en France*, t. II. (Appendice.)

et Louis XIV eux-mêmes (1) se rattachent, par raison, à cette tradition, bien qu'en fait ils suivent la routine, qui trop souvent commande en France.

La plupart des penseurs, à la fin du dix-septième siècle, soutiennent la même thèse. Ils sont, en ce point comme en plusieurs autres, les précurseurs des philosophes et économistes du siècle suivant.

On connaît les accusations de Boisguillebert (2). Elles sont injustes en ce qu'elles font à Colbert un grief personnel de doctrines économiques dont le siècle seul est responsable. Mais le dédain dont Voltaire accable Boisguillebert est injuste à son tour, parce que sa doctrine est meilleure que celle qu'il critique. C'est celle des Quesnay et des Turgot, la liberté économique sous toutes ses formes. De même, si Jurieu (3) obéit à de justes rancunes en portant son âpre satire sur tout le gouvernement de Louis XIV, il n'en est pas moins fondé en raison d'attaquer le despotisme commercial, aussi bien que religieux et politique, et de revendiquer toutes les libertés dont on doit jouir dans une République.

(1) On a vu plus haut (chap. 1ᵉʳ, § 2) l'opinion de Colbert. Louis XIV écrit à de Baas, en 1670 : « Soyez persuadé qu'il n'y a que la seule liberté à tous mes sujets de trafiquer dans les isles qui puisse y attirer l'abondance de toutes choses. » (*Correspondance administrative*, III*bis*, 477, note.)

(2) *Détail de la France.* — *La France ruinée sous le règne de Louis XIV* (chez ce pseudo-éditeur hollandais Marteau, dont le nom servit de couvert à tant de libelles contre Louis XIV). — Cf. BRUNET : *Impressions imaginaires* (1866).

(3) *Les soupirs de la France esclave.*

L'abbé Choisy nous apporte une critique plus radicale, sinon plus sérieuse. Piqué d'on ne sait quelle animosité contre Colbert, il blâme à tort et à travers son œuvre (1). Il l'accuse de s'être adonné « à des projets sur le commerce, dont il ne prit les desseins que dans son imagination...; d'avoir demandé en ministre à des marchands les secrets de leur métier, qu'ils lui dissimulèrent en vieux négociants...; d'avoir été toujours magnifique en idées et presque toujours malheureux dans l'exécution..... » Il lui reproche surtout de ne pas avoir connu les vrais principes du trafic et de l'échange : « Il oublia, dit-il, que le Créateur de toutes choses n'a placé les différents biens dans les différentes parties de l'univers qu'afin de lier une société commune et d'obliger les hommes par leurs intérêts à se communiquer réciproquement les trésors qui se trouveraient dans chaque pays. » C'est, sous une forme assez indécise, il est vrai, la condamnation de toutes les entraves qui peuvent peser sur les échanges et qu'admettait en grand nombre le système de Colbert.

Mais il y a dans cette phrase une conception qui dépasse peut-être la pensée de Choisy. On y trouve l'argument favori des économistes de notre temps, qui proscrivent les colonies. Le commerce, disent-ils, doit être tout à tous, et un État n'a pas le droit de s'assurer, à frais plus ou moins grands, un marché exclusif ou un

---

(1) *Mémoires*, liv II, p. 113 et passim (5ᵉ édition d'Utrecht, 1725).

pays de productions spéciales (1). C'est ce que [la] chambre de commerce de Marseille, en 1861, résuma dans cette formule : « Le monde entier est le meille[ur] champ d'échange et de fret; il vaut mieux que n'i[mporte] porte quel coin de terre, quelque productif qu'il pui[sse] être. » Qui sait, d'ailleurs, si Choisy, abbé de mœu[rs] légères, mais esprit vif et pénétrant, n'a pas entre[vu] cette idée toute moderne? Il se rencontre une secon[de] fois avec les adversaires de la colonisation, quand [il] refuse aux Français les qualités de constance et d'app[li]cation que nécessitent les entreprises coloniales. C[ol]bert oublia encore, selon lui, « que les França[is] impatients de leur naturel, et en cela bien différen[ts] des Hollandais, ne pourraient jamais avoir la constan[ce] de mettre l'argent, trente ans durant, dans une affair[e] sans en tirer aucun profit et sans se rebuter ». C'est [la] pensée de Brantôme, de quelques contemporains [de] Razilly, de plusieurs écrivains du dix-huitième sièc[le,] de beaucoup de théoriciens et hommes d'action du di[x-]neuvième. Elle est exprimée en plein essor colonia[l,] au temps de Colbert. Si son auteur ne passait po[ur] léger, elle pèserait du plus grand poids dans not[re] enquête.

Fénelon, on le sait, s'est beaucoup occupé [de] questions d'État, par simple curiosité d'esprit ou p[ar]

---

(1) J.-B. Say : *Traité d'économie politique*, t. I. — Molinari : *D[ic]tionnaire d'économie politique* (art. *Colonies*). — De Laveleye : *É[lé]ments d'économie politique*, etc.

LA PLUS GRANDE EXPANSION. — LES COMPAGNIES. 223

ambition secrète. Il y porte souvent cet « esprit chimérique » dont l'accusait le Roi. On ne peut prendre au sérieux, par exemple, la proscription des marchandises de luxe, la réglementation « des habits, nourriture, meubles, maisons, pour toutes les conditions différentes », et autres excentricités de même nature. Mais il y a autre chose dans les œuvres politiques de Fénelon. Voici, par exemple, comment Mentor établit le commerce à Salente (1) : « Il voulut qu'on punît sévèrement toutes les banqueroutes, parce que celles qui sont exemptes de mauvaise foi ne le sont presque jamais de témérité. En même temps il fit des règles pour faire en sorte qu'il fût aisé de ne jamais faire banqueroute. Il établit des magistrats à qui les marchands rendaient compte de leurs effets, de leurs profits, de leurs dépenses et de leurs entreprises. Il ne leur était jamais permis de risquer le bien d'autrui, et ils ne pouvaient même risquer que la moitié du leur. De plus, ils faisaient en société les entreprises qu'ils ne pouvaient faire seuls, et la police de ces sociétés était inviolable par la rigueur des peines imposées à ceux qui ne les suivaient pas. D'ailleurs, la liberté du commerce était entière. Bien loin de la gêner par des impôts, on promettait une récompense à tous les marchands qui pourraient attirer à Salente le commerce de quelques nouvelles nations. » Des associations sans

---

(1) *Télémaque*, liv. VI.

monopole et des primes à l'exportation, voilà donc la théorie de Fénelon, dégagée de ce qu'elle peut encore avoir de chimérique. Lui aussi pose en principe que « la liberté du commerce doit être entière ».

Un des derniers et des plus importants théoriciens de la question coloniale sous le règne de Louis XIV a été l'illustre Vauban. Son patriotisme l'a porté à étudier toutes les matières intéressant la prospérité de la France. En économie politique, il devance souvent son époque; il y porte ses habitudes d'exactitude et de précision géométrique. Il n'est pas un économiste d'observation, bien qu'il sût voir autour de lui, mais de doctrine. On ne peut donc chercher dans ses œuvres un reflet de l'opinion, comme en celles de Montchrétien, au début du siècle. Mais ses critiques comme ses idées propres sont remarquables par la justesse et la profondeur. Ce sont précisément les qualités qui distinguent son Mémoire sur les colonies : son opinion est donc précieuse à connaître (1).

Vauban distingue trois espèces de colonies : 1° les colonies forcées, comme celle de Carthage, fondée par Didon, par suite de son expulsion de Tyr; 2° les colonies de hasard, qui ont pour cause les naufrages, 3° les colonies de raison, « qui sont faites par délibération de conseil, soit par les princes souverains, par les républiques ou par des particuliers associés,... les

---

(1) *Oysivetés* (édition Augoyat, 1843, t. IV, p. 1-49).

unes pour se décharger d'une partie de leurs peuples, les autres par ambition ou désir de s'accroître ».

Ces dernières sont proprement les colonies modernes. Parmi celles qui ont été fondées, les plus prospères sont les colonies hollandaises et anglaises. Celles de la France sont, pour différentes causes, dans un état d'infériorité visible. Pour les « remettre sur le même pied », il faut :

1° En retirer totalement les moines rentés, « qui réussissent incomparablement mieux à s'enrichir qu'à faire des conversions » ; acheter leurs biens au profit d'un séminaire qui assurera de bons curés, régis par un ou plusieurs évêques, et tout juste assez nombreux pour assurer le service religieux du pays ;

2° « En bannir ces sociétés de marchands à titre de Compagnies privilégiées, qui survendent les marchandises qu'ils portent aux colonies, et mettent le prix qu'il leur plaît à celles de ces mêmes colonies, et qui, par l'extension de leurs privilèges, les empêchent de commercer avec d'autres et de se procurer, par le moyen de leur industrie, plus commodément, le nécessaire, ce qui les ruine et les dégoûte. Rien n'étant plus contraire aux établissements des colonies, on ne saurait donc mieux faire que de les supprimer tout à fait et de laisser le commerce libre ; il y aurait bientôt des correspondances de ce pays-ci en celui-là qui préviendraient tous les besoins qu'on y pourrait appréhender. »

3° Faire bien observer le pays au point de vue de la

qualité de l'air, de celle des eaux, de la qualité du sol, de la facilité du commerce, de la situation stratégique, de l'abondance des cours d'eau, etc. Cela fait et bien connu, y envoyer cinq ou six bataillons bien complets, à relever tous les cinq ans, pendant trente ans de suite, en ayant soin de remplir les compagnies de gens de métier en plus grand nombre possible, en permettant le mariage, en autorisant le rapatriement, en assurant les vivres et objets de première nécessité, en fixant à l'avance les postes à occuper. Les compagnies, une fois arrivées, construiront d'abord un retranchement, puis s'occuperont, partie à défricher pour faire des jardins, partie à construire des maisons et des magasins. Après quoi, elles s'occuperont à défricher pour faire des terres à blé et des prairies, etc. On interdira de s'écarter des quartiers, à plus de dix ou douze lieues, de voler, de blasphémer, de s'enivrer, de commettre aucune violence, de diffamer ou mentir de rester oisif ou de faire cabale, de tuer les bestiaux pendant les premières années, « de faire d'autre commerce que celui qui proviendra des fruits de la production du pays, tant pour empêcher que les habitants ne se dissipent, que pour prévenir le relâchement que cela causerait au défrichement des terres, qui doit faire leur principale application » ; on défendra encore de rester célibataire après dix-huit ou vingt ans.....

Avec ces procédés, conclut Vauban, on fera un établissement qui, sans rien coûter au royaume en

LA PLUS GRANDE EXPANSION — LES COMPAGNIES.

hommes, en femmes ni en argent, formera, suivant une progression expérimentée ailleurs, une population forte, au bout de six générations, de trois millions deux cent mille personnes (1).

Et des établissements de cette sorte sont à la fois nobles et nécessaires : « Nobles, en ce qu'il n'y va pas moins que de donner naissance et accroissement à deux grandes monarchies qui, pouvant s'élever au Canada, à la Louisiane et dans l'île Saint-Domingue, deviendront capables de balancer un jour celle de l'Amérique et de procurer de grandes et immenses richesses aux successeurs de Sa Majesté; nécessaires, parce que si le Roi ne travaille pas vigoureusement à l'accroissement de ces colonies, à la première guerre qu'il aura avec les Anglais et les Hollandais, qui s'y rendent de jour en jour plus puissants, nous les perdrons; et, pour lors, nous n'y reviendrons jamais, et nous n'aurons plus en Amérique que la part qu'ils nous en voudront bien faire par le rachat de nos denrées, auxquelles ils mettront le prix qu'il leur plaira, et notre marine, manquant pour lors d'occupation, tombera d'elle-même et deviendra à rien. »

Voilà des paroles prophétiques! Mais combien d'au-

(1) Le Mémoire étant écrit en 1699, la période indiquée de six générations s'achève en 1879. — Or, le Canada français, au recensement de 1881, avait une population de 1,300,000. Le calcul de Vauban paraît donc exagéré. Il est vrai que l'on n'a suivi, dans la colonisation, aucun des procédés qu'il indique. D'autre part, les 60,000 Canadiens français abandonnés en 1763 ont fait, par la seule progression naturelle, sans nouvelle immigration, un gain de plus de 10,000 par an

tres enseignements aurait-on pu tirer, au temps de Louis XIV et de Louis XV, et ne tirerait-on pas encore au nôtre de cette sage étude? La colonisation militaire a été essayée, sous Choiseul, par Bessner et de Préfontaines, en Guyane, mais sans aucune des précautions et sans cet esprit de suite que recommande Vauban. Le maréchal Bugeaud a été un peu plus heureux en Algérie; mais le ou les gouvernements ont manqué de persévérance. L'idée est reprise aujourd'hui par de bons esprits; mais nous n'en sommes encore qu'à la théorie, qu'on a le tort de présenter comme neuve. De même, est-on bien convaincu, même aujourd'hui, que les pires fléaux de la colonisation sont « les moines rentés et les Compagnies privilégiées » ? Enfin, quand on a fait une conquête coloniale, le Tonkin ou une autre, a-t-on bien observé, au préalable, « la qualité de l'air, celle des eaux, la fertilité du sol, la facilité du commerce, etc. » ? Vauban n'envisage que les colonies de peuplement; il paraît avoir eu la même conception coloniale que Richelieu : mais combien corrigée et amendée, combien supérieure à celle même de Colbert!

III

CONCLUSION.

Résumons notre enquête sur l'époque si importante de Colbert.

L'action coloniale a été vigoureuse et productive, mais elle n'a pas su se dégager des imitations du début, ni des théories économiques du siècle. Colbert, pourtant, a eu l'intuition de la vraie méthode. Il a distingué les colonies agricoles des colonies commerciales; il a ramené les unes au gouvernement direct et a laissé les autres aux Compagnies; il a poussé au peuplement des premières et essayé d'engager toute la France dans les intérêts et les profits des autres; il a préconisé la liberté, conseillé les cultures productives, ordonné la douceur et la justice envers les colons, les engagés et les esclaves. Mais les colonies, dans son système, étaient vouées à l'exploitation par la métropole, à la tyrannie ruineuse de l'exclusif; elles n'étaient qu'un moyen violent d'enrichir quelques négociants.

L'œuvre de Colbert a été soutenue et continuée dans une certaine mesure par Louis XIV. Beaucoup de personnes, des plus notables, les commerçants eux-mêmes, l'ont servie avec ardeur. Elle n'a été négligée, puis abandonnée, que sous l'influence de Louvois et des ambitions continentales. Le public s'en est montré curieux, comme aux âges précédents.

Mais il faut le constater nettement et sincèrement : les penseurs, avec un accord presque unanime, en ont condamné les procédés, quelques-uns même le principe. Tous ont réclamé la liberté et proscrit le monopole. La nation a refusé de s'y associer; l'épargne a dédaigné ou redouté ce placement aventureux; elle a laissé le Roi, avec son entourage médiat ou immédiat, agir et se compromettre seul.

Colbert a donc pu créer un immense empire colonial : il n'a pas rendu le pays colonisateur.

LIVRE III

TROISIÈME ÉPOQUE

De la paix d'Utrecht à la paix de Vienne
1713-1815

LE DÉCLIN.

PREMIÈRE PARTIE

LOUIS XV ET LOUIS XVI

CHAPITRE PREMIER

L'ACTION.

Louis XV porte dans l'histoire la responsabilité de notre ruine coloniale. On accuse son insouciance, son ignorance et celle de ses conseillers. On aime à citer le mot de Berryer à Bougainville, qui lui demandait, en 1759, des secours pour le Canada : « Eh, monsieur, quand le feu est à la maison, on ne s'occupe pas des écuries ! » On tire même du traité de Paris une conséquence générale, et l'on dit que les Français ont cessé d'être colonisateurs après la perte de leurs colonies.

Cette opinion nous semble mal fondée. Qu'on accuse la politique européenne de Louis XV; qu'on flétrisse la lâcheté d'un gouvernement avili : nous n'aurons garde d'y contredire. Mais nous ne pouvons admettre, même pour Louis XV, l'accusation d'ignorance ou d'indifférence dans l'action coloniale. Louis XV et ses ministres, pas plus que le Régent et Louis XVI, n'ont à aucune époque dédaigné ou ignoré les avantages des colonies. Ils ont, au contraire, brillamment suivi, puis hardiment réformé le système de Colbert et de Louis XIV. Le traité de Paris, si déplorable qu'il soit, n'est pas plus répréhensible que le traité d'Utrecht. A ces deux dates, l'intérêt commercial et colonial a dû être sacrifié à l'intérêt continental mal engagé : voilà tout. Or, combien de fois depuis, et notamment sous l'Empire, la France ne s'est-elle pas trouvée dans une semblable alternative? A l'heure actuelle même, beaucoup d'hommes politiques n'agiraient-ils pas, le cas échéant, comme Louis XV? Le découragement dont on parle a si peu été provoqué par l'acte de 1763, qu'à aucune époque on n'a montré, dans la pensée et dans l'action, une activité plus féconde au profit des colonies, qu'entre les années 1763 et 1789.

Nous fournirons les preuves de ces affirmations. Dès maintenant, voici des chiffres significatifs. Le Canada avait une population de 11,249 en 1688, de 25,000 en 1721, de 54,000 en 1759. Cette population s'accrut donc, à peu près en une seule génération, sous le règne de Louis XV, d'un nombre double de celui qui fut atteint en deux générations, sous Richelieu et Colbert. En 1786, le commerce total de la France avec ses colonies d'Amérique, d'après le bureau de la balance du commerce (1), s'élève à 239,174,000 livres, et occupe 1,219 navires; en 1716, il était d'environ 25,000,000 et employait 300 navires. Un Mémoire de M. de Beaumont, intendant des finances, remis à Choiseul le 14 septembre 1765 (2), établit les chiffres suivants : en 1701, on comptait à la Martinique 11,000 blancs et 16,000 nègres; à la Guadeloupe, 5,000 blancs et 8,000 nègres; à Saint-Domingue, 7,000 blancs et 20,000 nègres. Or, en 1754, on est arrivé à des chiffres tout autres : à la Martinique, 24,000 blancs et 60,000 noirs; à la Guadeloupe, 10,000 blancs et 50,000 noirs; à Saint-Domingue, 40,000 blancs et 230,000 noirs. C'était un gain total, en cinquante ans, de 61,000 blancs et 296,000 noirs, soit environ 1,220 blancs et 5,920 noirs par an. D'autre part, les retours bruts des Antilles étaient d'au moins 150,000,000 et occupaient 500 navires de plus de 200 tonneaux. Qu'étaient en regard les Antilles anglaises? Elles avaient une population totale de 75,000 blancs et 170,000 nègres, une production de 60,000,000 employant 350 navires de tonnage inférieur. Ce sont là des résultats qui se passent

---

(1) Archives maritimes coloniales. *Mémoires généraux*, t. XXIII, n° 25. — M. Leroy-Beaulieu, d'après M. Cochin, porte à 600,000,000 le chiffre de nos opérations coloniales en 1787. D'après la statistique du même bureau (Archives coloniales, *Mémoires généraux*, t. XXIII, n° 27), ces opérations n'ont été que de 341,950,000 pour les colonies d'Amérique, la traite et la pêche, à la même date de 1787. Or, le commerce de l'Orient, qu'il y faut ajouter, était, en 1768, d'après Morellet, de 20,000,000. C'est donc 361,950,000 qu'il faut compter, et non 600,000,000.

(2) Archives coloniales, *Mémoires généraux*, t. XXI, n° 9.

de commentaires. Il en ressort que le dix-huitième siècle a été une période de prospérité et non de déclin colonial.

Nous n'en suivrons pas les détails. Il suffira à notre sujet d'établir les points suivants : les hommes d'État du dix-huitième siècle ont eu, autant que ceux du dix-septième, le souci des colonies anciennes et nouvelles; ils ont fait produire au pacte colonial qu'ils ont trouvé en vigueur tout le bien qu'il recélait; ils en ont atténué le mal, et ils ont appliqué des théories économiques plus saines.

I

LA SOLLICITUDE GOUVERNEMENTALE.

Il paraît difficile, sachant la façon dont furent traités La Bourdonnais, Dupleix et les autres, de soutenir que le gouvernement de Louis XV ait encouragé les pionniers ou les ouvriers de la colonisation. Rien n'est pourtant plus vrai.

Il ne faut pas oublier, en effet, que l'odieux de la conduite tenue vis-à-vis des héros sacrifiés retombe presque entièrement sur la Compagnie. Le gouvernement avait les mains liées vis-à-vis d'elle par la faveur qu'il croyait lui devoir. S'il intervint contre La Bourdonnais et contre Lally avec la rigueur que l'on sait, c'est qu'il considérait comme une trahison d'avoir rendu ou perdu un poste aux colonies. D'autre part, avant d'être sacrifié aux plaintes de la Compagnie, Dupleix a pu, durant dix ans, grâce à la complicité morale du gouvernement, poursuivre, en dépit de ces plaintes, son œuvre de conquête aux Indes. Ne fut-il pas créé marquis et décoré du cordon rouge en 1752? Bussy eut pendant quinze ans comme correspondant intime le marquis d'Argenson, secrétaire d'État aux Affaires étrangères (1). Lally lui-même eût été sauvé, malgré la Compagnie, le Parlement et l'opinion, si les calomnies perfides du Jésuite Lavaur n'étaient venues renouveler et passionner le débat. Bertin ne lui disait-il pas : « Après que j'aurai rendu compte au Roi, votre affaire n'aura plus de queue », et Choiseul, en signant la lettre de cachet, ne voulait-il pas « laisser sécher les boues de Pondichéry » ?

Mais voici des preuves plus positives d'intérêt. On répète souvent que nos colonies du Canada et des Indes ont été perdues faute de secours. C'est là une façon de parler. En réalité, des secours en hommes et en argent ont été donnés tant pour conquérir que pour défendre; le malheur est qu'ils ont été mal employés ou se sont trouvés insuffisants en présence des efforts extraordinaires du gouvernement anglais, dirigé par

---

(1) Bibliothèque de l'Arsenal, manuscrits : Papiers de d'Argenson. (Lettre inédite de Bussy à d'Argenson.)

Pitt (1). Ainsi, en 1740, Orry et Maurepas, acceptant d'enthousiasme le plan de La Bourdonnais pour ruiner le commerce anglais et hollandais dans les Indes, lui donnent deux frégates et trois vaisseaux de ligne. Il demandait davantage, mais ce fut la Compagnie et non le gouvernement qui ne fournit pas le contingent promis. Dupleix et Bussy, il est vrai, agirent seuls et à peu près sans secours aux Indes. Mais ils surent se suffire avec moins de deux mille Européens et quelques sommes provenant de la Compagnie ; les rajahs leur donnaient à volonté des troupes et de l'argent ; ils engageaient leur propre fortune au besoin. Lally, au contraire, ne voulant pas suivre les conseils de Bussy, réclamait sans cesse des renforts, et ses défenseurs ont répété à sa décharge qu'il n'en avait pas reçu. Le représentant de la Compagnie, de Leyrit, lui répondait, en effet, invariablement, que les ressources étaient épuisées. Mais le Roi lui expédia en une fois (1759) quatre vaisseaux portant sept cents soldats et trois millions. C'était insuffisant peut-être, mais c'était beaucoup de la part d'un gouvernement qui entretenait, depuis trois ans, trois ou quatre armées sur le continent. Si le secours fut inutile, c'est moins à cause de sa modicité que par suite de l'inexplicable attitude de l'amiral d'Aché. Cet étrange marin s'obstina, malgré tous les

(1) « Pitt, dit M. Green (*Histoire du peuple anglais*, t II, traduction Monod, 1888), avait résolu non seulement de déjouer l'ambition de Montcalm, mais encore de détruire complètement l'empire français en Amérique. »

ordres et toutes les prières, à ne pas quitter le mouillage de l'ile de France ; il n'apparut devant Pondichéry, pour disparaitre aussitôt, que lorsque le siège était commencé et la partie perdue (1). Au Canada, menacé en 1756, le glorieux Montcalm mena un renfort de 2,000 hommes. La colonie était en si bon état de défense qu'il fallut aux Anglais 60,000 hommes pour la réduire. Les tentatives de colonisation ou les simples aventures dont Madagascar fut plus que jamais le théâtre, ont toujours été approuvées et soutenues par le gouvernement : Charpentier de Cossigny, en 1740 ; Gosse, en 1750 ; le caporal Labigorne, l'heureux époux de la reine Béty, 1750-67 ; de Mandave, 1767, et surtout l'étonnant Beniowsky, qui commença son épopée malgache avec 300 hommes et un navire fournis par le ministre d'Aiguillon en 1773. Enfin, si Choiseul ordonna à Bougainville, en 1766, d'aller rendre aux Espagnols les iles Falkland, où il avait fait en 1763 un établissement au nom et aux frais des Malouins, en revanche, il le chargea « de se rendre aux Indes orientales en traversant la mer du Sud, entre les deux tropiques, pour y reconnaitre et prendre, au nom du Roi, toutes les terres non occupées ». On lui dut donc ce beau voyage d'exploration océanienne qui précéda ceux de Cook, et qui nous assura des droits que nous exploitons aujourd'hui.

(1) V. Hamont : *Vie de Dupleix* — *Lally-Tollendal*. — V. surtout Malleson : *Les Français dans les Indes*.

D'ailleurs, quels meilleurs juges pourrions-nous avoir que les Anglais, de la sollicitude portée par le gouvernement français dans l'action aux colonies? Solidement établie en Louisiane et au Canada, dit M. Green (1), la France revendiquait comme sien tout le pays à l'ouest des Alleghanies, et ses gouverneurs voulurent chasser les Anglais, colons et marchands, des vallées de l'Ohio et du Mississipi, qui étaient encore au pouvoir des Indiens. De telles prétentions firent sortir Pelham lui-même de son inaction... Les Français n'hésitèrent pas à accepter la lutte. Déjà maîtres de l'Ohio par la défaite de Braddock (1756), ils chassèrent les garnisons anglaises des forts qui défendaient les lacs Ontario et Champlain, et leur empire s'étendit sans interruption de la Louisiane au Saint-Laurent. Un découragement sans exemple dans l'histoire de l'Angleterre s'empara des hommes d'État les moins impressionnables, et l'impassible Chesterfield lui-même s'écria, désespéré : « C'en est fait, nous ne sommes plus une nation! » Mais W. Pitt paraît, et, en prenant possession de sa charge de secrétaire d'État, sa première parole fut celle-ci : « Mon intention est de sortir l'Angleterre de l'état d'énervement où elle se trouve et qui permet à vingt mille Français de la troubler (2)! »

(1) GREEN : *op cit.*, t. II, p. 325-27.
(2) Rappelons le propos que nous avons cité plus haut (liv. II, 1re part , chap. 1er, § 1) : « Si nous voulions être justes avec les Français, nous n'aurions pas trente ans d'existence. » Il traduit bien l'affolement de la société anglaise d'alors.

— Ce trouble, cet énervement d'une nation entière ne témoigne-t-il pas de l'activité que déployait l'État rival sur le terrain convoité?

Deux faits donnent la mesure de la bonne volonté, en même temps que de la sagesse théorique et de l'inexpérience pratique en matière coloniale, du gouvernement de Louis XV. Ce sont les essais de colonisation au Mississipi et en Guyane (1719, 1763-68).

On connaît ces deux expériences néfastes, qui ensemble coûtèrent la vie à plus de vingt mille personnes. C'est d'elles, bien plus que du traité de Paris, qu'il conviendrait de dire qu'elles ont créé en France le découragement, au moins en matière d'émigration. Elles avaient pourtant leur raison d'être. Rien n'était plus nécessaire que de coloniser la Louisiane, si vaste et si fertile, et la Guyane possédée depuis 1610 et toujours négligée. Malheureusement, on ne songea à faire que de la colonisation officielle, et les deux expéditions en eurent tous les vices : recrutement forcé des colons, insuffisance des approvisionnements, nullité des aménagements. Saint-Simon dit de la première (1) : « Si cela eût été exécuté avec sagesse et discernement, cela aurait rempli l'objet qu'on se proposait...; mais on s'y prit à Paris et partout ailleurs avec tant de violence et tant de friponnerie encore, pour enlever qui on voulait, que cela excita de grands murmures. On

---

(1) *Mémoires* (édition Chéruel), t. XVII, page 461.

n'avait pas eu le moindre soin de pourvoir à la subsistance de tant de malheureux sur les chemins ni même dans les lieux destinés à leur embarquement. » Malouet, dont on connaît l'autorité en pareille matière, juge ainsi la seconde affaire et celles qui furent, en grand nombre, tentées ou proposées au même lieu (1)

« Les projets se succèdent ; chaque administration aura le sien ; chaque homme accrédité en épousera un et aura un parti dans la colonie, qui sera perpétuellement livrée au désordre, à l'anarchie et à la misère. Le Roi et les particuliers y perdront l'argent qu'ils y emploieront, et le commerce national de la métropole contractera un éloignement invincible pour un pays déjà célèbre par les désastres et les folies dont il a été le théâtre. »

Et cependant la théorie dans les deux cas valait mieux que la pratique. Quelque opinion qu'on professe sur Law et son système, niera-t-on que ce ne fût une idée féconde d'intéresser à la colonisation tous les spéculateurs attirés par les actions de la banque et de la Compagnie ? N'était-ce pas précisément ce qu'avaient tenté en 1664 Colbert et Louis XIV ? On reproche à Law d'avoir promis et espéré trouver des mines d'or, que le financier Crozat s'était ruiné à chercher (2).

---

(1) Lettre inédite, du 19 juin 1780, à M. Girault, chargé par Necker de consulter M. Malouet sur un « projet de peuplade » présenté par un sieur Rosenbourg. (Archives coloniales. *Mémoires généraux*, t. XIX, n° 10.)

(2) Lettre patente accordant au sieur Crozat privilège pour le commerce de la Louisiane, 14 septembre 1712. (ISAMBERT, XX, 576.)

LE DÉCLIN. 243

Mais, en réalité, avec des mineurs et des fondeurs, il envoya des ouvriers pour la culture du tabac, des graines de vers à soie et toutes les munitions nécessaires à la colonie (1). L'achat de la ferme du tabac et de la concession du Sénégal achève de prouver que le hardi spéculateur songeait à l'exploitation agricole de ce fameux « Mississipi », qui devenait comme le pivot du tout le système (2). De fait, la Nouvelle-Orléans fut fondée en 1717, et c'est de 1719 que date la prospérité de la Louisiane.

En Guyane, les intentions ne furent pas moins bonnes. Louis XV rédigea et écrivit de sa main, comme faisait souvent son aïeul, les instructions qui devaient servir au chevalier Turgot, nommé gouverneur et lieutenant général de Guyane, le 31 août 1764 (3). On y trouve, entre autres prescriptions excellentes, celles-ci : faire un recensement de la population ancienne et nouvelle, faire tenir exactement les registres de l'état civil, dresser en triple exemplaire la carte topographique ou cadastre du pays, où toutes les concessions seraient numérotées, « ne rien négliger pour gagner à la nation française le cœur des Indiens, et, pour cela, payer leur salaire exactement, leur rendre exacte

---

(1) FORBONNAIS : *Recherches sur les finances*, t. II, pages 588 et suiv. (Vue générale du système de Law.)

(2) Cf. *La généalogie du système*, ap. MARAIS, t. 27 septembre 1720 : « Belzébuth engendra Law ; Law engendra Mississipi ; Mississipi engendra le système....., etc. »

(3) Archives coloniales : *Mémoires généraux*, t. XIX, n° 4. (Mémoire du Roi en quatre-vingt-deux articles, inédit.)

justice, punir les insultes faites aux femmes ou filles indiennes, encourager les mariages entre colons et Indiennes, en cas de guerre entre Indiens ne pas intervenir, ne réduire aucun Indien en esclavage, ni en acheter, si ce n'est pour leur sauver la vie et leur rendre la liberté..... »

Quel est l'homme d'État moderne qui ne tiendrait à honneur de signer de pareilles instructions? On y retrouve l'esprit pratique de Colbert. On est heureux surtout d'y reconnaître cette tradition de douceur et d'humanité qui, — nous l'avons constaté pour le seizième et le dix-septième siècle, — est le propre de la colonisation française. Louis XV et son gouvernement, malgré la maladresse de leurs actes, ont donc conservé l'esprit du temps passé.

L'action diplomatique, en dépit des concessions de Dubois et de Fleury à l'alliance anglaise ou des fausses conceptions du Pacte de famille, en est elle-même inspirée. On a récemment retracé (1) la féconde ambassade de Villeneuve à Constantinople et les profits qu'en retira notre commerce du Levant. On sait aussi avec quelle vigueur et quelle science nos commissaires, en 1750 (2), ont discuté, contradictoirement avec les Anglais, les droits historiques de la France sur l'Acadie et Sainte-Lucie : leur Mémoire est une véritable histoire documentaire de la colonisation française en

---

(1) M. VANDAL : *L'ambassade de Villeneuve* (1887).
(2) C'étaient de La Galissonnière et de Silhouette.

Amérique. Mais c'est surtout dans les négociations qui préparèrent la « guerre d'indépendance » et qui eurent pour but de réparer les pertes de 1763, qu'on saisit la préoccupation des hommes d'État au sujet des colonies. Choiseul, on le sait, croyait ou feignait de croire qu'il avait « attrapé » les Anglais, en leur cédant le Canada, dont la population n'atteignait par soixante mille âmes et le commerce un million et demi. Plus tard, de Vergennes répétait encore : « Le conseil du roi d'Angleterre se trompe grièvement s'il se persuade que nous regrettons autant le Canada qu'il peut se repentir d'en avoir fait l'acquisition (1). » Mais Choiseul et Vergennes n'en ont pas moins au cœur la blessure faite en 1763 ; ils n'en brûlent pas moins du désir de ruiner cet empire colonial que l'Angleterre a formé à nos dépens. Ils entretiennent des agents près des Américains révoltés, à la fois pour les exciter et supputer leurs forces (2). Choiseul écrit à l'ambassadeur à Londres, Durand : « Il y a longtemps que je connaissais les vues de milord Chatham sur l'Amérique. Elles étaient gigantesques et ne pouvaient effrayer qu'autant qu'elles étaient un motif d'une guerre éternelle. Mais celles d'Asie ont l'avantage pour l'Angleterre que leur utilité peut être recueillie sans courir le danger de guerre ; car, enfin, comment s'opposer à l'empire britannique que l'on

---

(1) Lettre de Vergennes au comte de Guines, 7 août 1775. (Archives Affaires étrangères. — Cité par M. C. DE WITT : *Vie de Th. Jefferson*, P. J.)

(2) De Kalb, de Pontgravé, de Pontleroy, de Bouvouloir.

suppose s'établir en Asie ?..... Dans cet état, Monsieur, nous voyons le mal et nous ne voyons pas le remède, ce qui est la position la plus fâcheuse. J'ai une consolation, c'est que, quoique je comprenne la possibilité du projet anglais, il est si étendu, d'une exécution si éloignée, que j'ai encore l'espérance qu'il ne se réalisera pas avant que nous soyons à portée d'y mettre des entraves (1). » M. de Rayneval, premier commis aux Affaires étrangères, remit en mars 1776 un Mémoire (2) où il conseille l'intervention dans la guerre d'Amérique. Il dit que le but est d'affaiblir l'Angleterre « cet ennemi naturel de la France, ennemi avide, ambitieux, injuste et de mauvaise foi », et il donne cette principale raison : « Par la suite des événements, nous pourrions recouvrer une partie des possessions que les Anglais nous ont enlevées en Amérique, comme la pêche de Terre-Neuve, celle du golfe Saint-Laurent, l'île Royale, etc. » On ne parle pas du Canada, ajoute-t-il : la préoccupation lui paraît sans doute trop naturelle ou l'intérêt discutable.

Si telle a été l'intention exprimée de la guerre d'Amérique, il va de soi que Louis XVI, qui l'a faite avec la vigueur et le bonheur que l'on sait, était, lui aussi, un adepte de la politique coloniale. Mais on le sait de reste, on connaît le goût de l'honnête roi pour

(1) Lettre de Choiseul à Durand, ambassadeur, 4 août 1767. (Archives Affaires étrangères. — Cité par M. DE WITT, op. cit., p. J.)
(2) DE WITT (P. J.).

la géographie, la cartographie et les voyages. L'instruction donnée à La Pérouse en 1785, rédigée avec tant de soin par Fleurieu, a été revue et annotée de sa main. Bien des actes, que nous aurons à rappeler, montrent le soin intelligent que ses ministres et lui apportaient aux questions coloniales. Turgot (1), de Vergennes (2), Necker, Sartines, de Castries, font des enquêtes attentives sur les projets qui leur sont soumis ou sur les questions qu'agite l'opinion. A aucune époque on n'a plus étudié les questions multiples de la colonisation et l'on n'a montré plus d'attachement aux colonies.

II

LES INNOVATIONS.

Les soins donnés à l'administration coloniale durant tout le siècle ont été, comme l'action extérieure, ou négligés ou calomniés. On englobe trop légèrement

(1) L'opinion de Turgot sur les colonies peut se résumer ainsi, d'après M. Foncin (*Turgot*, page 45) : « Avoir des colonies nombreuses et fortes; affranchir progressivement les esclaves; considérer l'Inde comme « le nœud de la question » de la rivalité anglo-française; établir le protectorat français dans l'Inde; réformer l'administration fiscale, qui est détestable; accorder entière liberté de commerce et de conscience aux colonies. »

(2) De Vergennes a passé pour être l'auteur d'un Mémoire historique et politique sur la Louisiane, publié en 1802, avec son portrait. L'authenticité de ce document est plus que douteuse.

dans une même réprobation tous les actes d'un régime qui prépare sa perte par ses fautes. La vérité est que, sur beaucoup de questions et en particulier sur celle des colonies, le gouvernement, au dix-huitième siècle, s'est le plus souvent inspiré de l'opinion ; et l'opinion a eu plus de lumières, de liberté et d'autorité que jamais.

Deux systèmes, dans l'administration coloniale, ont été tour à tour suivis : l'un de tradition, jusqu'en 1769 et 1784, l'autre nouveau et commandé par l'opinion.

Tout d'abord, le Régent et Law, s'inspirant de ce qu'ils croyaient être la pensée de Colbert, concentrèrent dans les mains d'une seule Compagnie tous les privilèges et tous les monopoles concédés à plusieurs. Un édit de mai 1719 réunit à la Compagnie d'Occident, créée pour la colonisation de la Louisiane, en août 1717 : 1° la Compagnie des Indes orientales de 1664 ; 2° la troisième Compagnie de la Chine de 1712, 3° la troisième Compagnie du Sénégal de 1696, dissoute en 1718. De plus, des édits de juin 1719 et septembre 1720 y ajoutèrent l'exclusif du castor et le monopole de Guinée. Ainsi fut constituée la fameuse Compagnie des Indes avec des capitaux, une force d'action, une étendue et une variété de terres à exploiter, qui étaient des gages sérieux de succès. Le système admis, il n'est pas douteux qu'une seule Compagnie ne valût mieux que plusieurs, pour un même objet. Elle pouvait mieux lutter contre ses propres vices et elle

LE DÉCLIN. 249

était moins en danger de sombrer. Celle-ci sombra pourtant avec le système (avril 1721), mais pour se reconstituer, après deux ans de régie royale (mars 1723), avec les mêmes privilèges et monopoles ; on y ajouta même celui de la vente du café.

Toutefois les îles et terres d'Amérique, sauf la Louisiane, restèrent sous le gouvernement direct du Roi. La Compagnie fut moins une compagnie de colonisation dans le genre de celles du dix-septième siècle, qu'une compagnie de commerce. L'édit du 8 juin 1725 en fixa définitivement les privilèges et concessions. « Ayant reconnu, dit le préambule, que diverses autres compagnies de commerce, établies sous le règne du feu Roy..... étaient tombées dans un tel anéantissement que nos sujets étaient obligés de tirer des étrangers les marchandises que ces compagnies auraient dû leur procurer : nous avons jugé qu'il convenait au bien de notre État de réunir les différents privilèges de commerce exclusif, ci-devant concédés à ces compagnies particulières, à celle d'Occident, que nous avons nommée Compagnie des Indes, afin que toutes ces parties réunies puissent repectivement se soutenir....., reconnaissant d'ailleurs qu'il est de notre justice d'assurer la fortune d'un grand nombre de nos sujets de tous états et conditions, qui se trouvent intéressés dans la Compagnie des Indes par les engagements qu'ils n'ont pu se dispenser de prendre, dans les différentes opérations dont elle a été chargée pendant notre minorité ; nous avons fait examiner en notre conseil le moyens d'affermir et de soutenir de plus en plu la Compagnie des Indes..... notre intention étan qu'elle serve à l'accroissement du commerce de notr royaume, sans affaiblir celui des négociants particulier et sans pouvoir s'immiscer en aucun temps dans no finances (1)..... »

Quant aux avantages faits à la Compagnie et à so règlement constitutif, ils furent exactement ceu qu'avait tracés Colbert : un conseil de direction, pr sidé par un conseiller d'État ; une assemblée général annuelle de tous les actionnaires, des gratifications e argent, des primes sur les entrées et les sorties, d exemptions de tous droits pour les marchandises entr posées et pour celles destinées à la consommation France, qu'avait énumérées le tarif de 1664 ; un tar réduit (3 pour 100 de la vente) pour les autres, droit de perquisition chez les particuliers, etc. L seules innovations furent quelques surélévations (tarif sur les toiles de coton blanches, les soies, le caf et l'extension du droit d'entrepôt à quelques villes. I Compagnie, toutefois, dut, en 1732 et 1736, aba donner l'exclusif du café des Antilles, qui put entr en entrepôt dans treize ports, dont Marseille, B deaux, Bayonne, etc., en payant un droit de quat sous par livre. Elle renonça de même à l'exclusif de

---

(1) DE FRANCHEVILLE : *Histoire de la Compagnie des Indes* (P.

traite, qui avait provoqué une violente opposition des colons des Antilles (1).

C'est sur ce pied que se maintint la Compagnie des Indes, jusqu'en 1769. Nous n'avons pas à raconter son histoire, Elle eut un moment de grande prospérité : « La chaleur de l'enthousiasme, dit Voltaire (2), fut presque aussi grande que dans les commencements du système ; et les espérances étaient bien autrement fondées, car il paraissait que les seules terres concédées à la Compagnie (aux Indes) rapportaient environ 39,000,000 annuels. On vendait, année commune, pour 20,000,000 d'effets en France, au port de Lorient ; il semblait que la Compagnie dût compter sur 50,000,000 par année, tous frais faits. » Mais, Voltaire le remarque ailleurs (3), « la Compagnie avait beaucoup de vaisseaux, de commis (4), de directeurs, et même de canons et de soldats..... Elle n'a jamais pu fournir le moindre dividende à ses actionnaires sur le produit de son commerce. C'est la seule compagnie commerçante de l'Europe qui soit dans ce cas, et, au fond, ses actionnaires et ses créanciers n'ont jamais été payés que de la concession faite par le Roi d'une partie de la ferme du tabac, absolument étrangère à son négoce. » De son côté, Morellet, dans son célèbre *Mémoire sur la Compagnie des Indes* (1769),

(1) DE FRANCHEVILLE, (P. J.)
(2) *Siècle de Louis XV*, chap. xxxiv.
(3) *Id.*, chap. xxix.
(4) 10,000, dit Du Fresne de Francheville.

démontre avec une impitoyable logique et d'après des chiffres fournis par les ministres eux-mêmes qu'elle a perdu, de 1725 à 1769, un capital de 169,000,000 ; que ses bénéfices sur le commerce de l'Inde sont tombés de 50 à 5 millions, sur le commerce de Chine, de 22 à 2 millions, et qu'il lui est impossible de gager un nouvel emprunt.

Devant ce triste résultat, le gouvernement prit une résolution énergique. Rompant avec une tradition vieille d'un siècle et demi, il suspendit, par arrêt du 13 août 1769, le privilège de la Compagnie. Par arrêt du 6 septembre, il permit à tous les sujets de faire le commerce des Indes. Enfin, le privilège de la Compagnie fut aboli provisoirement et moyennant indemnité, par arrêt du 7 août 1770 (1).

C'était enfin cette liberté commerciale tant demandée et toujours refusée. Désormais, il n'y eut d'autres entraves que celles qui résultaient du système d'impôt, des douanes, des prohibitions ou des réglementations intérieures, des inégalités sociales, etc. La Révolution seule pouvait les faire disparaître, car c'étaient des vices inhérents à l'ancien régime. En attendant, toutes les colonies d'Orient et d'Occident furent administrées

(1) L'indemnité fut de 200,000 livres de rentes viagères inscrites au livre de la dette. — Des bureaux de liquidation furent établis à Paris, Lorient, île de France et Pondichéry. L'actif de la Compagnie fut évalué à 264,551,665 livres; son passif, à 248,434,837 livres. Les bureaux de liquidation furent supprimés par la Constituante, le 14 août 1790 (rapport de Lebrun), et les derniers recouvrements confiés au Trésor (Cf. le rapport de Lebrun, *Moniteur de la Révolution*, 16 août 1790

directement par l'État, comme l'étaient déjà le Canada et les Iles, et elles furent toutes ouvertes, pour les échanges, aux commerçants de la métropole.

On persévéra dans ce système, malgré les sollicitations et les projets, jusqu'en 1785. « En 1774, dit la *Correspondance Metra* (1), M. Turgot a mis sous les yeux du Roi un état de comparaison de plusieurs vaisseaux revenus de la Chine et de l'Inde, où ils avaient été expédiés par des particuliers armateurs, avec une pareille quantité de marchandises expédiées par l'ancienne Compagnie des Indes. Il paraît en résulter : 1° que la vente des envois de l'armateur s'est faite avec un avantage bien supérieur ; 2° que les retours ont été beaucoup plus prompts ; 3° que les marchandises de retour ont été vendues à un prix plus modéré, parce que la feue Compagnie imposait une taxe onéreuse et arbitraire sur les importations. De là, M. Turgot est parti pour demander au Roi sa parole que, d'ici à trois ans au moins, ce commerce serait encore libre aux particuliers, et qu'il ne serait accordé aucun privilège exclusif, ni autorisé de compagnie relativement à ce commerce, et Sa Majesté y a accédé. » En effet, le sieur Loliot, de Bordeaux, ayant demandé avec insistance un privilège pour un service de dépêches et messageries qu'il voulait établir entre la métropole et les colonies, se le vit énergiquement refuser. Le

(1) I, 101, 16 octobre 1774.

ministre de la marine, de Sartines, rassurait à ce pr[opos] le commerce de Nantes par une lettre du 27 m[ai] 1777, où il disait : « Sa Majesté a décidé que le co[m]merce par mer devait être maintenu libre en s[on] entier, et elle a en conséquence refusé au sieur Lol[iot] le privilège qu'il demandait (1). » Cette règle ne so[uf]frit d'abord qu'une exception : on concéda en 17[70] le privilège de la traite à une Compagnie de la Guya[ne.] Mais, en 1785, à l'expiration des quinze années m[ar]quées pour la suspension des privilèges de la Co[m]pagnie des Indes, Calonne eut la faiblesse de céder a[ux] sollicitations des anciens actionnaires, et de reven[ir] malgré les protestations du commerce, sur l'acte [de] 1769. Une nouvelle Compagnie des Indes est enc[ore] debout en 1789.

Des pays concédés à la Compagnie des Indes, et [qui] représentent, sauf la Louisiane, les colonies de co[m]merce, passons aux contrées dont le Roi se réserva [le] gouvernement direct, et qui avaient plutôt le caract[ère] de colonies de peuplement. Là encore, nous trouvo[ns] d'abord l'imitation de Colbert, puis la répudiation [de] son système : l'administration est améliorée, et u[ne]

(1) Archives coloniales : *Mémoires généraux*, t. XXII, nᵒˢ 21, 22, 27, 28, 32, 35, 58. — Loliot fut pourtant autorisé, le 4 juillet 178[0 à] créer ce service, mais sans privilège exclusif. (Archives coloniales : [Mé]*moires généraux*, t. XXII, nᵒ 23 : Mémoire de Loliot en réponse [à la] réclamation des juges et consuls de Nantes.) — Les députés du co[m]merce appelés à donner un avis sur une demande semblable faite p[ar] Revet et Cⁱᵉ, négociants de Rouen, la repoussent, « vu les dange[reux] inconvénients et même l'odieux du privilège exclusif ».

atteinte grave est portée au fameux pacte colonial.

Les réformes administratives ne corrigèrent, il est vrai, aucun des vices originels qui ont causé l'insuccès relatif de la colonisation française. La propriété, les personnes, la justice, les finances, l'autorité restèrent soumises aux règlements et à l'arbitraire traditionnels. Cependant quelques perfectionnements importants furent apportés. Voici les principaux :

Par mesure d'économie, on remplaça, en 1772, les gouverneurs par des commandants généraux, qui eurent d'ailleurs les mêmes pouvoirs. Les milices furent réorganisées en 1767 et soumises à des inspections régulières. Mais, ce qui est mieux encore, on créa, en 1763, à la place des anciennes compagnies franches de la marine, une armée coloniale, formée par des régiments d'infanterie qui devaient être relevés après trois ans de séjour (1). Les colonies furent mises en état de défense, ce qu'avait trop négligé Colbert. Un inventaire général, dressé par de Castries, en 1787, des pièces relatives à la partie militaire des colonies, montre combien on se préoccupa de ces travaux, au dix-huitième siècle (2). A Cayenne seulement, il fut dépensé 180,000 livres de 1769 à 1771 (3). Les préfets aposto-

(1) Nous recommandons le procédé à nos gouvernants d'aujourd'hui, qui semblent fort embarrassés pour concilier la défense nationale avec celle des colonies.
(2) Archives coloniales : *Mémoires généraux*, t. XXI, n° 46.
(3) *Id., ibid.* : Mémoire anonyme de soixante pages sur l'état des colonies d'Amérique.

liques, si gênants pour la colonisation dans leur indépendance ultramontaine, furent obligés, en 1763, de prendre des lettres d'attache du Roi et de faire enregistrer, aux conseils supérieurs, les brefs du Pape. On les remplaça même, malgré le Pape et les « moines rentés (1) », par des vicaires apostoliques ayant rang d'évêques, et rattachés, comme les évêques, au ministère de la feuille des bénéfices, c'est-à-dire au pouvoir laïque. Des arrêts de 1721-23-66 autorisent les assemblées des colonies à établir elles-mêmes leurs droits d'octroi. Les droits royaux de capitation sur les noirs furent réduits par ordonnance de 1773. Un tribunal terrien fut créé à Saint-Domingue, en 1766. Enfin, à Saint-Domingue, la Martinique et la Guadeloupe, des chambres d'agriculture et de commerce, et plus tard, en 1788, des assemblées coloniales élues, furent instituées à l'instar des sociétés d'agriculture, des chambres de commerce et des assemblées provinciales de France; elles furent même autorisées à envoyer des députés au conseil de commerce de Paris (2).

Mais l'acte capital, la réforme fondamentale, fut l'arrêt du 30 août 1784. Pour Colbert, on se le rappelle, les colonies, créées et soutenues à grands frais par la métropole, devaient à la métropole tous leurs produits et tout leur travail : les étrangers ne devaient

---

(1) Expression de Vauban. (V. plus haut.)
(2) V. à l'Appendice l'analyse d'un Mémoire établissant l'état des colonies d'Amérique à la fin du dix-huitième siècle.

LE DÉCLIN. 257

avoir avec elles aucun rapport commercial. Or, sur les plaintes menaçantes des colonies devenues fortes, le gouvernement de Louis XV fut forcé d'apporter une première atténuation à cette rigueur. Par arrêt du 27 juillet 1767, deux entrepôts pour les denrées étrangères furent autorisés au môle Saint-Nicolas (Saint-Domingue) et au Carénage (Sainte-Lucie). Louis XVI compléta la mesure par l'arrêt du 30 août 1784. Il autorisa le libre commerce des étrangers avec nos colonies, au moins pour un certain nombre de denrées qui furent spécifiées (1). C'était une révolution incomplète, mais c'en était une. Elle causa grand émoi en France, comme nous le verrons. Mais elle fait honneur au gouvernement ; elle fut inspirée par un esprit de justice et par des doctrines économiques libérales (2). On eut d'ailleurs à cœur de prouver, contre ce qu'avaient dit et prédit les négociants intéressés, que le commerce métropolitain n'en souffrit aucun préjudice. Le bureau de la balance du commerce fut chargé de dresser un état comparatif des échanges en 1784 et 1786, et son Mémoire, qui fut publié (3), conclut à un

(1) C'étaient : — A l'importation : les bois, charbons de terre, bestiaux, salaisons de bœuf, de morue et autres, poissons, riz, maïs, légumes, cuirs verts et tannés, pelleteries, résines et goudrons. — A l'exportation : les sirops, tafias et marchandises de France.
(2) D'après ces doctrines, a été rédigé le traité quasi de libre échange avec l'Angleterre, en 1786.
(3) Archives coloniales : *Mémoires généraux*, t. XXIII, n°s 25 et 27. — Commerce entre colons et étrangers, en 1786 : 35,013,000 livres ; diminution des échanges avec Français : 11,761,000 livres ; mais exten-

excédent en 1786 de 785,000 livres. Comme il le dit, « les États d'Europe accroissent la richesse territoriale de nos colonies par la consommation des denrées des Iles ».

C'est par cette mesure hardie et féconde que se termine la période la plus critiquée de notre histoire coloniale. Ne doit-on pas, en sa faveur, pardonner bien des fautes?

sion du commerce du Sénégal et de Guinée, pour une somme de 12,514,000 livres

CHAPITRE II

L'INTÉRET.

Mémoires et publications.

L'opinion, au dix-huitième siècle, s'est préoccupée de préférence, comme on sait, des questions politiques et sociales. Elle s'est manifestée, grâce à Montesquieu, Voltaire, Rousseau, à l'*Encyclopédie*, aux pamphlets, aux gazettes, plus librement et plus vivement qu'à aucune autre époque, et surtout qu'au siècle précédent. La question coloniale a bénéficié de ce progrès des esprits et des mœurs. Elle apparait mieux étudiée, plus approfondie dans son ensemble et dans ses détails.

Comment d'abord et jusqu'à quel point s'est-on intéressé aux choses des colonies? Y a-t-il eu, comme au temps de Richelieu et de Colbert, profusion de mémoires, de projets, de publications? Le public a-t-il manifesté quelque émotion devant les événements si graves qui s'accomplissaient?

I

MÉMOIRES ET PROJETS.

Les Mémoires généraux touchant les colonies ont été recueillis par Moreau de Saint-Merry et forment aux archives de la marine un fonds de vingt-quatre volumes in-folio. Presque toutes les pièces sont du dix-huitième siècle et surtout de la seconde moitié. Nous en avons fait le dépouillement et y avons trouvé des œuvres vraiment curieuses. Propositions ou études critiques, elles démontrent, par leur nombre et leur valeur, combien les esprits étaient en éveil sur cette question coloniale, qui est la grande affaire du siècle.

Nous n'y chercherons, pour le moment, que la part de curiosité et de sympathie qui peut s'y trouver, laissant à un autre chapitre la discussion et la polémique.

Dans presque toutes se trouvent des réflexions sur la nécessité des colonies. Elles sont parfois très élevées et exprimées en fort bon style. En voici quelques exemples. Nous les citerons par ordre chronologique, car il y a utilité à les laisser dans l'encadrement des circonstances où elles se sont produites.

Peu de temps après la mort de Louis XIV, le sieur de La Boullaye, inspecteur général de la marine, rendant compte au Régent de sa tournée d'inspection, commencée en 1704, étudie d'abord l'origine des colonies d'Amérique, l'idée générale qu'on en doit avoir, les motifs qui ont engagé la France à les former et l'utilité qu'elle trouvera à les « perfectionner ». Ces motifs se résument en quatre points principaux, longuement développés : l'augmentation de la marine et du commerce; la possibilité d'éviter pour les denrées coloniales l'entremise des étrangers; le moyen d'accroître le domaine et la puissance du Roi dans un continent où toutes les nations européennes ont des établissements; enfin l'occasion de profiter directement du riche commerce d'or, d'argent, de pierreries, etc., qui s'y fait couramment. C'est, on le voit, la pensée du dix-septième siècle avec ses erreurs et ses illusions. L'auteur se montre seulement, dans les réformes qu'il propose, plus logique et plus absolu que Richelieu et Colbert (1).

Voici un mémoire adressé en septembre 1758, au plus fort de la lutte coloniale entre la France et l'Angleterre. Il a été écrit « par un simple citoyen qui ignore le secret du cabinet et les ressources que les négociations peuvent avoir ménagées ». Mais ce patriote, « raisonnant d'après ce qui frappe les yeux de la nation », est vivement alarmé des prétentions de l'Angleterre « qui semble enivrée de sa situation actuelle », et des préparatifs qu'elle fait contre nos colonies. Il demande

---

(1) Archives coloniales : *Mémoires généraux*, t. XXII, n° 5. — Manuscrit de trente-six pages, in-4°, autographe.

avec instance qu'on augmente autant qu'il le faut l'escadre de Brest et qu'on la mette en état de déjouer les projets anglais et de faire un établissement à l'isthme de Darien. Cet établissement, selon lui, se recommande par sept avantages principaux d'un caractère général ou particulier. Le premier « se calcule par la quantité des productions présentes et à venir de nos terres ou de nos manufactures, que les colonies peuvent déboucher »; le second « résulte de la quantité ou de la valeur des denrées et matières premières que nous en retirons, que notre propre sol ne saurait produire, et dont, après nos consommations, nous aurons à revendre une partie brute, ou plutôt tout ouvrée »; le troisième « se compte par les bras ou autres espèces de secours que cette nouvelle terre peut nous donner pour la culture de nos plantations en sucres, indigos, cotons, cafés, cacaos, tabacs, etc. »; le quatrième « résulte de certaines matières brutes ou manufacturées que nous aurons à en retirer et que nos possessions soit de l'ancien, soit du nouveau continent ne produisent pas ou ne fournissent pas assez abondamment »; le cinquième « se combine avec les ressources qu'elle peut ouvrir à l'élévation de notre marine militaire, soit en occupant beaucoup de navires marchands, seul moyen propre à nous former une abondante pépinière de matelots, soit en nous fournissant des vaisseaux de guerre tout faits, ou du moins des bois, chanvres, goudrons, etc. »; le sixième, « c'est les nouveaux revenus qu'elle doit donner au Roy, sans diminution de ceux de son ancien domaine » ; le septième enfin « n'est qu'indirect et relatif : il consiste dans la sûreté que cette colonie nouvelle serait en situation de procurer à d'autres colonies, ou dans les obstacles qu'elle est à portée de mettre à l'agrandissement des possessions ou du commerce de nos ennemis (1) ». Ces considérations économiques et politiques dénotent, ce semble, un visible progrès dans l'intelligence du problème colonial ; le Mémoire entier est une manifestation remarquable des préoccupations patriotiques que suscite la guerre anglaise.

A la même date, un anonyme envisage déjà les résultats possibles de cette guerre, tels que la perte du Canada. Il professe sur cette colonie l'opinion qui, — on ne l'a pas assez remarqué, à la défense du gouvernement de Louis XV, — est générale à ce moment : c'est que le Canada « est de peu d'utilité ». Mais si la terre importe peu, il n'en est pas de même des habitants ni de la possession coloniale : il faut sauver les uns et compenser l'autre. L'auteur en a trouvé le moyen : c'est de transplanter les colons canadiens en Louisiane, « à l'effet d'y former une colonie capable de soutenir celles des Anglais, d'y fonder la culture des denrées que le sol de France ne produit pas, de nous ouvrir de nouvelles branches de commerce et conti-

(1) *Mémoires généraux*, t. XXII, n° 8

nuer celle du castor ». Pour obtenir des intéressés cette transplantation, il faut leur donner des encouragements. Parmi les dix énumérés, se trouvent l'abolition du privilège de la Compagnie des Indes, la franchise des droits de domaine et d'octroi, la liberté entière de la culture, etc., toutes choses excellentes, mais en opposition avec le système en vigueur (1).

Après avoir perdu les colonies, on se mit à réfléchir sur elles ; on en examina la raison d'être, le profit politique ou commercial. Ainsi, en 1769, en même temps que Morellet, un sieur Macevice, dans une longue étude résumant un grand ouvrage sur l'administration des colonies, s'élève contre le monopole des grandes Compagnies et pose ce principe : « L'exploitation des productions naturelles aux colonies doit avoir pour objet la plus grande extension possible de leur commerce avec la métropole (2). » Un sieur Pelissard, en 1772, en appuyant près du ministre de Boynes un plan d'assurances commerciales dont il est l'auteur, fait cette remarque judicieuse, qui est bien d'un contemporain des économistes : « Toutes les parties du gouvernement sont tellement liées les unes aux autres qu'elles sont presque inséparables. Un État environné de mers est bien faible sans une marine qui en fasse respecter le pavillon. La guerre n'a de force que par les finances,

---

(1) *Mémoires généraux*, t. XXII, n° 10.
(2) *Id., ibid.*, n° 56

et celles-ci sont bientôt épuisées sans le grand commerce, qui seul facilite la prompte circulation de l'argent et amène l'abondance par les importations avantageuses et les exportations superflues. Or, l'état de nos affaires dans l'Inde, en Afrique, en Amérique, dans le Levant, demande la plus grande attention et les plus prompts secours de la part du ministère pour le rétablissement du commerce (1). »

M. de Meuron, officier aux gardes-suisses, a composé, en 1774, dans le même ordre d'idées, un Mémoire très developpé, où toute la question est traitée avec une ampleur et une fermeté de vues remarquables. L'auteur établit d'abord qu'il est une œuvre qui se devrait poursuivre malgré tous les changements de ministres : c'est l'établissement solide de la marine. « Mais, dit-il, sans colonies, point de commerce excentrique, et sans commerce, point de marine. » C'est ce qu'ont compris l'Angleterre et la Hollande ; c'est ce qu'avait senti Colbert, dont les projets n'arrivèrent pas à maturité à cause des guerres continentales. Or, les dernières pertes de la France ont été une conséquence des premières, l'abandon de Terre-Neuve et de l'Acadie annonce celui de l'île Royale, du Canada et de la Louisiane, « de toutes nos pertes la plus irréparable ». Il faut chercher ailleurs des compensations. Le meilleur moyen serait de jeter dans les solitudes de la Guyane, bien qu'elles

---

(1) *Mémoires généraux*, t. XXIV, n° 4.

n'offrent pas les avantages de la Louisiane, une nombreuse population. Mais trouvera-t-on des colons? Les Français voudront-ils émigrer et coloniser? « La malheureuse expédition de 1763 a répandu sur Cayenne et la Guyane un préjugé terrible et bien difficile à déraciner. Dans les gouvernements libres, lorsque le peuple se trompe, il ne s'en prend qu'à lui-même, et, semblable au lion qui regarde ses blessures, il n'en devient que plus furieux. Mais, dans les monarchies, comme la nation doit supposer dans le gouvernement la plus grande étendue de lumières possible, lorsqu'il est trompé, il se livre au désespoir et ne voit plus que ses malheurs. » Cette raison de fait n'est pas la seule qui fasse craindre de ne pas trouver en France la population à verser en Guyane; il y a aussi une raison de caractère. « De tous les peuples de l'Europe, il n'en est point peut-être de moins propre au commerce que le nôtre, de moins fait pour former une colonie. Trop de légèreté, trop d'impatience, trop d'éloignement pour le travail!..... » Qu'y a-t-il donc à faire? Il faut former la colonie d'Allemands et de Suisses, « qui n'ont point ces défauts », en y adjoignant quelques Français volontaires et des condamnés comme serviteurs. Voilà, certes, une consultation d'un grand intérêt. La nécessité des colonies, d'une part, et de l'autre l'inaptitude des Français à coloniser : n'est-ce pas tout le problème colonial? Le projet, quelle qu'en soit la valeur pratique, nous donne en outre la mesure des regrets causés par nos pertes coloniales (1).

Quand vint la guerre d'Amérique, ces regrets se changèrent en espérances, en aspirations, dont beaucoup de Mémoires nous apportent l'expression (2). Nous ne nous attarderons pas à les analyser. Tous développent la même idée, que l'un d'eux (3) exprime ainsi : « Attaquer le commerce de l'Angleterre dans toutes ses sources, c'est couper l'arbre par le pied. » Telle était, nous l'avons vu, la pensée de Choiseul et de Vergennes.

Ces idées de lutte et de revanche donnèrent lieu naturellement à une foule de projets et de propositions ayant pour objet des établissements nouveaux. Tout le monde veut acquérir des colonies ou peupler celles qui existent déjà. Il s'en faut que toutes ces inventions aient la même valeur. Il en est même d'assez saugrenues. En voici une, par exemple, qui émane « d'un simple citoyen frappé de la lenteur du peuplement de nos colonies », et qui vaut la peine d'être mentionnée, au moins pour son originalité (4). « Il faudrait, dit l'auteur, donner protection à des hérétiques et des schismatiques des six sectes différentes, tels que mahométans de la secte d'Ali et de celle d'Omar, des Juifs, Chinois, Guèbres, religionnaires canadiens, etc. Comme

(1) *Mémoires généraux*, t. XIX, nos 32 et 33.
(2) *Id.*, t. XXII, nos 13, 16, 19, 51, 52, 53, etc.
(3) Signé du vicomte de Flavigny, auteur de la traduction de la *Correspondance de Fernand Cortez et Charles V* (1779-80)
(4) *Mémoires généraux*, t. XXIV, n° 22.

tous ces gens-là ne reconnaissent pas le mariage pour un sacrement, et que la polygamie ne fait point une des prohibitions de leurs religions, ils achèteraient des négresses qu'on tiendrait renfermées; elles auraient, pour cent femmes, un blanc pour mary; ce serait le chef du harem. Cet homme-là, comptant le temps de la grossesse, ne pourrait guère avoir que soixante-quinze enfants par an; il serait chargé de les faire allaiter jusqu'à l'âge de neuf mois, et quelquefois un peu plus..... » Il ne faudrait pas juger, par celle-là, de toutes les propositions que contient la collection. Il en est de fort intéressantes et de bien étudiées. Celles du baron de Bessner et de Préfontaines (1) sur la création de colonies militaires en Guyane offrent un intérêt historique et pratique. D'autres s'occupent du commerce ou des cultures dans le Levant, ou bien des conquêtes à faire dans la mer du Sud, mise en honneur par les voyages de Bougainville, Cook et La Pérouse.

Il en est une, parmi ces dernières, qui mérite une mention spéciale, tant à cause du nom de l'auteur que des pays désignés et des raisons invoquées. Elle émane de M. Mevoillon, prêtre de l'Oratoire, et a été adressée à Necker, le 26 août 1789 (2). « Jusqu'à ce jour, dit le Mémoire, les établissements des Européens dans les deux mondes n'ont eu pour mobile que l'ambition

---

(1) *Mémoires généraux*, t. XIX, n⁰ˢ 4, 16.
(2) *Id.*, t. XXIV, n° 49.

des souverains ou la cupidité des particuliers. Mais le temps est venu où les progrès de la raison et la connaissance de l'humanité doivent suggérer de plus nobles motifs. Le temps est venu où nous devons visiter les nations sauvages, l'olivier à la main, et resserrer, par un commerce de lumières et de bonheur, ces nœuds de fraternité dont la nature a uni tous les peuples..... Il serait digne du peuple français, que vos travaux et ceux de l'Assemblée nationale viennent d'arracher au despotisme, de concourir à ce grand ouvrage, et de porter aux Australiens, au lieu de chaînes, le bienfait inestimable de la religion, d'une sage liberté et de l'instruction..... Ce serait, d'ailleurs, un moyen de balancer l'établissement des Anglais dans la New-Hollande. » Nous empiétons un peu, avec ce Mémoire, sur l'époque de la Révolution. Mais on sait que celle-ci a été une éclosion, et non une incubation : les idées du début appartiennent, par suite, à la période préparatoire qui précède. Or, il est curieux de constater la forme nouvelle que prend le prosélytisme religieux sous l'influence révolutionnaire. Cet Oratorien pense au fond comme Lescarbot, Montchrestien et les missionnaires du dix-septième siècle. Mais le langage n'est plus le même. A la religion on mêle les sentiments de fraternité, l'instruction, la liberté : pour un peu, on dirait, comme de nos jours, que l'expansion coloniale a pour but, pour raison ou pour excuse, « l'obligation aux peuples supérieurs de civiliser les peuples inférieurs ». Cette filiation d'une idée aujourd'hui courante méritait d'être indiquée.

Le Mémoire de M. Mevoillon est encore intéressant par le choix de la contrée à conquérir « l'olivier à la main ». Il s'agit, en effet, de Tahiti, cette île si remarquable par « la beauté du climat, la fertilité du sol, la bonté de ses havres, les mœurs douces et aimables de ses habitants ». Elle forme, dit l'auteur, « la communication de l'Asie, de l'Afrique (!) et de l'Amérique. On en pourrait partir pour conquérir les îles de la Société, des Amis, les Nouvelles-Hébrides, les îles Sandwich, etc. » Pour n'avoir été entendu qu'en 1844, cet appel fait en 1789 n'en est pas moins remarquable et digne d'être connu.

Mais voici une dernière étude où n'éclate pas moins l'esprit de 89, et qui offre sur le commerce en général et sur celui des colonies en particulier des vues d'une profondeur admirable (1).

« Le commerce, y est-il dit, est aujourd'hui l'objet de toutes les spéculations politiques, en Europe. On peut, comme autrefois, vouloir usurper ou envahir; mais on n'usurpe et on n'envahit plus que pour se procurer de nouveaux moyens d'échange, et entrer ainsi, autant que la situation de chaque peuple le permet, dans le partage des richesses mobiliaires de l'univers. » — Or, dans l'état actuel des choses, deux

(1) *Mémoires généraux*, t. XX, n° 52.

circonstances accroissent prodigieusement l'activité naturelle à l'esprit de commerce : l'indépendance des colonies anglaises d'Amérique, la révolution que subira l'Empire de Constantinople. La Russie, en effet, située sur cinq mers, voit depuis longtemps s'ouvrir devant elle une immense perspective de commerce, mais n'en peut être en pleine possession que par l'occupation de Constantinople. D'autre part, l'Autriche peut et doit également prolonger ses frontières jusque sur les bords de la mer Noire et participer ainsi aux richesses de l'Inde, de l'Asie, des contrées septentrionales de l'Europe, que le commerce russe déversera dans cette mer. Elle y sera aidée peut-être par quelque puissance maritime qui aimera mieux partager les dépouilles du Turc que travailler inutilement à retarder sa chute. Alors, tous les plus riches entrepôts appartiendront presque exclusivement à la Russie et à l'Empire allemand, et les nations réputées commerçantes jusqu'à présent seront situées hors de cette ligne de richesse et de prospérité. Le seul moyen de parer à cette éventualité serait d'assujettir l'Empire turc à de meilleures lois. En tout cas, les nations seules qui obéiront à l'esprit de commerce pourront mettre à profit la révolution qui résultera des deux circonstances prévues. — La France peut perdre beaucoup dans une telle révolution, et cela pour deux raisons. En premier lieu, « il est aisé de voir qu'à mesure que la Russie, l'Autriche, toute l'Allemagne mettront à profit leurs ressources, notre exportation en marchandises manufacturées diminuera considérablement. Il est aisé de voir encore que si nous ne combinons pas nos rapports avec nos colonies dans le Nouveau Monde, selon ce qu'exige de nous la situation présente des Anglo-Américains, notre commerce des colonies se disposera infailliblement de manière qu'il ne nous produira plus les mêmes bénéfices. En second lieu, plusieurs obstacles s'opposent à ce que l'esprit de commerce se développe en France. Ce sont l'esprit militaire et l'esprit fiscal : l'un qui concentre la considération publique dans une classe d'hommes absolument étrangère aux intérêts de la société, tels qu'il faut les combiner aujourd'hui; l'autre qui, de sa nature ennemi de toute industrie et de toute propriété, n'a pas pour objet la richesse de l'État, mais seulement la richesse des princes, et auquel nous devons toutes les vexations, les entraves de toute espèce, qui, au dehors comme au dedans, gênent depuis si longtemps l'essor de notre industrie. Or, ces obstacles sont chez nous des résultats presque nécessaires de notre constitution (1). Et voilà pourquoi le petit nombre de ministres qui parmi nous ont voulu favoriser le développement de l'esprit de commerce, tels que le chancelier de l'Hospital, Sully, Colbert, n'ont opéré qu'un bien momentané : ils agissaient, sans s'en douter, contre la constitution, contre l'es-

---

(1) L'auteur eût pu ajouter : « et de notre éducation ».

prit public qui résultait de cette constitution..... »

On ne sait ce qu'il faut le plus admirer, dans ce Mémoire, de la sagacité historique qui a découvert le caractère véritable de toutes les luttes modernes, de l'esprit de divination qui a si nettement marqué à l'avance les rôles dans la question d'Orient, ou du profond esprit d'observation qui a reconnu tous les défauts originels dont est encore affectée, à l'heure qu'il est, la société française. Le déplacement de l'axe commercial, de l'Océan dans les vallées du Danube, de la Vistule ou de l'Elbe, ne se produira peut-être pas à cause de l'ouverture d'une voie commerciale par l'isthme de Suez, que la Russie, maîtresse de Constantinople, gardera toujours. Mais qui sait ce que coûtera au commerce anglais cette chute de la capitale turque, à laquelle l'Angleterre aidera peut-être? Qui sait surtout ce que deviendra alors la France, si elle n'a pas corrigé les défauts qui empêchent chez elle le développement de l'esprit de commerce?

Ce cri d'alarme est la plus éclatante manifestation des préoccupations coloniales du dix-huitième siècle. Il est aussi la meilleure preuve du progrès qui s'est accompli dans les esprits. On commence à voir clair dans le problème, puisqu'on en saisit les difficultés, puisqu'on le mesure à nos forces.

II

LES PUBLICATIONS.

Les Mémoires sont, à coup sûr, un élément important d'une enquête sur l'état de l'opinion à une époque déterminée : qu'ils soient inspirés par l'intérêt personnel, par le devoir professionnel ou par un pur zèle, ils dénotent une préoccupation d'esprit très significative. Ils ne suffisent pas cependant à nous renseigner sur les pensées qui forment le fond de l'esprit public, sur cette opinion nationale que nous cherchons à découvrir. Si nombreux qu'en soient les auteurs, ils ne représentent qu'une partie restreinte du public; si écoutés qu'ils aient été des ministres, ils n'ont eu d'action que sur eux. Il nous faut donc chercher dans les publications l'influence exercée sur la masse, et dans les manifestations de toute nature l'effet produit.

Les publications de caractère colonial sont moins nombreuses, durant la période du dix-huitième siècle, qu'aux périodes précédentes. Nous n'en avons relevé(1) que 318, de 1715 à 1789. C'est une moyenne de 4 environ par an, au lieu de 7, 5 et 6 que donnaient les

---

(1) Dans Lelong et Fontette, Charton, la Bibliothèque nationale, Brunet, Barbier, et dans les catalogues de bibliothèques particulières, telles que celles du comte de Toulouse, de Leblanc, de de Brosses, etc.

époques de Richelieu et de Colbert. Encore est-il bon de remarquer que la seule année 1789 en a vu paraître 53. Si on les défalque, la moyenne ne ressort plus qu'à 3 par an.

Une autre infériorité du dix-huitième siècle est le petit nombre des rééditions. Dix-sept livres seulement ont été imprimés plus d'une fois; trois ou quatre, au plus, ont conquis une quatrième ou cinquième édition.

Faut-il voir dans ce fait une marque de l'indifférence du public? On en serait tenté, tout d'abord. Mais on sait par ailleurs que le public a montré, dans les circonstances graves, un intérêt passionné pour les colonies. Ainsi, au plus fort de l'enthousiasme mississipien, un contemporain nous apprend que « les contes de fées composés par Lamothe et Fontenelle, et proclamés sur les places publiques par les racoleurs, entraînaient beaucoup de dupes…; que ces parades, débitées du haut des tréteaux par des baladins habillés en sauvages et tympanisées de tambours et de cymbales, attroupaient une foule d'auditeurs, notamment celle de la rue Quincampoix, que la haute société allait voir par curiosité (1) ». On peut voir dans Marais (2) les scènes de violence, les mouvements populaires qu'excitèrent les déconvenues de la colonisation de la Louisiane. Plus tard, les mêmes fureurs se reproduisirent à Paris, quand on connut la perte de l'Inde et du

---

(1) L'auteur des *Mémoires du cardinal Dubois*, liv. IV, chap. vii.
(2) *Mémoires de Marais*, I, *passim*.

Canada; c'est en partie à une pression de l'opinion que le malheureux Lally dut sa condamnation (1). Plus tard encore, l'édit du 30 août 1784 causa une émotion presque aussi forte : « Les négociants des villes maritimes, dit un Mémoire du bureau du commerce (2), ont rendu leur cause plus intéressante en la plaidant au tribunal de l'opinion publique. La capitale s'est vue, à ce moment, inondée de Mémoires, observations, requêtes, représentations sur l'arrêt du 30 août. »

Non seulement le public du dix-huitième siècle n'a pas été indifférent, mais la publicité dont il profite est particulièrement active lorsque quelque gros événement provoque la curiosité. Un simple relevé des publications par année rend ce fait sensible.

La moyenne ordinaire, nous le répétons, est seulement de 3 ou 4 livres par an. Or, l'année 1720, où la question de la Louisiane est à l'état aigu, en compte 7; on en trouve 11 et 15 en 1755 et 1756, où les esprits sont vivement surexcités par les prétentions et l'hostilité déloyale de l'Angleterre, où le Mémoire des commissaires du Roi porte au tribunal de l'opinion le procès touchant l'Acadie; le traité de Paris et le procès de Lally-Tollendal donnent lieu à 12 publications en 1763, 12 également, en 1785, vulgarisent la polémique engagée sur l'arrêt du 30 août 1784; la grave question

---

(1) V. les Lettres de madame Du Deffand; notamment Lettre à H. Walpole sur l'exécution de Lally.
(2) *Mémoires généraux*, t. XXIII, n° 25.

de la traite et de l'affranchissement des noirs suscite, en 1788, 16 livres ou brochures; en 1789, enfin, alors que l'essor est donné à toutes les revendications, que les plaintes des noirs, des colons, des négociants, se croisent et se heurtent parmi les dissertations et objurgations politiques, il n'a pas paru moins de 53 ouvrages de fond ou de circonstance sur les colonies.

D'ailleurs, il n'était pour ainsi dire pas besoin, au dix-huitième siècle, de publications spéciales. Presque tous les livres et tous les auteurs qui ont la faveur du public, quels que soient leur sujet et leur genre, touchent plus ou moins la question coloniale. Voltaire, cette fois comme tant d'autres, représentait le sentiment général de ses contemporains, lorsqu'il écrivait à un habitant de Pondichéry (1) : « Je saisis ardemment l'offre que vous me faites de cette histoire manuscrite de l'Inde. J'ai une vraie passion de connaître le pays où Pythagore est venu s'instruire..... Je m'intéresse à la Compagnie, non seulement à cause de vous, mais parce que je suis Français, et encore parce que j'ai une partie de mon bien sur elle. »

Prenons d'abord le genre littéraire le plus libre dans ses allures et en même temps le plus dépendant de l'opinion, le roman. Deux immortels chefs-d'œuvre se présentent tout d'abord à l'esprit : *Manon Lescaut* et *Paul et Virginie*. Peu de récits ont eu plus de lecteurs

---

(1) M. Pilavoine : Lettre du 23 avril 1760.

et fait verser plus de larmes. Or, qui ne sait que la coupable Manon est envoyée au Mississipi, « où l'on commençait alors à expédier quantité de gens sans aveu », et y meurt dans les bras du fidèle Des Grieux, en fuyant le ressentiment du gouverneur? Qui n'a présents à l'esprit les jeux de Paul et Virginie dans les riches vallons de l'île de France, et l'héroïque mort de la pudique jeune fille, en vue des côtes, sous les yeux de son ami désespéré? L'abbé Prévost et Bernardin de Saint-Pierre ont montré d'ailleurs leur goût pour les choses d'outre-mer, le premier en publiant une volumineuse *Histoire des voyages* (1746-61) (1), le second en faisant une description de cette belle île de France où il avait séjourné trois ans (2), en donnant, en 1791, un nouveau récit simple et attachant, *La chaumière indienne*, destiné, comme il le dit, « à peindre les mœurs des Indiens qui sont dans l'Inde après celles des Indiens qui sont dans l'île ». Ces peintures ne préjugent rien sur l'opinion de l'auteur, qui est, comme nous le verrons, hostile à la colonisation. Elles marquent simplement un goût du public auquel l'auteur a dû sacrifier.

Mais, avec ces deux maîtres, combien d'autres romanciers ont cherché, dans des titres ou des sujets de caractère exotique, un couvert pour leurs hardiesses

(1) *Histoire des voyages*, soixante-huit volumes in-12.
(2) Bernardin de Saint-Pierre fut ingénieur à l'île de France, de 1767 à 1770. Il publia, en 1773, son *Voyage à l'île de France*, qui est son premier ouvrage.

philosophiques ou morales, ou bien un appât pour la curiosité publique? L'abbé Lenglet-Dufresnoy ou Quesnel cache une thèse antireligieuse, condamnée par le Parlement (31 décembre 1734), sous le titre . *Les princesses malabares ou le Célibat philosophique* (1734). Crébillon fils, la même année, se livre à ses licences ordinaires dans *Tanzaï et Néadarné*, histoire japonaise, qui est en même temps une satire du cardinal de Rohan, de la duchesse du Maine et de la constitution *Unigenitus*. Il flétrit les débauches de Louis XV dans *les Amours de Zeo-Kinizul,* roi des Kofirans (1). Louis de Cahusac imite Crébillon dans *Grigri*, histoire véritable traduite du japonais (2). Le célèbre Chevrier (3) compose dans le même genre *Bibi*, conte traduit du chinois, et *Maga-Kou*, histoire japonaise. La Beaumelle fait dans le genre de Voltaire et de Crébillon un plaidoyer pour la tolérance dans *l'Asiatique tolérant,* traité à l'usage de Zeo-Kinizul, roi des Kofirans. Le roman érotique *l'Ile de France ou la nouvelle colonie de Vénus,* dont la date exacte et l'auteur sont inconnus, emprunte le cadre de la pure idylle de Bernardin de Saint-Pierre. Mademoiselle Fauque, en 1758, traite au point de vue anglais la question des droits historiques en Amérique, dans *La dernière guerre des bêtes,* et elle donne coup sur coup, en 1753, *Abassaï*, histoire orientale, et les *Contes*

---

(1) Paru en 1746 comme « traduit de l'arabe du voyageur Krinelbol ». Réédité en 1747 et en 1750 avec clefs.
(2) Plusieurs fois réimprimé.
(3) Cf. GILLET : *Vie et écrits de Chevrier*. (Nancy, 1865, in 8°.)

du sérail. Elle se fait comme une spécialité de ces contes à sujet oriental, comme autrefois mademoiselle de Scudéry des romans à cadre antique. Beaucoup d'autres rivalisent avec elle. On ne voit que contes orientaux, persans, indiens, mogols, chinois, japonais, africains, dont les auteurs ne sont pas moins variés que les aventures : comte de Caylus, mademoiselle Moreau, mademoiselle·le Prince de Beaumont, l'abbé Coyer, Montcrif, chevalier de La Morlière, de La Popelinière, Morelly, etc. Il y a là évidemment un genre nouveau, qui est en grande faveur et qui attire les écrivains. Il n'est presque pas un des romans de Voltaire, et c'est tout dire, qui n'offre cette particularité remarquable de mettre en scène des contrées ou des peuples exotiques. *Candide* va chez les Jésuites du Paraguay, chez les Hollandais de Surinam, dans l'Eldorado, parmi les sauvages Oreillons; l'*Ingénu* est, comme on sait, un Huron débarqué inopinément à Saint-Malo, chez son oncle l'abbé Kerkabon; l'*Histoire de Jenni* se passe en partie dans la Nouvelle-Angleterre; *Zadig*, la *Vision de Babouc*, les *Voyages de Scarmentado*, l'*Histoire d'un bon Brahmin*, la *Princesse de Babylone*, le *Blanc et le Noir*, etc., ont pour théâtre, sinon pour sujet, l'Orient colonisé. Souvent les questions coloniales s'y trouvent tranchées en passant, de cette façon rapide et légère, qui est le propre de Voltaire.

Voilà, ce semble, un goût du public bien caractérisé.

Il mérite d'autant mieux d'être signalé, qu'avec les romanciers, les philosophes et les poètes lui ont payé tribut. Pourquoi, en effet, si ce n'est pour obéir à la mode, Montesquieu choisit-il un Persan plutôt qu'un Anglais ou un Russe, pour faire cette piquante satire des mœurs de France qui s'appelle les *Lettres persanes?* Voltaire a écrit ses *Lettres chinoises, indiennes et tartares*, par imitation de Montesquieu peut-être, et pour ridiculiser plus commodément les histoires saugrenues et les querelles théologiques qui ornaient les *Lettres édifiantes* des Jésuites. Mais l'intérêt qu'il prend aux affaires de l'Orient et en particulier à celles de l'Inde n'est-il pas une concession aux goûts du public autant qu'une ressource de polémique ou une inspiration de la raison et de l'amitié quand il plaide d'une voix si retentissante la cause du malheureux Lally (1)? De même, Marmontel, en publiant les *Incas* en pleine guerre d'Amérique et en plein essor du naturalisme de Rousseau, n'escomptait-il pas les sympathies américaines et la popularité des théories sur l' « état de nature », au profit de son livre (2)? Le président de Brosses, si connu et si apprécié pour ses études sur l'antiquité classique, cherche à forcer les portes de l'Académie avec une *Histoire des navigations aux terres*

(1) *Fragments sur l'Inde* (Ferney, 1777).
(2) Voltaire témoigne de la curiosité excitée par le livre. Il écrit à d'Argental (avril 1777) : « Personne ne m'a parlé des Incas, excepté l'auteur. J'ai été étonné de ce silence, après le bruit qu'avait fait l'ouvrage. »

australes (1). Les libraires Desaint et Saillant croient répondre aux désirs des lecteurs en donnant une suite à l'*Histoire ancienne* de Rollin dans l'*Histoire moderne des Chinois, Japonais, Indiens, Persans, Turcs*, etc. (2) Le classique Laharpe, avant d'écrire son *Cours de littérature*, entreprend en 1780, à l'imitation de l'abbé Prévost, un *Abrégé de l'histoire des voyages*. Il a collaboré avec Diderot, d'Holbach, Thomas, Du Buc et vingt autres à la fameuse *Histoire philosophique des Indes* de l'abbé Raynal, qui est le plus complet monument des études coloniales du dix-huitième siècle.

Si des prosateurs nous passons aux poètes, même préoccupation, ou même sacrifice à la mode. Les exploits de Dupleix inspirent à un anonyme, en 1751, un poème héroïque sous le titre *Pondichéry sauvé*. Le Fevre de Beauvray proteste avec colère contre la perfidie anglaise dans un poème patriotique, *l'Adresse à la nation anglaise* (1757). L'Acadie et le différend anglo-français sont célébrés par Chevrier dans une épopée héroï-comique, *l'Acadiade*, qui tourne spirituellement en ridicule « les prouesses anglaises ». Le même Chevrier est peut-être l'auteur d'un autre poème de même genre et de même sujet, *l'Albionide*, publié à Aix en 1759. Voltaire porte en Amérique la scène d'une de ses

(1) Elle eut deux éditions, 1756 et 1761, et les mérite par l'originalité de ses vues géographiques. On y trouve, pour la première fois, les noms de *Australasie* et de *Magellanie*, dont l'un au moins prévaut aujourd'hui.

(2) Paris, 1755-78, trente volumes in-12. (Le Mans, Bibliothèque.)

pièces à thèse, *Alzire ou les Américains*, qui fait triompher l'innocence et le christianisme. Il sacrifie au goût pour l'Orient dans *l'Orphelin de la Chine*, et même dans *Zaïre*, où est plaidée la cause tout européenne de la tolérance. Chamfort fait dans le même goût *la Jeune Indienne* (1764), dont le sujet est très attendrissant et les vers charmants, au dire du même Voltaire (1). Le poète des saisons, Saint-Lambert, en célébrant l'hiver, confesse que souvent les voyageurs l'entraînent sur leurs pas, qu'il aime à errer avec Magellan, d'Anson, Bernier, etc. En note, il se demande si la découverte de l'Amérique et celle du passage par le Cap aux Indes ont servi au bonheur de l'espèce humaine. Il agite ainsi une question qui met si fort en peine les esprits, que l'abbé Raynal fonda tout exprès, à l'Académie de Lyon, en 1788, un prix destiné à récompenser la meilleure dissertation sur ce sujet.

Mais il y a plus. Des grandes œuvres qui ont eu le retentissement et l'action morale que l'on sait, l'*Esprit des lois*, le *Siècle de Louis XIV*, le *Siècle de Louis XV*, l'*Essai sur les mœurs*, l'*Encyclopédie*, les *Discours* de Rousseau, etc., il n'en est aucune qui n'aborde explicitement ou implicitement le problème colonial sous ses différentes formes. Elles font naître précisément cette discussion, qui a éclairé le gouvernement, et que nous étudierons plus loin.

(1) Lettre à Chamfort, janvier 1764.

Reste la presse, qui commence à devenir une pu
sance. Le *Mercure,* le *Journal des savants,* les N
velles de Bayle*, au dix-septième siècle, se sont s
vent occupés des livres de caractère colonial. M
c'était pour leur valeur scientifique ou littéraire,
simplement à raison de leur nouveauté. Au dix-h
tième siècle, les journaux et revues, devenus bea
coup plus nombreux, entrent dans la discussion mé
que font naître les colonies. Il n'est peut-être pas 1
volume du *Mercure,* du *Journal des savants,* du *Jou
nal de Trévoux,* du *Journal de Verdun,* etc., qui n'a
porté au public une nouvelle ou une étude sur la qu
tion à l'ordre du jour. On peut se dispenser d'en fai
l'analyse. Mais il est remarquable et significatif q
les articles insérés, comptes rendus ou communic
tions directes, répondent toujours aux préocupatio
directes de l'opinion. Ainsi, le *Journal étranger,* en ma
et octobre 1756, publie deux lettres d'un gentilhomi
normand, M. de Parfourou, sur le Canada alo
menacé. La ferme réponse de l'avocat L. G. D. C. a
pamphlet anglais de Jefferys, traduit par Butel-Dumon
sur nos droits historiques en Acadie, a été reprodui
par le *Journal de Trévoux* (août 1756), le *Journal
Verdun* (juillet 1756), l'*Année littéraire* (t. IV, p. 263
les *Affiches* (16 juin 1756), le *Mercure* (juillet 1756). L
même année, le *Journal de Trévoux* et l'*Année litté
raire* publient la réponse des commissaires français au
fausses allégations des commissaires anglais, que leu

gouvernement avait, sans délicatesse, communiquée à toutes les cours d'Europe. L'année précédente, le *Mercure* (octobre 1755) avait copié les *Réflexions sur la politique anglaise et sur l'équilibre des puissances en Amérique,* par lesquelles le président Ogier, ambassadeur en Danemark, terminait son excellente *Discussion sommaire des limites de l'Acadie,* traduite en danois, suédois et allemand. Ainsi se continuait, dans la presse, la discussion historique d'un si grand intérêt qui avait commencé en 1750 et qui, grâce au Mémoire des commissaires français et à la guerre de Sept ans, passionna si longtemps l'opinion. Au reste, le *Journal de Trévoux* et le *Mercure,* pour ne citer que ceux-là, ne manquent jamais de rendre compte des livres les meilleurs et les mieux accueillis sur nos possessions d'outre-mer.

Qu'étaient ces livres? Leur examen va nous fournir des indications sur les préférences d'un public dont la curiosité ne peut plus faire de doute pour nous.

Voici la liste assez courte des livres qui ont eu le plus d'éditions : l'*Histoire de l'Amérique septentrionale de* 1534 à 1701, par Bacqueville de La Potherie (1716-22-23-53); le *Nouveau voyage aux îles d'Amérique,* du P. Dominicain Labat (1722-24-42-43-52); l'*Histoire de la Nouvelle-France,* du P. Jésuite Charlevoix, éditée en 1744 par quatre libraires et en deux formats différents; les *Nouveaux voyages faits aux Indes occidentales,* du chevalier Bossu, publiés à Paris et à Amsterdam, 1768-69-77, et traduits en anglais par

Forster en 1771; le *Voyage autour du monde*, de Bougainville (1771-72-73-75); enfin la célèbre *Histoire philosophique des Indes*, de l'abbé Raynal, qui compte presque autant d'éditions que d'années, de 1774 à 1784.

Cette simple énumération met en lumière deux faits. D'abord, l'opinion continue à s'attacher principalement à l'Amérique, où s'est portée surtout la colonisation française, où sont nos plus grands intérêts commerciaux, où la convoitise anglaise est la plus menaçante après le traité d'Utrecht. Il a fallu tout l'imprévu des découvertes de Bougainville et tout l'agrément de son style pour captiver concurremment l'attention. Ni les voyages de d'Anson, dont Voltaire s'est fait l apologiste (1), ni ceux de Cook, qui ont pourtant été traduits (2), n'ont eu la même vogue. En second lieu, tous ces ouvrages ont le caractère d'histoires définitives Il semble que le moment soit venu de faire la synthèse des découvertes et de la colonisation. Bacqueville de La Potherie, Labat, Charlevoix font l'histoire de la colonisation des deux premiers siècles, comme Lescarbot celle du premier. Raynal, qui vient le dernier, synthétise davantage encore et soumet à la même discussion philosophique et économique toute l'histoire et tous les intérêts des colonies d'Orient et d'Occident. Il marque et provoque en partie le courant d'opinion

---

(1) *Siècle de Louis XV*, chap. xxvii.
(2) Par Suard, 1774-78.

qui amène l'édit de 1784 et prépare les revendications de 1789.

Ces deux observations sont encore confirmées par les livres qui, sans être aussi bien reçus, ont eu cependant la faveur d'une réédition. Tous ou presque tous sont du même genre que les précédents, c'est-à-dire des histoires générales de la colonisation française au Canada et aux Antilles (1).

Est-ce à dire que les récits particuliers, les relations des voyageurs ou missionnaires, si appréciés jadis, aient cessé de plaire au dix-huitième siècle, ou cessé de paraître? Non. D'abord, il faut convenir que, jusqu'aux découvertes océaniennes, la science géographique a fait peu d'acquisitions (2). En second lieu, les relations des Jésuites, qui avaient pris le titre de *Lettres édifiantes*, par suite d'une nouvelle mésaventure arrivée en Chine même, furent complètement arrêtées en 1724 (3). Enfin, plusieurs des ouvrages d'ensemble

---

(1) *Histoire abrégée des découvertes et conquêtes des Français et des Hollandais en Amérique*, de BRUZEN DE LA MARTINIÈRE (1745-53); Monographies *de Cap-Breton* (ouvrage anglais, traduit par Pichon, 1760-61), *de la Martinique* (par THIBAULT DE CHANVALON, 1761-62), *de Saint-Domingue* (par HILLIARD D'AUBERTEUIL, 1776-77-82), *de Saint-Domingue* (1730-31), *du Japon* (1736), *du Paraguay* (1757), par le P. CHARLEVOIX.

(2) Excepter le voyage de La Condamine, Maupertuis, etc., au Pérou et aux pôles, pour faire des observations astronomiques, 1744. La Condamine a fait mieux connaître le Pérou et l'Équateur; il a étudié la région du cap Nord, de la Guyane et l'Oyapoc de Vincent Pinçon, pour fixer la limite de la Guyane, laissée indécise au traité d'Utrecht.

(3) Les Jésuites furent chassés de la Chine par l'empereur Yan-tchin, avec ces paroles, qui avaient déjà été dites en France par La Bruyère :

cités plus haut s'intitulent *Récent voyage fait*, etc. ainsi ceux de Labat et Charlevoix. Mais en général, il est à remarquer que les récits de voyages réussissent peu isolément. Nous n'en voyons guère, avec celui de Bougainville, qui aient attiré l'attention du public. Par contre, les collections de voyages sont nombreuses et obtiennent succès. Nous avons cité celles de Prévost, de de Brosses, Laharpe. Avant eux, un libraire d'Amsterdam, Bernard, avait entrepris et continua jusque vers 1740 un *Recueil des voyages du Nord*, qui était comme le « Tour du monde » de l'époque. C'est là qu'il faut chercher les relations contemporaines. Elles en recevaient apparemment une plus grande autorité et étaient plus sûres d'arriver ainsi jusqu'à un public qui semble aimer l'appareil scientifique.

Il est un genre de publications qui parurent isolément et qui, par leur nature, ne comportaient guère de réimpressions, parce qu'elles n'aspiraient pas à intéresser au delà du moment : ce sont les livres ou brochures de polémique. Elles nous intéressent par leur nombre, sinon par leur valeur. On peut dire d'elles comme des Mémoires : elles auraient été moins multipliées si les esprits n'avaient été saisis d'une même préoccupation. Or, la contestation touchant l'Acadie, le conflit anglo-français, le procès de Lally, l'édit de 1784, la traite des noirs, sont le sujet de plus de cent

« Que diriez-vous si j'envoyais une troupe de bonzes et de lamas dans votre pays pour y prêcher leurs dogmes?..... »

livres ou brochures. Quelques-unes de ces œuvres de circonstance sont remarquables à différents titres. Les *Fragments sur l'Inde et le général Lally* doivent être cités en tête, pour leur valeur littéraire. Ce plaidoyer illustre un débat personnel et national à la fois, qui a commencé avec les *Mémoires* apologétiques de La Bourdonnais (1750), de Dupleix (1759), de Lally, de Le Noir (1763), de Bussy (1766), et qui s'est terminé par le *Mémoire* de Trophime Lally sur la revision du procès de son père (1789). Le *Mémoire* de Morellet sur la Compagnie des Indes (1769) a droit aussi à la première place, tant pour sa valeur économique que pour la décision importante qu'il a provoquée. Le *Pour et le contre*, de Dubuisson et Dubuc (1784), et les *Réflexions sur l'esclavage*, du pasteur Schwartz (1781), suscitèrent une si vive polémique à propos de l'admission des étrangers et de l'abolition de l'esclavage qu'ils ont une portée historique considérable; nous y reviendrons plus loin. Ils ne posèrent pas la question, pourtant. Le savant Forbonnais, Saintard, Petit et d'autres, l'avaient traitée avec vivacité et compétence (1). Les écrits sur la question de l'Acadie valent surtout par leur ardeur patriotique et leur haine des

(1) FORBONNAIS : *Essai sur l'admission des navires neutres dans les colonies* (1756); — SAINTARD : *Essai sur les colonies françaises et particulièrement Saint-Domingue* (1754); — *Lettres d'un citoyen sur la permission de commercer dans les colonies* (1756). — PETIT DE VIÉVIGNE, commissaire ordonnateur à la Martinique et à la Guadeloupe : *Code de la Martinique* (1767-72-86); *Droit public aux colonies* (1771-77-78).

Anglais. Les plus remarquables sont *La conduite des Français justifiée*, de l'avocat L. G. D. C., et la *Discussion sommaire*, du président Ogier (1755), que nous avons déjà citée. Mais l'abbé de Séran donne un tour original à la discussion, en assimilant la mauvaise foi anglaise à la mauvaise foi punique (1). Pellissery élève le débat en envisageant, avec la situation financière créée par l'abbé Terray, tous les intérêts commerciaux et politiques contenus dans la rivalité coloniale (2).

Après ces exemples, on peut légitimement conclure que la publicité en matière coloniale ne le cède, au dix-huitième siècle, à aucune des périodes précédentes. Elle est un peu moins active, mais plus impressionnée par les événements; elle dénote peut-être une curiosité moindre, mais un plus grand désir de connaître avec certitude et précision; elle est surtout plus raisonneuse, mieux informée, plus agissante, l'action coloniale, qui la dédaignait volontiers ou l'asservissait au dix-septième siècle, doit maintenant compter avec elle. Mais, surtout, elle est infiniment

---

(1) *Parallèle de la conduite des Carthaginois dans la deuxième guerre punique avec la conduite de l'Angleterre à l'égard de la France dans la présente guerre* (1757).

(2) *Le Café politique d'Amsterdam*, par Denis Roomptss (Pellissery, d'après Barbier), 2 vol. in-8°. Dialogue fort curieux entre un Français, un Anglais, un Hollandais et un cosmopolite, où la situation économique et politique des trois États, leur rivalité commerciale, leurs espérances de fortune sont agitées avec une science et une sagacité remarquables.

plus variée et plus étendue ; les livres spéciaux n'y suffisent plus ; toute la littérature et tous les écrivains y contribuent. La question coloniale est au nombre des grands problèmes politiques qui tourmentent le siècle.

CHAPITRE III

LA DISCUSSION.

Partisans et adversaires. — Théoriciens, colons et négociants.

La discussion, si vive et si féconde au dix-huitième siècle, est disséminée dans des œuvres nombreuses et toutes différentes. La question coloniale ne fait pas encore l'objet d'études spéciales et d'ensemble, comme en notre temps; on la traite incidemment ou par parcelles. L'opinion n'est pas encore faite, le sujet, comme tous les problèmes politiques, est à l'étude. Aussi est-il nécessaire, pour avoir une idée nette de l'état des esprits, de fixer à l'avance les points principaux sur lesquels portera l'enquête, et de faire comparaître, les uns après les autres, sans se préoccuper des genres ni des personnes, tous ceux qui ont exprimé un avis de quelque importance.

Nous demanderons donc aux raisonneurs du dix-huitième siècle : 1° s'ils ont approuvé l'expansion coloniale; 2° comment ils l'ont comprise. Sur ce dernier point, nous sommes déjà à demi éclairés par l'action gouvernementale, très dépendante de l'opinion, ainsi qu'on l'a dit, et par les publications analysées. Nous savons que la liberté du commerce colonial, ou affranchissement des colonies, ou admission des étrangers, formules différentes d'un même principe, a été l'objet des deux décisions de 1769 et 1784 et d'une polémique active. L'affranchissement des noirs ou abolition de la traite a fourni aussi matière à d'âpres discussions, surtout à la fin de la période. A ces deux graves questions peuvent se ramener toutes les opinions exprimées sur le système colonial, et nous y bornerons notre analyse.

I

LES PARTISANS ET LES ADVERSAIRES.

Nous avons rencontré dans le monde gouvernemental et dans le monde littéraire du dix-huitième siècle de nombreux défenseurs des possessions coloniales. Plusieurs nous ont donné leurs raisons : l'extension du commerce métropolitain est celle qui paraît dominante et suffit à la plupart.

A ces premiers témoins nous avons à joindre deux penseurs de marque, dont les théories politiques et économiques ont exercé la plus grande influence : Montesquieu et Adam Smith, ce dernier Anglais, mais bien vite populaire en France (1).

---

(1) Les *Recherches sur la richesse des nations* ont paru à Londres en 1776. Elles ont été traduites en français par Blavet en 1781 (Yverdun, 6 vol. in-12. — Paris, 1801, 4 vol in-8°); par Roucher (Paris, 4 vol.

Montesquieu, venant à étudier le rapport des lois avec le commerce, rencontre naturellement le problème de la colonisation. Après avoir blâmé l'esprit de conquête qui a inspiré la colonisation espagnole, il formule cette opinion (1) : « Des peuples plus raffinés trouvèrent que les colonies étaient des objets de commerce, ils se sont conduits avec tant de sagesse qu'ils ont donné l'empire à des compagnies de négociants qui, gouvernant ces États éloignés uniquement pour le négoce, ont fait une grande puissance accessoire, sans embarrasser l'État principal..... L'objet de ces colonies est, en effet, de faire le commerce à de meilleures conditions qu'on ne le fait avec les peuples voisins, avec lesquels tous les avantages sont réciproques..... Nos colonies des îles Antilles, ajoute-t-il, sont admirables: elles ont des objets de commerce que nous n'avons ni ne pouvons avoir; elles manquent de ce qui fait l'objet du nôtre. » Montesquieu approuve donc nettement les colonies de commerce ou les colonies de plantation, pour leur profit commercial. Mais il en fonde l'utilité sur la production de denrées nouvelles ou l'écoulement obligatoire des produits nationaux. La base est un peu étroite, et les théories édifiées ne sont guère solides, comme nous le verrons.

in-8°, 1790; Paris, 1795, avec un cinquième volume de notes, par Condorcet); par Garnier (Paris, 5 vol. in-8°, 1802). Cette dernière traduction est celle qui a été insérée dans la *Collection des économistes*, de Blanqui et Sismondi, 1842-43.

(1) *Esprit des lois*, liv. XXI, chap. XXI.

Adam Smith envisage, lui aussi, le profit commercial, mais avec une largeur de vues bien supérieure. « Les avantages généraux, dit-il, que l'Europe, considérée comme un grand pays, a retirés de la découverte de l'Amérique et de sa formation en colonies, consistent : en premier lieu, dans une augmentation de jouissances ; en second lieu, dans un accroissement d'industrie. » Développant cette idée, il établit que les pays mêmes qui ne sont pas en rapport direct avec les colonies en retirent, par la force de la loi universelle de l'échange, un aussi grand profit que la métropole elle-même. Les marchandises coloniales, par l'intermédiaire de la métropole, qui a besoin des produits d'un pays privé de colonies, passent dans ce pays, « y créent un nouveau marché, un marché plus étendu pour cet excédent de produit ». Lors même que ces denrées coloniales n'y pénétreraient pas, les États non colonisateurs gagnent encore à la formation des colonies, « parce qu'ils peuvent avoir reçu en plus grande abondance les marchandises de quelques nations dont l'excédent de produit aura été augmenté par le commerce colonial ». De toutes façons et pour tout le monde, la colonisation est donc un bien (1).

A ces apologistes de grande valeur nous avons à opposer des détracteurs d'une valeur non moins grande.

---

(1) Les économistes, la plupart élèves de Smith, se séparent du maître sur ce sujet. De ce que les colonies profitent à tout le monde, ils concluent qu'elles nuisent à la métropole, qui en fait seule les frais.

Les uns condamnent en bloc toute l'action coloniale, les autres n'en désapprouvent qu'une partie.

En tête de ces derniers, on ne sera pas peu étonné de retrouver Montesquieu lui-même. Nous venons de l'entendre louer les colonies de commerce, et l'on ne rencontrera dans l'*Esprit des lois* aucune désapprobation contre la colonisation, quelle qu'en soit la nature. Mais il n'en est pas de même des *Lettres persanes,* où il faut souvent chercher le complément de la pensée du grand théoricien. Dans telle lettre (lettre XLIX) Montesquieu condamne vigoureusement ce qu'on pourrait appeler la colonisation religieuse ou l'établissement des missions (1). Il pense à ce sujet comme La Bruyère et comme Bayle, et il traduit plus librement sa pensée : « C'est un beau projet, s'écrie Rica devant le provincial des Capucins, de faire respirer l'air de Casbin à deux Capucins ! cela sera très utile à l'Europe et à l'Asie ! il est fort nécessaire d'intéresser là dedans les monarques ! Voilà ce qui s'appelle de belles colonies ! Allez ; vous et vos semblables n'êtes point faits pour être transplantés, vous ferez bien de continuer à ramper dans les endroits où vous êtes engendrés (2). » Dans

---

(1) On la croyait nécessaire au dix-septième siècle. De nos jours encore, bien des personnes croient et disent qu'elle est utile, que « les missionnaires sont les pionniers de la colonisation », que « le cléricalisme n'est pas une denrée d'exportation », etc. L'opinion de Montesquieu est bonne à opposer aux uns et aux autres.

(2) Ce n'est pas là une simple boutade. Ailleurs (lettre CXVII), Montesquieu dénonce les congrégations comme « des sociétés de gens avares, qui prennent toujours et ne rendent jamais ».

telle autre lettre (lettre CXXI) Montesquieu proscrit aussi nettement les colonies de peuplement qu'il loue ailleurs celles de commerce. Elles lui semblent une des causes principales (1) de dépeuplement qu'on constate sur le globe depuis l'époque romaine. Cette lettre est même comme l'arsenal des arguments familiers aux adversaires des colonies. « L'effet ordinaire des colonies est d'affaiblir les pays d'où on les tire, sans peupler ceux où on les envoie. » Ainsi commmence le réquisitoire. Il fait valoir ensuite l'impossibilité de l'acclimatation dans presque tous les pays, sauf ceux « dont les climats sont si heureux que l'espèce s'y multiplie toujours » ; l'affaiblissement de la métropole, obligée de défendre ses possessions lointaines (2); la certitude de perdre ces possessions, si on ne les tient pas en état de défense. Et il conclut : « Qui voudrait de ces conquêtes à ces conditions ? » Qui en voudrait, ajoute-t-il ailleurs (3), au prix des cruautés qu'elles nécessitent ? On a vu les Espagnols, pour assurer leur colonisation, « exterminer un peuple aussi nombreux que tous ceux de l'Europe ensemble ! »

(1) Les autres sont les religions chrétienne et musulmane, la forme nouvelle de l'esclavage, l'abolition du divorce et l'extension du célibat dans les pays catholiques.
(2) Montesquieu se réfute lui-même, dans l'*Esprit des lois* (liv. XXI, chap. xxi) : « L'extrême éloignement de nos colonies, dit-il, n'est point un inconvénient pour leur sûreté : car si la métropole est éloignée pour les défendre, les nations rivales de la métropole ne sont pas moins éloignées pour les conquérir. »
(3) *Lettres persanes* (CX).

Ce dernier sentiment fait, en somme, honneur à Montesquieu. Il est dans la tradition française, que nous avons plaisir à noter à toutes les époques. Notre nature est bien décidément opposée à ces violences, puisqu'on trouve des protestations indignées contre les procédés espagnols aussi bien au temps où elles se sont produites que deux siècles après.

C'est un sentiment semblable qui pousse Voltaire dans l'opposition anticoloniale. En vingt endroits de ses œuvres si diverses, il s'élève contre les guerres qu'engendre la rivalité commerciale et coloniale, et particulièrement contre la guerre franco-anglaise dont le Canada est l'enjeu. Comme ses contemporains, il déprécie fort cette colonie. Il se vante (1) d'avoir conseillé de vendre le Canada aux Anglais, « ce qui aurait tout fini et ce que le frère de M. Pitt lui avait proposé ». Pour lui, « le Canada coûtait beaucoup et rapportait très peu..... En voulant le soutenir, on a perdu cent années de peine avec tout l'argent prodigué sans retour (2). » Aussi s'étonne-t-il, dans le *Siècle de Louis XV*, dans *Candide*, dans ses *Lettres*, dans ses *Fragments sur l'Inde*, etc., que deux nations civilisées « soient en guerre pour quelques arpents de neige vers le Canada et dépensent pour cette belle guerre beaucoup plus que tout le Canada ne vaut (3) ».

---

(1) Lettre à d'Argental, avril 1763.
(2) *Siècle de Louis XV*, chap. xxxv.
(3) *Candide*, chap. xxiii.

Mais sa réprobation ne reste pas confinée à ce point particulier. Elle se généralise et s'étend à toutes les conquêtes de terres neuves. « Nos peuples européens, dit-il (1), ne découvrirent l'Amérique que pour la dévaster et l'arroser de sang; moyennant quoi, ils eurent du cacao, de l'indigo, du sucre, du quinquina. » Il pousse encore plus loin, et, emporté par l'idée du moment, insoucieux des contradictions, il flétrit l'esprit de commerce, le besoin de luxe et de bien-être, qui ont été activés par l'importation des denrées coloniales. La tirade mérite d'être citée (2). « C'est pour fournir aux tables des bourgeois de Paris, de Londres et des autres grandes villes, plus d'épiceries qu'on n'en connaissait autrefois aux tables des princes; c'est pour charger de simples citoyennes de plus de diamants que les reines n'en portaient à leur sacre; c'est pour infecter continuellement ses narines d'une poudre dégoûtante; pour s'abreuver, par fantaisie, de certaines liqueurs inutiles (3), inconnues à nos pères, qu'il s'est fait un commerce immense, toujours désavantageux aux trois quarts de l'Europe; et c'est pour soutenir ce commerce que les puissances se sont fait des guerres dans lesquelles le premier coup de canon tiré de nos climats met le feu à toutes les batteries en Amérique et au fond de l'Asie. »

Ainsi Voltaire, qui, nous l'avons vu, s'intéresse à la

---

(1) *Fragments sur l'Inde*, au début.
(2) *Id.*
(3) On sait l'usage immodéré du café, que faisait lui-même Voltaire.

Compagnie des Indes comme Français et comme actionnaire, qui loue si dignement Colbert (1) « d'avoir tenté toutes les voies de réparer le tort et le malheur qu'avait eus si longtemps la France de négliger la mer, tandis que ses voisins s'étaient formé des empires aux extrémités du monde » ; Voltaire, dont le bon sens est d'habitude si ferme et dont le patriotisme, en somme, est clairvoyant et sincère, se trouve amené, par un entrainement en apparence inexplicable, à brûler ce qu'il adore ailleurs, à nourrir des chimères dignes de Fénelon, à développer les utopies de Rousseau, qu'il a raillées dans Rousseau si spirituellement (2).

Cette anomalie s'explique pourtant. Voltaire est le congénère de Ronsard, Montaigne, Boileau, La Fontaine ; il aime le lieu commun. Plus littérateur qu'observateur, plus frondeur que penseur, il n'approfondit pas, avec un sérieux souci du vrai, les problèmes politiques et économiques ; il n'a pas, sur ce point comme sur une infinité d'autres, une opinion réfléchie et raisonnée. C'est le caractère de l'esprit classique, duquel il procède, de s'attacher au trait et à la tirade, plutôt qu'à l'observation et au fait. Une erreur bien dite n'a-t-elle pas sa valeur littéraire ? La conviction du moment ne suffit-elle pas à donner au style son mouvement et sa chaleur ?

Il est pourtant une observation, perdue dans ses lettres et jetée en courant, qui semble dégagée de

---

(1) *Siècle de Louis XIV*, chap. XXIX.
(2) Lettre à Rousseau à propos du *Discours sur l'inégalité*

préoccupation littéraire, et qui présente l'opinion peut-être intime de Voltaire sur le sujet : « Si le pays d'Eldorado, écrit-il à Chardon (5 avril 1767), avait été cultivable, il y a grande apparence que l'amiral Drake s'en serait emparé et que les Hollandais y auraient envoyé quelques colonies de Surinam. On a bien raison de dire de la France : *Non illi imperium pelagi.* » Cela veut dire que les Français ne sont pas colonisateurs ; qu'ils n'ont « guère sçu bien gaigner ni garder », comme a dit Brantôme ; qu'ils n'ont jamais su ni voulu « planter colonies », comme on disait au temps de Razilly. L'accusation n'est pas nouvelle, mais Voltaire s'est habitué à la formuler en toute occasion (1). L'état peu florissant du Canada lui sert, d'ailleurs, d'argument ; et c'est pour cela que la guerre coloniale lui paraît si futile et si maladroite. Telle est, semble-t-il, la mesure et la portée de l'opposition de Voltaire. Elle vaut, par la renommée et l'influence de son auteur, plus que par elle-même.

Il en est autrement des opinions qu'il nous reste à relever. Elles sont importantes comme témoignage ou comme expression nette d'une opposition sans réserve, bien que leurs auteurs n'aient pas tous une grande notoriété.

Voici d'abord l'avocat Marais, dont la vie s'est écoulée obscure, mais qui nous a laissé d'intéressants Mémoires. Il représente fidèlement l'opinion de la

(1) *Siècle de Louis XIV, Siècle de Louis XV, Fragments sur l'Inde,* etc.

bourgeoisie éclairée et, à ce titre, nous intéresse particulièrement. D'abord, il se montre grand ennemi [du] système de Law ; il raille la Compagnie, tout en ach[e]tant ses titres (1); il raille les agioteurs, les Mississippiens, et « ce vertige d'actions qui a saisi toute l'Europe ». L'activité commerciale, créée par le systèm[e] ne trouve même pas grâce à ses yeux. Il approuve fo[rt] l'arrêt du 24 octobre 1720 qui ordonne le dépôt d[es] actions pour vérification, et il en loue sans réserve [le] « beau préambule » qu'a rédigé le chancelier d'Aguesse[au] et où le commerce de luxe, fruit du système, est vigo[u]reusement malmené. Dans ces dispositions d'esprit, [il] est peu porté à se laisser prendre à la réclame fai[te] pour la colonisation de la Louisiane. C'est même [à] propos d'elle qu'il condamne toutes les tentatives [de] colonisation d'une façon péremptoire qui ne lui est p[as] habituelle : « On a publié, dit-il, une petite feuille co[n]tenant une relation du Mississipi où l'on en par[le] comme du Paradis terrestre. Il semble qu'on veui[lle] faire sortir tous les Français de leur pays pour aller [là]. On ne s'y prend pas mal pour faire de la France u[n] pays sauvage et en dégoûter les Français. Quel dessei[n] de dépeupler un royaume florissant pour peupler u[n] désert! » Voilà donc une forme nouvelle de la répr[o]bation formulée presque à la même date par Montes[-]quieu. Voilà la constatation dans les esprits de [la]

---

(1) *Mémoires*, 12 juillet 1720. Il s'en repent, d'ailleurs, tout aussitô[t]

LE DÉCLIN. 303

dégoût pour l'émigration, qu'ont affirmé plusieurs auteurs de Mémoires et qu'établit suffisamment la lenteur de notre colonisation.

Bernardin de Saint-Pierre nous fournit à la fin du siècle le même témoignage que Marais au début. Il a même un degré d'autorité de plus, parce qu'il parle en homme qui a vu et jugé sur place, qui a perdu aux colonies ses illusions coloniales (1). Son premier argument, très français, dominant encore aujourd'hui, est tiré de l'amour du sol natal. « Je croirai, dit-il (2), avoir rendu service à ma patrie, si j'empêche un seul honnête homme d'en sortir, et si je puis le déterminer à y cultiver un arpent de plus dans quelque lande abandonnée. Pour aimer sa patrie, il faut la quitter. Je suis attaché à la mienne.....; j'aime les lieux où, pour la première fois, j'ai vu la lumière, j'ai senti, j'ai aimé, j'ai parlé. J'aime ce sol que tant d'étrangers adoptent, et qui est préférable aux deux Indes par sa température, par la bonté de ses végétaux, par l'industrie de son peuple. » La seconde raison est que toutes les colonies sont surfaites et qu'aucune n'a de valeur réelle. L'île de France, par exemple, cette fleur de la mer des Indes, que La Bourdonnais avait faite si prospère, que les Anglais ont si ardemment convoitée avant de la saisir, que B. de Saint-Pierre lui-même décrit avec tant de charme, sem-

---

(1) On sait que presque tous nos marins sont, pour cette raison, des désabusés de la colonisation, dont ils sont pourtant les agents.

(2) Préface au *Voyage de l'île de France*, et *passim*.

blait bien devoir vaincre cet attachement à la mère patrie dont parle le sentimental écrivain. Mais quoi! « Cette colonie fait venir sa vaisselle de Chine, son linge et ses habits de l'Inde, ses esclaves et ses bestiaux de Madagascar, une partie de ses vivres du cap de Bonne-Espérance, son argent de Cadix, et..... son administration de France! Il y a la moitié de l'île en friche, un quart de cultivé, un autre quart en pâturages bons et mauvais..... M. de La Bourdonnais voulait en faire l'entrepôt du commerce de l'Inde, une seconde Batavia. Avec des vues d'un grand génie, il avait le faible d'un homme : mettez-le sur un point, il en fera le centre de toutes choses..... On regarde encore l'île de France comme une forteresse qui assure nos possessions de l'Inde. C'est comme si on regardait Bordeaux comme une citadelle de nos colonies d'Amérique. » Une pareille appréciation d'un témoin oculaire, doublé d'un charmant écrivain, n'était-elle pas de nature à détourner les Français de toute émigration, s'ils y avaient été portés naturellement? Aussi cette sorte d'argumentation a-t-elle été souvent reprise par les adversaires de la politique coloniale (1).

Nous arrivons enfin à Rousseau, qui, sans avoir jamais abordé directement le problème, n'en est pas moins le plus absolu des auteurs hostiles. Il l'est d'une

(1) Rapprocher les *Lettres sur la politique coloniale*, de M. Yves Guyot. Ce sont mêmes arguments, presque mêmes termes. L'Algérie est prise pour exemple au lieu de l'île de France (p. 39, 57, etc.).

façon tout abstraite, par spéculation philosophique. Il répudie la colonisation comme le commerce, l'industrie, les arts, la science, tout l'appareil enfin de la civilisation. C'est de là, croit-il, que sont sortis l'inégalité et tous les maux dont souffrent les hommes en société. « L'état sauvage est la véritable jeunesse du monde; tous les progrès ultérieurs ont été en apparence autant de pas vers la perfection de l'individu, et en effet vers la décrépitude de l'espèce (1). » Aussi combien d'exemples de jeunes sauvages, convertis, à demi civilisés, « qui bientôt jettent leurs habits d'emprunt et retournent à leurs forêts »! Bref, Rousseau voudrait plutôt une colonisation à rebours, c'est-à-dire un établissement de sauvages en pays civilisé.

Nous sommes ici, on le voit, en pleine fantaisie du paradoxe. Rousseau, qui déclame tant contre la culture de l'esprit, en abuse lui-même. Sans rechercher s'il a été sincère, on voit aisément qu'il ne fait dans la circonstance, comme Ronsard et Montaigne au seizième siècle, que

> Ravauder l'oripeau qu'on appelle antithèse,

que jouer avec le lieu commun usé de l'âge d'or, que faire une débauche d'imagination et d'esprit classique. Il est si bien en ce point un homme du seizième siècle

---

1 *Discours sur l'inégalité*, 2ᵉ partie. — V. les notes de l'édition de Neuchatel, 1774.

qu'il cite avec admiration la tirade de Montaigne sur les Américains et, comme Ronsard, « se plaît à rappeler l'image de la simplicité des premiers temps ». Il est le disciple de ce bon Plutarque, qu'il a tant lu, et son « état de nature » n'est qu'un pastiche de l' « âge d'or ».

Mais Rousseau n'est pas le seul de ses contemporains qui soit imbu de l'esprit classique. Diderot, qui a pourtant collaboré à l'*Histoire philosophique des Indes*, de Raynal, a paraphrasé, dans un de ses opuscules (1), la strophe de Ronsard adressée à Villegagnon (2). Il place dans la bouche du Tahitien Orou une violente diatribe contre les vices et l'ambition des Européens, et il le fait conclure par cette apostrophe : « Pleurez ! mais que ce soit de l'arrivée et non du départ de ces hommes ambitieux et méchants! » Combien d'autres, en ce temps de sentimentalisme vague, d'enthousiasme grec et romain, de naturalisme à outrance, ont pensé, sans le dire, comme Rousseau et Diderot!

M. Taine a fait une critique fort vive de cet état d'esprit porté dans la science d'observation qu'on nomme la politique, et il lui attribue, avec quelque exagération pourtant, tous les excès et toutes les erreurs de la Révolution. Nous n'avons qu'à applaudir à ce jugement en ce qui concerne la question coloniale. Des théories comme celles de Rousseau peuvent

---

(1) *Supplément au Voyage de Bougainville* (édition du Centenaire, p. 172).
(2) V. liv. Ier, chap. III.

fausser le jugement de toute une génération et causer la ruine d'un peuple.

II

LIBERTÉ COMMERCIALE ET ESCLAVAGE.

1º La liberté commerciale.

En pénétrant dans les dicussions qu'ont provoquées les actes de 1769 et 1784, nous quittons les divagations spéculatives et les affirmations *à priori*. Les témoins que nous consulterons sont des hommes d'affaires ou des théoriciens d'observation.

Nous avons vu que le système du privilège et du monopole a été réprouvé par la plupart des penseurs, de Bodin à Vauban. Le dix-septième siècle a donc déjà posé et théoriquement résolu la question. Le dix-huitième siècle en reprend l'étude directe et lui donne une première solution pratique.

La discussion a été vive. Les Compagnies et leurs privilèges ont encore leurs partisans. Le maire de Lorient, répondant à une requête de la chambre de commerce de Bordeaux, en 1775, dit nettement : « L'expérience confirme tous les jours l'erreur où l'on est tombé en détruisant les Compagnies (1). » Ce maire

(1) *Mémoires de Bachaumont*, VIII, 12, 14 juillet 1775.

pense comme un des grands théoriciens du siècle, Montesquieu. Le régime des Compagnies paraît à Montesquieu si naturel, qu'il ne conçoit pas sans elles la colonisation commerciale, la seule qu'il admette. En un endroit (1), il est vrai, il semble blâmer les Compagnies de négociants : « Elles conviennent rarement, affirme-t-il, au gouvernement d'un seul où se fait le commerce de luxe, et, dans les États où se fait le commerce d'économie, on fera encore mieux de ne point gêner par des privilèges exclusifs la liberté du commerce. » Ailleurs encore (2), il blâme l'habitude portugaise d'accorder à des particuliers des privilèges exclusifs, et il en donne pour raison : la défiance « en de pareilles gens », la discontinuité, la déperdition et le peu d'étendue de ce commerce « qui reste dans des mains particulières ». Et pourtant, nous avons vu plus haut en quels termes nets et formels il approuve les Compagnies pour le commerce colonial : leur création a été, suivant lui, un acte de sagesse ; car « elles ont pu faire une grande puissance accessoire, sans embarrasser l'État principal ».

Cette contradiction pourrait rendre hésitant sur l'opinion de Montesquieu en cette matière, s'il n'avait montré, à propos des colonies, qu'il adopte dans son ensemble tout le système de Colbert. Le régime prohibitif et l'exclusion des étrangers lui semblent légitimes

(1) *Esprit des lois*, XX, 10.
(2) *Id., ibid.*, 20.

et fondés en raison. « On a établi, dit-il (1), que la métropole seule pourrait négocier dans la colonie, et cela avec grande raison, parce que le but de l'établissement a été l'extension du commerce, non la fondation d'une ville ou d'un empire. Il est encore reçu que le commerce établi entre les métropoles n'entraîne point une permission des colonies, qui restent toujours en état de prohibition. Le désavantage des colonies qui perdent la liberté du commerce est visiblement compensé par la protection de la métropole, qui les défend par ses armes ou les maintient par ses lois. »

On ne peut s'empêcher de remarquer combien est indécise et contradictoire la théorie coloniale de Montesquieu. Il assigne pour unique but à la colonisation l'extension du commerce, et d'autre part il proscrit l'émigration, c'est-à-dire les colonies de peuplement ou de plantation. Mais ces colonies ne sont-elles pas faites aussi pour le commerce d'exportation? Ne prospèrent-elles pas en raison du régime commercial qui leur est imposé? Si les entraves de la prohibition et de l'exclusif sont mauvaises pour le commerce métropolitain, pourquoi cesseraient-elles de l'être en s'appliquant à la partie coloniale de ce commerce?

Les vues de Montesquieu en économie politique, moins fermes que ses idées politiques, ont eu moins d'influence. Pourtant, ses conclusions sur les colonies

---

(1) *Esprit des lois*, XXI, 21.

et leur commerce ont servi de base à la discussion provoquée par les actes de 1769 et 1784. Presque tous les Mémoires communiqués ou publiés citent les aphorismes ci-dessus, les uns comme une sorte d'article de foi qu'on ne discute pas, les autres comme un préjugé qu'il faut d'abord détruire.

C'est précisément entre les colonies de plantations et la métropole que s'éleva le débat. Il a duré plus de vingt ans. Provoquée au lendemain du traité de Paris, par Choiseul, en 1765, la discussion est encore aussi vive en 1789, malgré l'acte de 1784. Les adversaires sont d'égale force : d'un côté, tous les négociants de la métropole ayant pour théoricien Montesquieu; de l'autre, les colons des Antilles, s'appuyant sur l'*Encyclopédie*, Morellet, Condillac, Smith, Turgot, Raynal, et sur la tendance des esprits vers toute liberté. Les meilleures raisons, sans contredit, étaient pour les colons, qui l'ont emporté.

L'argumentation porta principalement sur l'origine et la raison d'être des colonies, sur les principes du commerce, sur les besoins des colonies.

Le premier point importait le plus. De l'idée qu'on se faisait du mode de fondation des colonies, découlaient, en effet, leurs devoirs vis-à-vis de la métropole et les droits de celle-ci. Si les colonies ont été fondées par la métropole et toujours entretenues par elle, il est clair qu'elles sont sa chose, et les colons ses agents : le pacte colonial est de toute justice. C'est, on vient de le voir, l'opinion de Montesquieu. L'*Encyclopédie* en donne la formule très nette : « Les colonies sont formées par la métropole et pour la métropole. » Les négociants de France renchérissent encore : c'est pour eux un axiome. Une cinquantaine de Mémoires collectifs (1), revêtus parfois de centaines de signatures, ont été adressés aux ministres par les chambres de commerce ou les négociants réunis, ou même par les Parlements. Tous partent du même point et développent la même thèse. Quelques-uns y ajoutent un argument de fait : « Depuis que les puissances de l'Europe, disent-ils, ont établi des colonies dans les autres parties du monde, le commerce exclusif de ces puissances dans leurs colonies a toujours été le droit commun et invariable (2). » Aucun ne recule devant l'expression la plus absolue du principe : « Les colonies n'ont été établies, n'ont été protégées et ne le sont encore que pour donner de l'extension au commerce, à l'agriculture, aux fabriques et à la navigation du royaume; elles doivent donc rester dans la dépendance de la métropole, qui leur a donné des lois, qui les a peuplées de citoyens, qui leur a fait les premières avances en terres et en bras pour les cultiver et qui les défend par ses armes (3). » Il ne faut pas croire, comme il a été dit, que les négociants des ports fussent seuls à pro-

(1) V. *Collection des Mémoires généraux*, aux Archives coloniales, notamment le t. XX.
(2) *Mémoires généraux*, t. XX, n° 63.
(3) *Id., ibid.*, n° 8.

tester contre le libre trafic. Les chambres de commerce de Picardie, de Normandie, de Lyon, Lille, Toulouse, Reims, les entrepreneurs des manufactures de sucre d'Orléans, la Cour des aides et les commerçants de Montauban, le Parlement de Rouen, multiplient les Mémoires et les suppliques (1). Mais les plus ardents furent naturellement les armateurs, et parmi eux ceux du Havre, Saint-Malo, Nantes et surtout Bordeaux. Ils étaient, en effet, les plus engagés dans les affaires coloniales pour la fourniture des morues, viandes salées, vins, cotonnades, et pour l'achat des tafias et des sucres. Dans leur indignation égoïste, ils parlent de « conjuration contre le commerce de la métropole et même contre l'État », de « trahison des colons », de « surprise méditée par les ministres », etc..... Ils étaient violents dans leur langage, parce que, de bonne foi, ils confondaient leurs intérêts avec ceux de la patrie.

Mais les défenseurs des colonies étaient bien armés pour la riposte. Quand ils n'auraient pas été éclairés par leur intérêt, ils trouvaient des lumières dans les théories des philosophes. L'exclusif et le monopole sont condamnés par l'*Encyclopédie* en termes formels. La liberté de commerce y est fortement revendiquée dans le Mémoire de Morellet, publié à l'article *Compagnie*. « L'obligation de ne prendre qu'aux maga-

(1) *Mémoires généraux*, t. XX, n°s 23, 25, 27, 29, 30, etc.

sins de la Compagnie les choses les plus nécessaires à la vie, dit Morellet, et d'y porter tout le fruit de sa culture, oblige le colon à vivre aux dépens de la Compagnie. La Compagnie, s'étant réservé le commerce des noirs, ne livre que des noirs de pacotille, les vend à très haut prix à cause de l'insuffisance de l'approvisionnement et ruine ainsi la culture. L'horreur du privilège éloigne les colons..... Les colonies anglaises d'Amérique, en vingt ans de liberté relative, ont quadruplé leurs richesses, leur commerce, leur population. » Condillac, dans son *Traité sur le commerce* (1), a été plus explicite encore et plus convaincant que Morellet. Il a épuisé la question et donné tous les arguments en faveur de la liberté du trafic en général. Adam Smith condamne avec la même vigueur le pacte colonial et l'exclusif de la métropole. « Le commerce exclusif de la métropole, dit-il, tend à diminuer à la fois les jouissances et l'industrie de l'Europe en général et de l'Amérique en particulier, ou au moins il tend à les tenir au-dessous du degré où elles s'élèveraient sans cela. » La principale raison qu'il en donne est le renchérissement des denrées étrangères pour les colonies et des denrées coloniales pour l'étranger. Les négociants, « qui ne voient que le profit immédiat », trouvent cela excellent. Mais l'économiste n'a pas de mal à démontrer que ce renchérissement rend l'épargne

---

(1) *Traité sur le commerce et le gouvernement considérés relativement l'un à l'autre* (1775) : chap. VII et XII.

plus difficile et ralentit l'accumulation des capitaux, qui est pourtant le ressort du progrès. Turgot précise cette pensée (1) et dit le dernier mot de la théorie libérale appliquée aux colonies. « Il faut, affirme-t-il, consentir de bonne grâce à laisser aux colonies une entière liberté de commerce, en les chargeant des frais de leur défense et de leur administration, à les regarder non comme des provinces asservies, mais comme des États amis, protégés si l'on veut, mais étrangers et séparés..... Alors, l'illusion qui depuis deux siècles berce nos politiques sera dissipée. C'est alors qu'on appréciera la valeur exacte de ces colonies appelées par excellence colonies de commerce, dont les nations européennes croyaient s'approprier toute la richesse, en se réservant de leur vendre et de leur acheter tout exclusivement. On verra alors combien la puissance fondée sur un système de monopole était précaire et fragile, et peut-être s'apercevra-t-on, par le peu de changement réel qu'on éprouvera, qu'elle était aussi nulle et chimérique dans le temps qu'on en était le plus ébloui. »

Telles sont les raisons dont se sont inspirés les députés des îles qui ont particulièrement soutenu la thèse de l'affranchissement. Mais ils en trouvent d'autres, ou théoriques ou de circonstance.

Le député de la Martinique, en 1765, par exemple,

(1) Mémoire au Roi sur la guerre d'Amérique (*Œuvres*, édition Daire, II, p. 559).

combat en ces termes la définition de Montesquieu (1) : « Les Indes occidentales, avant nos établissements, étaient telles qu'il ne s'y pouvait faire aucune sorte de commerce. Ce n'est donc pas pour faire le commerce à de meilleures conditions qu'on ne le peut faire avec des peuples voisins que nos colonies ont été créées. Par suite, l'exclusif ne leur a pas été imposé pour répondre à leur but, mais simplement parce qu'il a paru plus avantageux à la métropole. Le but des établissements coloniaux est l'extension de l'Empire ; leur objet, la gloire de l'État et l'utilité qu'il peut attendre de leurs productions. » Une lettre adressée à Choiseul en 1763 (2) et demandant déjà la liberté de commerce pour quatre ans, pose autrement et non moins habilement la question : « Le négociant colon et le négociant de la métropole ne sont-ils pas tous deux sujets du même prince? Ne travaillent-ils pas tous deux à leur bien-être particulier, mais d'harmonie avec celui de l'État? De quel droit l'un serait-il dépendant de l'autre? Que le négociant soit donc Français, patriote, et qu'il aime le bien général! Tout État maritime sans colonies est, quand il plaît à ses voisins, sans commerce. Conservons donc et favorisons ce qui reste des colonies françaises, puisque la France ne peut se passer de commerce! »

C'est Dubuc, député de la Martinique, qui a été le

(1) *Mémoires généraux*, t. XXI, n° 10, 3 septembre 1765.
(2) *Id.*, t. XXIII, n° 3.

véritable champion de la cause des colonies. Dans le *Pour et le Contre* et dans les *Lettres critiques à M. Raynal*, il a développé la thèse des colons avec une remarquable logique. Voici son argumentation :

« Les colonies n'ont pas été fondées par et pour la métropole, comme dit l'*Encyclopédie*. Les colons sont allés, de leur propre mouvement, sans aveu de la métropole, et par conséquent sans conditions, occuper le sol des colonies. Ils y ont prospéré, non pas grâce à l'exclusif établi par Colbert, mais malgré lui. Ils n'ont donc ni pacte, ni reconnaissance qui les lie à la métropole et les oblige à travailler, à vivre pour elle. Les colonies sont des provinces du royaume de France, aussi françaises de sentiment que les autres, égales aux autres. Ayant une merveilleuse aptitude à opérer la conversion des denrées de la métropole en d'autres denrées plus utilement ou plus facilement commerçables, elles doivent aider et aident, en effet, à la prospérité commerciale de l'État. Mais c'est à la condition que l'État les aide et les favorise, autant, sinon plus, que les ports du royaume. Il est en effet plus strictement vrai de dire que Bordeaux, Nantes, le Havre, etc., ont été plutôt formés par les colonies que celles-ci par la métropole..... »

Cela posé, Dubuc examine les droits du commerce à une protection de l'État. Qu'est-ce que le commerce ? « C'est la science du besoin des autres et l'emploi de notre superflu. » Ceux-là seulement peuvent se dire du commerce, qui produisent et créent les objets de l'échange, qui sont possesseurs des terres, soit du royaume, soit des colonies, qui sont manufacturiers et producteurs à divers titres. « Les négociants des ports de mer ne sont que les agents, les appareilleurs des matières de l'échange récoltées et manufacturées »; ils sont, par leurs gains exagérés, les ennemis plutôt que les facteurs du commerce..... Qui donc doit être écouté des colons ou des négociants? Ne sont-ce pas les colons? Or, il suffit de rappeler ce qu'a coûté l'exclusif aux colonies pour leur culture, leur main-d'œuvre par les esclaves, leurs échanges; il suffit de montrer que les négociants ont exploité sans merci les colonies et n'ont jamais satisfait à leurs besoins, pour conclure que les colonies doivent être enlevées à cette exploitation ruineuse et rendues à elles-mêmes.

Cette démonstration, appuyée de faits précis, était de nature à emporter les suffrages. Les intéressés seuls y résistèrent; le gouvernement et le public furent pour l'arrêt de 1784, dont *le Pour et le Contre* et les *Lettres* étaient le meilleur commentaire. Ce commentaire dépassait même la portée de l'acte; il battait directement en brèche l'ancienne théorie du pacte colonial, à laquelle l'arrêt touchait en fait, non en principe. Toutefois Dubuc est aussi incomplet dans la pratique que l'arrêt lui-même. Il se déclare satisfait de la liberté concédée, bien qu'elle ne le fût que pour une série de produits rigoureusement spécifiés. Il faudra encore attendre près d'un siècle (1861) avant que la loi concorde avec le principe.

2° L'esclavage.

Si les colons ont plaidé pour un principe dans la question de l'exclusif, ils n'ont défendu que leur intérêt dans celle de l'esclavage.

Cet intérêt, il est vrai, était vital. Les esclaves une fois affranchis, que deviendraient les colonies? Le seul instrument de travail possible en ces climats disparaitrait, et avec lui toute production. Les nègres, devenus libres, deviendraient maitres, puisqu'ils sont dans la proportion de cinq contre un (1); toutes les colonies tomberaient dans l'anarchie ou seraient la proie des Anglais.

Malheureusement pour eux, les colons avaient à combattre un adversaire bien puissant en France, surtout au dix-huitième siècle, le rationalisme. Leurs raisons de fait et d'expérience se heurtaient à un dogme philosophique que le public ni les penseurs ne pouvaient abandonner sans le remords que cause une flagrante contradiction : la dignité de l'homme et son corollaire, la liberté individuelle.

Ainsi engagée entre un intérêt vital et un principe irréductible, la discussion devait être et fut, en effet,

(1) 340,000 nègres contre 74,000 blancs dans les iles de la Martinique, la Guadeloupe et Saint-Domingue.

très vive. Quant à l'issue, elle n'était pas douteuse : en France la théorie triomphe toujours.

La question n'était nouvelle ni au point de vue philosophique ni au point de vue colonial. La légitimité de l'esclavage avait été soutenue, on se le rappelle, par Lescarbot, au nom de l'inégalité biblique des races; par Grotius, sous le prétexte de contrat ou de droit de la guerre; par Hobbes, en vertu de la loi du plus fort; par Bossuet, comme droit du vainqueur. Elle avait été énergiquement combattue par Bodin, qui n'admet que la domination du sage; par Locke, qui proclame tous les hommes libres et égaux dans l'état de nature. Quant à l'emploi des esclaves dans les colonies de plantation sous climat tropical, les hommes d'État en avaient reconnu la nécessité; les missionnaires eux-mêmes, pensant comme Lescarbot, l'avaient trouvé légitime et s'en étaient volontiers accommodés. Louis XIII, pourtant, avait eu des scrupules et n'avait cédé que dans une pensée pieuse. Mais ces scrupules n'ont pas reparu. Colbert fait de la traite l'affaire capitale du commerce colonial. S'il pense à établir une législation sur la matière, ce n'est ni par respect de la dignité humaine, ni par pitié, mais simplement par esprit de prévoyance. Le Code noir adoucit le sort des noirs esclaves, et c'est lui, avec quelques aggravations, qui fait loi jusqu'à la Révolution.

Comme il a servi en partie de base à la discussion, il est bon de le résumer. Il impose au maître l'obligation de nourrir, habiller et soigner l'esclave, le respect de la famille esclave, des facilités et des garanties pour l'affranchissement. Mais il multiplie les peines corporelles et la peine de mort pour les vols, rébellions, fuites, etc. ; il ne reconnaît à l'esclave aucun droit, il le considère comme « bien meuble ». Il ne fixe aucune pénalité sérieuse contre les abus de pouvoir ou les brutalités du maître qui, dans la pratique, aggravaient singulièrement une législation déjà dure. Il est basé, en un mot, sur le mépris absolu de la dignité humaine dans le noir.

C'est précisément sur ce point que les philosophes du dix-huitième siècle portèrent la discussion. Poser ainsi la question, c'était la résoudre.

Ici encore, comme pour l'exclusif, c'est Montesquieu qui définit le problème. Il l'aborde de deux manières : dogmatiquement, en réfutant la doctrine de Grotius (1); ironiquement, en montrant l'absurdité du préjugé contre les noirs (2). L'esclavage, dit-il, ne peut être légitimé par le droit de la guerre ; car « il n'est pas permis de tuer dans la guerre, sauf le cas de nécessité ; mais dès qu'un homme en a fait un autre esclave, on ne peut pas dire qu'il était dans la nécessité de le tuer, puisqu'il ne l'a pas fait ». Il ne peut être le résultat d'un contrat ni de la descendance ; car « la vente suppose un prix ; l'esclave se vendant, tous ses

---

(1) *Esprit des lois*, liv. XV, chap. I-II.
(2) *Id., ibid.*, chap. v.

biens entreraient dans la propriété du maître, le maître ne donnerait rien, et l'esclave ne recevrait rien ; or, si un homme n'a pu se vendre, encore moins a-t-il pu vendre son fils, qui n'était pas né ». Mais quoi ! reprend Montesquieu, avec une ironie éloquente : « Le sucre serait trop cher, si l'on ne faisait travailler la plante qui le produit par des esclaves. Ceux-ci sont noirs des pieds à la tête, et ils ont le nez si écrasé qu'il est presque impossible de les plaindre..... On ne peut se mettre dans l'esprit que Dieu, qui est un être très sage, ait mis une âme, surtout une âme bonne, dans un corps tout noir. »

Montesquieu, on le pense bien, n'eut pas de contradicteurs dans le monde des philosophes. Il avait d'un coup si bien épuisé le débat que les écrivains, durant tout le siècle, ne font guère que le répéter. Rousseau, comme Locke, démontre que l'esclavage est contraire au droit de nature (1) ; l'*Encyclopédie* copie Rousseau et Montesquieu (2) ; Voltaire refait ce dernier en l'affaiblissant, car il n'a pas sa foi, et la question le gêne (3) ; Raynal le commente sans y rien ajouter, au moins dans les premières éditions (4) ; le pasteur Schwartz, l'abbé Sibire, les Anglais Clarkson et Wilberforce, l'Américain Bentley, enfin Brissot et la Société des amis des noirs ne font qu'amplifier des arguments qui

---

(1) *Discours sur l'inégalité.*
(2) Article *Esclavage.*
(3) *Essai sur les mœurs*, chap. CLII, fin ; *Candide*, chap. XIX.
(4) *Histoire philosophique des Indes*, jusqu'à la 3ᵉ édition.

semblent avoir reçu du maître leur forme définitive (1)

Une chose essentielle manque pourtant à l'argumentation de Montesquieu : il ne conclut pas. Ce n'était pas assez d'avoir prouvé que l'esclavage n'est fondé sur aucun droit et qu'il n'est excusé ni par les nécessités de la plantation coloniale ni par l'infériorité morale des noirs. On se trouvait en présence d'un fait, le problème était économique autant que philosophique. Montesquieu en reste à la philosophie pure, où il a facilement gain de cause. Mais comment détruire ou pallier le fait? C'est ce qu'il ne dit pas. Il ne prononce même pas le mot d'abolition, que l'on attend, et l'on ne sait s'il la voulait immédiate ou progressive.

Turgot fut un des premiers à tirer les conclusions de la théorie. Il propose hardiment l'affranchissement progressif des esclaves. Mais lui non plus n'est pas complet. Il n'a pas approfondi la matière, et il ne donne pas les moyens de réaliser son vœu généreux. Il ajoute toutefois aux raisons de Montesquieu un argument historique, qui fait honneur à sa pénétration : « Le grand nombre d'esclaves noirs réunis dans les provinces méridionales d'Amérique, dit-il, est incompatible avec une bonne constitution politique et tend à

---

(1) SCHWARTZ : *Réflexions sur l'esclavage* (Neuchâtel, 1781.) — SIBIRE : *L'aristocratie négrière*. (Paris, 1789.) — CLARKSON : *Essai sur les désavantages politiques de la traite des nègres* et *Essai sur le commerce de l'espèce humaine*. (Traduction de Gramagnac. Neuchâtel. 1789.) — WILBERFORCE : *Bill d'abolition*, 1789. — BENTLY : *Tableau abrégé de l'état misérable des nègres esclaves*. (Philadelphie, 1767.) — BRISSOT : *Mémoire* lu à la Société des amis des noirs, 9 février 1789

former deux nations dans le même État. » C'était prévoir de loin la guerre de Sécession (1).

C'est Raynal, dans sa troisième édition, et Schwartz, dans son opuscule, qui donnent les premiers et à peu près à la même date (1781) des solutions raisonnées. L'un et l'autre veulent l'abolition (2). Mais Schwartz est plus absolu peut-être encore que Raynal. Il ne propose et n'accepte aucune des améliorations que Raynal offre, après tant d'autres, comme palliatif provisoire; il croit « de pareilles précautions insuffisantes pour adoucir l'esclavage, car elles ne peuvent être utiles qu'autant qu'elles ne feront qu'accompagner un système d'affranchissement ». Mais où l'abbé se montre plus violent que le pasteur, c'est quand, en désespoir d'obtenir jamais la moindre réforme, tant les intérêts sont grands, il préconise ouvertement, comme solution dernière, la rébellion des esclaves. Schwartz se contentait de dire avec componction, dans son épître dédicatoire adressée aux noirs : « Je sais que vous ne connaîtrez jamais cet ouvrage, et que la douceur d'être béni par vous me sera toujours refusée. Mais j'aurai satisfait mon cœur déchiré par le spectacle de vos maux, soulevé par l'insolence absurde des sophismes de vos tyrans. » L'un et l'autre, d'ailleurs, s'accordent sur le mode d'affranchissement. Ils le veulent progres-

(1) Lettre au docteur Price sur la Constitution américaine. (*OEuvres*, édition Daire, II, 809.)
(2) RAYNAL, t. VI, édition an III, p. 202 et suiv. — SCHWARTZ, p. 29 et suiv.

sif, réparti d'une génération à l'autre, réglé par des lois de sûreté rigoureuses, accompagné de mesures de bienfaisance telles que la subsistance assurée aux nègres vieux et infirmes et aux nègres orphelins, la subsistance et le logement pendant un an aux nègres valides qui n'auraient pu se louer, l'instruction largement répandue, etc. C'est tout un plan, qui d'ailleurs a été suivi là où l'on a aboli l'esclavage.

Schwartz y ajoute une considération fort juste. Aujourd'hui même, après l'abolition de l'esclavage et sous le régime des engagés de races diverses, elle serait la meilleure solution au problème du travail agricole dans les colonies de la zone torride. Il constate que toute la difficulté vient de l'étendue énorme des plantations. Si la propriété était morcelée, dit-il, chaque petit propriétaire pourrait cultiver lui-même, et la main-d'œuvre à bon marché ne lui serait pas nécessaire. Les produits seraient traités en commun et vendus par association. La richesse de la colonie ne serait pas amoindrie : il n'y aurait d'aboli que le faste corrupteur du colon et la honte de l'esclavage.

Tout en louant cette idée sage et suggestive, il faut convenir que les abolitionnistes traitent avec une impitoyable logique l'intérêt commercial impliqué dans la question. Il y avait, en effet, une décision préalable à prendre, dans le cas de l'abolition immédiate ou à terme : quelle indemnité donnerait-on aux propriétaires d'esclaves? Or, voici le raisonnement de

Schwartz : « Puisque les possesseurs d'esclaves n'ont point sur eux un véritable droit de propriété, puisque la loi qui les soumettrait à des taxes leur conserverait la jouissance d'une chose dont non seulement elle a droit de les priver, mais que le législateur est même obligé de leur ôter, s'il veut être juste, cette loi ne saurait être injuste à leur égard, par quelque sacrifice pécuniaire qu'elle leur fît acheter une plus longue impunité de leur crime. » Cette façon sommaire d'imposer la ruine au nom du droit et de la justice ne devait pas être du goût des colons planteurs; elle avait, au point de vue humain, quelque chose d'inique et de vexatoire, qui devait nuire à la thèse tout entière, malgré sa justesse spéculative.

C'est sur ce point, naturellement, que les colons et leurs défenseurs portèrent la discussion. Déjà, dans l'affaire de l'exclusif, la question négrière avait été agitée incidemment. En 1785, après les ouvrages de Raynal et de Schwartz, Dubuc, semblant ignorer ou dédaignant la théorie de l'affranchissement, demande avec énergie la multiplication des noirs esclaves : « Des nègres et des vivres pour les nègres, s'écrie-t-il (1), voilà toute l'économie des colonies, voilà leurs vrais moyens réparateurs et conservateurs; des nègres et des vivres pour eux, de quelque part qu'ils viennent, de quelque manière qu'on les paye! » Et plus loin : « Il

---

(1, *Lettres critiques et politiques à M. Raynal*, p. 50, 63.

faut des nègres à la Martinique. Il en faut! Son exi[s]tence en dépend. Comparez les recensements, com[pul]pulsez les registres de ses bureaux, ils attestent [la] diminution graduée d'une manière effrayante de s[es] productions et de ses nègres. » Cette affirmation, fond[ée] sur l'expérience, répondait à l'affirmation *à priori* d[es] antiesclavagistes, qui niaient que le travail escla[ve] fût plus profitable que le travail libre. C'est à cel[a] que les colons bornèrent leur défense. Duval-Sa[n]dou, colon de Saint-Domingue (1), qui a plaidé cet[te] cause comme Dubuc celle du libre trafic, n'ajout[e] rien à l'argument de son devancier. Il proteste seule[ment] ment contre les déclamations des philosophes à prop[os] du traitement fait aux noirs. Sur ce point, il n'est [pas] aussi vrai ni aussi sincère. L'agitation esclavagist[e] avait, en effet, provoqué une recrudescence de rigueu[r] contre les noirs, en dépit ou sous le couvert du Cod[e] noir. Ainsi, une déclaration royale de 1777 interdi[t] aux noirs, esclaves ou affranchis, et aux mulâtres, d[e] séjourner en France; un édit de 1778 défend l[e] mariage entre noirs et blancs, contrairement au Cod[e] noir; des ordonnances du gouverneur de Saint-Do[mingue], en 1727 et 1779, défendent aux curés de rédige[r] aucun acte pour les noirs se disant libres, aux noirs d[e] porter les habits des blancs, de se faire donner les titre[s] de monsieur ou madame, etc. Cet esprit de réaction n[e]

(1) *Discours sur l'esclavage des nègres et sur l'idée de leur affran[-]chissement dans les colonies,* par un colon de Saint-Domingue (1786)

s'attaque pas seulement aux esclaves, mais, ce qui est plus dangereux, aux affranchis, surtout aux métis, qui forment une classe intelligente, ardente et riche. De là viendront les maux qui désoleront les colonies durant la Révolution. La passion, la vengeance, la jalousie, la haine de race se mettent déjà de la partie, et les colons n'y ont pas le beau rôle.

L'intransigeance des colons devait nuire à leur cause plutôt que la servir, comme l'excès de logique devait compromettre celle des philosophes. Mais voici deux métropolitains, également instruits des revendications philosophiques et des intérêts coloniaux, qui cherchent un mode de conciliation. L'un, Lecointe-Marsillac (1), est abolitionniste en principe; mais il sait qu'il faut aux colonies des ouvriers agricoles d'une sorte particulière, et il propose de les leur conserver par l'institution des engagés noirs. L'autre, Malouet, qui a été gouverneur de la Guyane et de Saint-Domingue, et qui a laissé de si instructifs Mémoires sur son administration (2), ose braver la théorie triomphante : il est le vrai représentant des esclavagistes; mais l'étant par raison, et non par passion ou par intérêt, il conserve une autorité qui leur manque. Dès 1775, dans un Mémoire présenté au ministre, il établit, comme fera plus tard Dubuc, qu'on ne peut abolir l'esclavage sans détruire

---

(1) *Essai sur les moyens les plus doux et les plus équitables d'abolir la traite et l'esclavage.* (Londres et Paris, 1789.)
(2) *Mémoires de Malouet,* 5 vol. in-8°, an X.

les colonies. Mais il ajoute une considération importante : c'est que l'affranchissement va contre son but. Les noirs sont incapables, non par abâtardissement servile, mais par nature, de se suffire à eux-mêmes une fois libres. Paresseux, sans prévoyance, enclins à l'ivrognerie et à la débauche, ils ne travailleraient que pour manger, si tant est qu'ils ne préférassent voler ou périr de faim (1). L'esclavage, qui ne les gêne pas, leur assure la vie et le bien-être. La question se réduit donc à un simple adoucissement du traitement réservé aux esclaves. Une réforme du Code noir y suffit. C'est à cette argumentation qu'a voulu répondre le pasteur Schwartz ; et à son tour Malouet a répliqué à son adversaire dans un Mémoire sur l'esclavage des nègres, qui n'est qu'une amplification du précédent (2).

C'est là qu'en est la discussion en 1789. La question est posée et s'imposera aux assemblées révolutionnaires. Nous verrons plus loin ce qu'elles en feront. Composées en majorité de doctrinaires, elles pencheront naturellement vers la solution philosophique. Mais elles comptent aussi des hommes d'État et des hommes d'affaires, et elles aiment trop la patrie pour

---

(1) Ce qui se passe aujourd'hui dans les îles de la Martinique et la Guadeloupe semble prouver que Malouet appréciait justement le naturel des nègres. Toutefois, en Amérique, à Haïti et même au Brésil, la race n'a pas montré ces vices et cette inaptitude. Il y a donc lieu de réserver son jugement.

(2) *Mémoire sur l'esclavage des nègres.* (Neuchâtel, 1788.)

la vouloir diminuer. Il y aura donc lutte, au dedans comme au dehors des assemblées, entre les deux partis qui sont déjà en présence.

La double tendance est nettement marquée par les cahiers des États généraux. Beaucoup demandent l'abolition; mais ce sont ceux des villes ou des groupes qui n'ont aucun intérêt colonial : clergé d'Alençon, du Forez, de Mantes, Melun, Metz, Péronne, Reims; noblesse d'Amiens, Mantes, Le Quesnoy; sénéchaussée de Rennes; tiers état d'Alençon, Amiens, Charolles, Avalle (Franche-Comté), Château-Thierry, Coutances, Laon, Versailles, Paris (*extra muros*), Senlis, Reims. Un certain nombre, sans décider du principe, préconisent des mesures d'humanité : c'est la solution de Malouet. Ainsi font les cahiers du tiers état de la Somme, du Vermandois, de Paris, du clergé de Mont-de-Marsan. Mais des villes maritimes intéressées au commerce colonial, il n'en est aucune qui soulève la question. Seule, la ville de Saint-Malo y touche, mais c'est pour protester contre la décision abolitionniste de la sénéchaussée de Rennes. Quant aux colonies, l'adresse des représentants de Saint-Domingue et de la Guadeloupe revendique nettement pour les assemblées coloniales, créées en 1788 et exclusivement composées de blancs, la connaissance de toute loi modifiant la situation des noirs. C'est, selon eux, chose des colonies, où la métropole n'a pas de droits. En revanche, les mulâtres habitant Paris et la Société des amis des noirs font une contre-adresse, aussi nettement abolitionniste, composée et lue par Brissot en assemblée de la société, le 9 février 1789.

III

CONCLUSION.

C'est donc sur cette question de l'esclavage, où le philosophisme du siècle est aux prises avec l'intérêt colonial, que se termine cette troisième époque de notre histoire coloniale. L'occasion était parfaite pour montrer si l'on avait en France le souci des colonies. Mais la solution appartient à la Révolution, où nombre de circonstances vont entrer en compte. On ne pourrait donc légitimement inférer des résolutions qui vont être prises, celles qui l'auraient été si les institutions monarchiques fussent restées debout.

Quoi qu'il en soit, ce dix-huitième siècle, tant décrié pour les pertes coloniales qu'il a infligées à la France, tant consulté par les adversaires de la colonisation qui trouvent chez ses penseurs la plupart de leurs arguments, nous apparaît à nous, après une analyse minutieuse de ses actes et de ses opinions manifestées, comme une époque d'études fructueuses sur les matières coloniales, de manifestations multiples d'intérêt en faveur des colonies, et, en somme, de progrès manifeste dans la science de la colonisation. Il a résolu, au moins en partie, le problème des rapports commerciaux entre les colonies et la métropole; il a fait bonne justice des erreurs économiques du dix-septième siècle.

Ce n'est donc pas seulement dans les questions politiques qu'il est le maître du dix-neuvième siècle, c'est aussi, bien qu'on ait pu croire, dans la question coloniale.

DEUXIÈME PARTIE

LA RÉVOLUTION ET L'EMPIRE (1).

CHAPITRE PREMIER

L'ACTION.

I

LA RÉVOLUTION.

Les assemblées révolutionnaires ne sont pas moins discréditées que le gouvernement de Louis XV aux yeux des partisans de la colonisation. Le fameux mot : « Périssent les colonies plutôt qu'un principe ! » pèse toujours sur leur mémoire. On les rend, en outre, responsables des troubles survenus aux colonies et des conquêtes anglaises.

Nous avons établi que l'accusation contre Louis XV était mal fondée, ou, du moins, mal formulée : on peut

---

(1) Nous n'avons pu donner ici à cette période tout le développement qu'elle comporte. Nous nous proposons de reprendre et de traiter à part ce sujet fort complexe.

dire de celle-ci qu'elle est injuste. Les hommes de la Révolution, comme l'a fort bien montré M. Sorel (1), ont été, hors de France, les héritiers de Richelieu et de Louis XIV; ils l'ont été aux colonies comme en Europe M. Leroy-Beaulieu, si bien informé et si judicieux d'ordinaire, affirme que « le nouveau régime qui devait changer dans les colonies de l'Europe la condition du travail, de la propriété et du commerce, fut inauguré par l'Angleterre (2) » : la vérité est que ce nouveau régime a été inauguré dans les colonies françaises par la France révolutionnaire; les Anglais, cette fois comme tant d'autres, n'ont fait que s'approprier l'invention.

Et d'abord, quel est le bilan de nos pertes ou conquêtes coloniales jusqu'en 1802, date qui marque la fin des guerres de la Révolution? L'Angleterre avait, il est vrai, mis la main sur les Antilles, moins la Guadeloupe (3) et Saint-Domingue, sur les villes et comptoirs de l'Inde, sur Saint-Louis du Sénégal. Mais elle rend toutes ces possessions à la paix d'Amiens (1802). Elle consent, de plus, à notre occupation des îles Ioniennes, qui ont été un établissement éphémère, mais de grande valeur commerciale. Le Portugal avait saisi le territoire contesté entre l'Amazone et l'Oyapok et construit un fort sur ce fleuve. Les traités de Paris

---

(1) *L'Europe et la Révolution*, t. I et II, et communication faite à l'Académie des sciences morales et politiques, 13 mai 1882.
(2) *De la colonisation chez les peuples modernes*, p. 196.
(3) La Guadeloupe n'est restée entre les mains des Anglais que d'avril à juin 1794.

(1797), de Madrid (1800), de Badajoz (1801) et d'Amiens (1802) le forcent à en restituer au moins la moitié(1). L'Espagne, à la paix de Bâle (1795), nous cède la partie orientale de Saint-Domingue, et par le traité de Saint-Ildefonse (octobre 1801) elle nous restitue la Louisiane, que nous lui avions si légèrement donnée en 1764. Il y a donc, en somme, un apport considérable à notre empire colonial, du fait de la Révolution.

D'autre part, les commissaires délégués font aux colonies des prodiges, qui égalent ceux des volontaires en Europe. Où trouver plus d'héroïsme que dans la conduite de V. Hugues à la Guadeloupe? Avec onze cent cinquante hommes mal disposés, il chasse quatre mille Anglais (2 juin 1794); il organise une flottille de corsaires, ralliée à la Basse-Terre, et il intimide si bien les ennemis que le général Abercromby n'ose l'attaquer, en 1796, avec vingt mille hommes. Il met la France en si bon état dans les Antilles qu'en 1798 les agents du Directoire, Jeannet, Laveaux et Bacot, peuvent prendre l'offensive et menacer Curaçao. Rochambeau, le fils du compagnon d'armes de La Fayette et Washington, envoyé en novembre 1792 pour réprimer l'insurrection royaliste de la Martinique, s'empare de l'île, en chasse le traître comte de Behagues, y improvise une milice de volontaires et d'affranchis, et avec

---

(1) Cf. H. Deloncle : Article dans l'*Atlas colonial* de M. Mayer (Bayle, 1885). — La restitution s'est étendue jusqu'à l'Araguary, qui débouche à quatre cents kilomètres au sud de l'Oyapok.

elle tient tête à toute une escadre anglaise jusqu'au 21 mars 1794, date où, après quarante-neuf jours de siège, il doit rendre Saint-Pierre. Combien d'autres noms, presque ignorés aujourd'hui, ne pourrait-on pas citer! Celui de Daniel Lescalier (1), par exemple, qui seul mit en défense nos établissements de Madagascar, après avoir, au péril de sa vie, réprimé une émeute de la garnison de Pondichéry.

L'ardeur patriotique que montrent ces agents n'est qu'un reflet de celle des assemblées. Il suffit de parcourir les débats parlementaires de cette époque pour voir combien le souci colonial est grand chez ces hommes qui en ont tant d'autres.

La Constituante manifeste d'abord ses sympathies pour les explorateurs et colonisateurs en conservant, dans les termes les plus élogieux et par faveur toute spéciale, les pensions attribuées aux héritiers de Poivre et de Montcalm, ainsi qu'aux officiers acadiens réfugiés en 1763 (2). C'est elle qui a ordonné le voyage d'Entrecasteaux à la recherche de La Pérouse (3). Elle vota

(1) Lescalier, dont on parle à peine aujourd'hui, peut passer pour un de nos meilleurs agents de colonisation. Tour à tour intendant de Guyane, commissaire civil à Pondichéry et Madagascar, puis préfet de la Martinique, en 1801, il a publié des ouvrages qui ont presque la valeur des *Mémoires de Malouet :* — 1789, *Reflexions sur le sort des noirs dans nos colonies;* 1791, *Moyens de mettre en valeur la Guyane*, 1792, *Discours et proclamations adressées aux troupes révoltées à Pondichéry;* 1798, *Notions sur la culture des terres basses en Guyane et sur la cessation de l'esclavage en ce pays.*

(2) Décrets du 29 juillet 1790 et 21 février 1791.

(3) Décrets du 22 avril et 11 juin 1791. Maury déclarait la recherche

plus tard, à l'unanimité, l'impression aux frais de l'État des cartes, plans et relations envoyés avant sa disparition par l'illustre marin (1).

Mais, dit-on, la Constituante a été timide et hésitante dans sa réforme coloniale. Le reproche nous semble bien plutôt un éloge. L'effervescence était si grande aux colonies, les menées antirévolutionnaires si obscures et les intérêts si contradictoires, qu'il faut savoir gré aux réformateurs d'avoir longtemps différé et longuement médité leurs réformes. Si les possessions coloniales leur avaient paru moins précieuses, ils les auraient traitées plus légèrement. L'abbé Maury, pour une fois, a traduit les sentiments de tous ses collègues, qui l'en ont récompensé en ordonnant l'impression de son discours, quand il s'est écrié, dans la mémorable discussion sur les droits politiques des noirs libres (2) : « On nous a menacés, je ne sais si c'est avec fondement et de bonne foi, de la scission des colonies. J'aime à espérer que la France n'éprouvera jamais un aussi grand malheur, qui, quoi qu'on en dise, nous ferait descendre au nombre des puissances de troisième ordre, si nous perdions 120 millions qui seuls forment, dans un état de prospérité, la balance politique du

---

inutile et voulait transformer le crédit en une dotation pour la veuve du navigateur. Mais l'Assemblée, avec une délicatesse qui l'honore, craignit de l'humilier, et de déshonorer la France, en laissant à d'autres l'initiative de cette noble recherche.
(1) Décret du 22 avril 1791.
(2) Séance du 13 mai 1791.

commerce avec l'Europe. Souvenez-vous que si vous n'aviez pas le commerce de vos colonies pour alimenter vos manufactures, pour entretenir l'activité de votre agriculture, le royaume serait perdu. » Les doctrinaires, eux-mêmes, que n'arrêtaient guère les menaces de guerre civile, ont tous protesté de leur attachement aux colonies. C'est à ce propos, il est vrai, que Robespierre a prononcé le fameux mot : « Périssent les colonies ! » Mais, par un abus trop ordinaire, on a fait à ce mot une légende fantaisiste. On a voulu le prendre pour l'expression de la pensée de tous les révolutionnaires, au moins de tous les jacobins, et il n'exprime même pas la vraie pensée de l'auteur ! Voici la citation complète, empruntée au *Moniteur* (1) : « Périssent les colonies (*Il s'élève de violents murmures*), s'il doit vous en coûter votre bonheur, votre gloire, votre liberté ! Je le répète : Périssent les colonies, si les colons veulent, par les menaces, nous forcer à décréter ce qui convient le plus à leurs intérêts ! Je déclare, au nom de la nation entière, qui veut être libre, que nous ne sacrifierons pas aux députés des colonies, qui n'ont pas défendu leurs commettants, comme M. Monneron, je déclare, dis-je, que nous ne leur sacrifierons ni la nation, *ni les colonies,* ni l'humanité entière ! » Peut-on voir dans ces paroles autre chose que le désir d'arracher les colonies à l'égoïsme antirévolu-

---

(1) Séance du 13 mai 1791.

tionnaire des colons? La forme est déclamatoire : c'est le propre de Robespierre, et l'Assemblée en murmure. Mais Robespierre et les jacobins sont si peu les ennemis des colonies que plus tard, le 21 septembre 1793, le Comité de salut public, où ils sont maitres, présente à la Convention un acte de navigation dont Barrère, le rapporteur ordinaire, exprime ainsi la pensée : « La navigation des colonies est infinie par les détails immenses et par l'étendue qu'elle donne à notre commerce. Cette navigation, qui intéresse l'agriculteur comme l'artisan, le riche comme le pauvre, la navigation des colonies qui vivifie nos ports de mer et qui donne du mouvement à tous les ouvrages d'industrie, est partagée par l'étranger, et nous étions tranquilles spectateurs!... Vous voulez une marine; car, sans marine, point de colonies, et sans colonies, point de prospérité commerciale (1). »

Ces sentiments, la Constituante les a toujours professés, et ce sont eux qui ont inspiré ses résolutions.

Tout d'abord, elle admet à siéger sur ses bancs les délégués de Saint-Domingue et successivement ceux des autres îles (2). Ensuite, elle constitue un comité colonial, où s'illustre bientôt Barnave, et auquel les députés des colonies, comme Moreau de Saint-Méry, apportent les lumières de leur expérience. Elle songe

(1) Ap. Buchez et Roux : *Histoire parlementaire de la Révolution*, t. XXXII, Appendice.

2) Décrets des 4 juillet 1789, 22 septembre 1789, 27 juillet 1790, 19 septembre 1790.

même à créer un ministre des colonies (1), et n'y renonce qu'à la demande des députés coloniaux eux-mêmes, qui craignent sans doute d'être trop gouvernés. Elle reconnaît, par ses fameux décrets des 8 et 28 mars 1790, le droit aux colonies d'avoir des assemblées élues et d'émettre des vœux sur leur constitution intérieure. Mais elle déclare, en même temps, que les colonies font partie intégrante de l'empire français, et elle réprime vivement les tentatives séparatistes de l'assemblée de Saint-Marc (2). Elle rattache à la justice métropolitaine, pour les appels, les tribunaux des colonies. Enfin, elle donne, le 14 juin 1791, sous forme d'instruction, le plan de constitution des colonies, depuis longtemps promis et consciencieusement élaboré (3).

Abordant les deux grandes questions qui dominent à ce moment le problème colonial, la liberté du commerce et l'affranchissement des noirs, elles les étudie en de nombreuses séances et dans des discussions fort élevées.

Dès le 29 août 1789, le marquis de Sillery demande, au nom des colonies, l'abolition des lois prohibitives sur les farines, et le 31 août, le marquis de Montlausier sollicite pour elles la liberté de s'approvisionner, au moins pendant six mois, à l'étranger. La résistance des

---

(1) Séances des 7 mars et 9 avril 1791.
(2) Rapport de Barnave, séance du 11 octobre 1790.
(3) Rapport de Fermont. — Il fut adopté après une simple lecture.

négociants (1) et les accusations incidentes portées contre le ministre La Luzerne (2) empêchèrent de conclure théoriquement. Mais le libre approvisionnement exista, de fait, durant toute la Révolution. Le 3 avril 1790, l'Assemblée décrète la liberté du commerce des Indes. Du 28 juin au 28 juillet 1790, elle discute la question de savoir si les retours de l'Inde seront assignés à un seul port. Malgré Mirabeau, qui essaye de démontrer que « spécifier un port, c'est détruire la liberté (3) », et grâce aux efforts des industriels qui, tous, sauf un seul (4), réclament protection, les ports de Lorient et de Toulon sont imposés comme ports d'attache de la navigation de l'Orient. C'était peut-être une gêne pour le commerce, mais ce n'était pas un privilège : on eut soin de le spécifier. Les denrées des Indes furent, d'ailleurs, soumises à un tarif modéré, bien que protecteur (5). Quant au commerce avec les colonies d'Amérique, on le distingua de celui des Indes, « parce qu'il consiste en matières premières que ne produit pas notre sol et ne peut être qu'un auxiliaire de l'industrie nationale (6) ». On exempta de tous droits de sortie les produits indigènes à destination des

---

(1) Guinebaud, de Nantes, et Huard, de Saint-Malo.
(2) Par de Gouy d'Arcy et la députation de Saint-Domingue.
(3) Séance du 28 juin 1790.
(4) Séance du 26 juillet 1790 : rapport de Meynier. — Discours de Decrctot, André, Begouen, Roussillon, etc. Dupré, de Carcassonne, fut le seul des négociants-députés à soutenir la thèse de la liberté complète.
(5) Séance du 25 janvier 1791.
(6) Discours de Roussillon, séance du 15 juillet 1790.

comptoirs des Indes et des colonies d'Amérique. Les principales denrées coloniales, sucres, même raffinés, cacao, café, indigo, furent affranchies des droits d'entrée. Les autres bénéficièrent d'une atténuation de taxes, mais surtout de la sage et libérale législation douanière présentée dans la séance du 28 juillet 1791. Comme le remarque le rapporteur Goudard, l'Assemblée a surtout voulu délivrer le commerce et l'industrie « des gênes sous le poids desquelles le génie fiscal les avait tenus longtemps courbés ». Elle a substitué au pacte colonial, si oppresseur, ce principe libéral et fécond : « Le commerce des colonies est un commerce entre frères, un commerce de la nation avec une partie de la nation. »

Quant aux noirs, la Constituante ne voulut pas aborder la question de l'esclavage, qui pourtant était posée devant l'opinion. Elle n'en fut pas non plus saisie officiellement par ceux de ses membres, tels que Grégoire, Pétion, Robespierre, qui étaient affiliés à la Société des amis des noirs. Tout au plus trouve-t-on, dans les débats, deux ou trois allusions plus ou moins directes ; encore se garde-t-on d'y insister (1). La question se réduisit donc, pour ainsi dire, d'elle-même, « aux gens de couleur libres et propriétaires ». Mirabeau fut le premier à l'agiter. C'était au cours de la discussion sur la

(1) L'incident le plus vif à ce sujet se produisit dans la séance du 11 mai 1791. Robespierre força Moreau de Saint-Merry à retirer le mot « esclaves », dont il s'était servi en parlant des noirs : mais il se contenta de déplorer que l'on ne pût aborder le problème.

nombre qu'il convenait de fixer des députés provisoires de Saint-Domingue, le 3 juillet 1789. « On ne sait, s'écria-t-il, si leur élection est légale. Les noirs libres, propriétaires et contribuables, n'ont pas été électeurs. Si les colons veulent que les nègres et gens de couleur soient hommes, qu'ils affranchissent les premiers, que tous soient électeurs, que tous puissent être élus! » Cet appel ne tarda pas à être entendu. Le 18 octobre, « les citoyens libres et propriétaires de couleur des îles et colonies françaises », résidant à Paris, firent une adresse demandant à être représentés, comme les blancs, à l'Assemblée nationale. Ils offraient de payer la fameuse contribution du quart du revenu, que Mirabeau venait de faire résoudre (1). Le 19 janvier 1790, Grégoire plaida leur cause en un long Mémoire déposé sur le bureau de l'Assemblée et en même temps publié (2). Mais, d'autre part, on prit, le 8 mars 1790, l'engagement ferme, vis-à-vis des colons blancs, de ne rien décider « sur l'état des personnes » sans l'avis préalable des assemblées coloniales. C'est entre ces deux alternatives qu'oscilla la mémorable discussion des 7-15 mai 1791 où fut abordé de front le redoutable problème. Plus de cinquante représentants prirent successivement la parole. Mais, malgré la surexcitation des esprits, on entendit toujours le langage le plus élevé et le plus sensé tout ensemble. On s'en tint,

---

(1) Cela faisait, suivant eux, une somme de 6 millions.
(2) Brochure de cinquante-deux pages.

en fin de compte, à une mesure de transition, proposée par Rewbell. Les droits de citoyens actifs furent reconnus « aux noirs libres, fils de père et mère libres ».

Telles sont les principales résolutions de la Constituante au sujet des colonies. La participation des colons au vote de la loi nationale et leur autonomie pour les lois locales, l'autorité des nouvelles assemblées coloniales librement élues à côté des agents nommés par la métropole, l'admission au titre de citoyen d'une partie des noirs libres, et enfin l'affranchissement commercial : tout cela constitue un système bien différent de celui de Colbert, et, on peut le dire, bien supérieur. C'est l'assimilation politique et économique des colonies, combinée avec l'autonomie administrative.

La Législative et la Convention montrèrent la même sollicitude, mais non la même modération, que leur devancière. Adoptant ses vues, elles ne firent qu'accentuer ses tendances. La Législative, le 24 mars 1792, sur la proposition de Gensonné, étendit à tous les noirs libres, sans distinction d'origine, l'égalité des droits civils et politiques. La Convention osa aborder la question de l'esclavage. Le 27 juillet 1793, sur la motion de Grégoire, elle interdit la traite. Le 4 février 1794, sur la proposition de Levasseur, de la Sarthe, elle abolit l'esclavage dans toutes les possessions françaises. Cette mesure, qui avait paru jusqu'alors si redoutable, fut votée par acclamation : l'Assemblée, disait-on, ne devait pas se déshonorer en discutant le principe même de la dignité humaine. Plus tard, la Constitution de l'an III consacra ces décisions. « Tout homme, dit la *Déclaration des droits* (art. 15), peut engager son temps et ses services; mais il ne peut se vendre, ni être vendu; sa personne n'est pas une propriété aliénable. » Elle consacra aussi le principe d'assimilation politique des colonies, que la Convention avait reçu de la Constituante : « Les colonies, dit-elle (t. Ier, art. 6 et 7), sont parties intégrantes de la République et sont soumises aux mêmes lois constitutionnelles. Elles sont divisées en départements (1). »

La Convention compléta l'assimilation, au point de vue économique, en abolissant les douanes entre la métropole et les colonies. L'acte de navigation dont il a été question plus haut et qui fut décrété le 21 septembre 1793, en exigeant que tout le commerce colonial se fît par pavillon français (art. 5 du premier décret et 4 du deuxième décret), n'entendait pas rétablir l'ancien exclusif. C'était une mesure de représailles dirigée contre l'Angleterre (2), mais qui réserve expressément (art. 1) les traités de navigation et de com-

(1) 1° Saint-Domingue (qui sera divisée en quatre ou six départements); 2° la Guadeloupe, Marie-Galande, la Désirade, les Saintes et la partie française de Saint-Martin; 3° la Martinique; 4° la Guyane française et Cayenne; 5° Sainte-Lucie et Tabago; 6° l'île de France, les Seychelles, Rodrigue et les établissements de Madagascar; 7° l'île de la Réunion; 8° les Indes orientales, Pondichéry, Chandernagor, Mahé, Karikal et autres établissements.

(2) « Que l'Angleterre soit ruinée, soit anéantie! Ce doit être le dernier article de chaque décret révolutionnaire de la Convention nationale de France. » (Rapport de Barrère.)

merce conclus avec les puissances alliées. L'ancien exclusif favorisait le commerce métropolitain au détriment des colonies; l'acte de navigation associe les colonies et la métropole dans la défense de leurs intérêts communs.

Le Directoire ne changea rien à la législation ainsi établie. Il aggrava seulement les rigueurs douanières contre les denrées réputées anglaises, et il fit de la protection à outrance en déclarant telles la plupart des marchandises amenées sous pavillon étranger. Peut-être n'eut-il pas les mêmes sympathies coloniales que les gouvernements précédents. On prête au ministre Delacroix ce propos : « J'aimerais mieux pour la France quatre villages de plus sur les frontières de la République que l'île la plus riche des Antilles, et je serais même fâché de voir Pondichéry et Chandernagor appartenir encore à la France (1). » On ne peut prendre pour des manifestations coloniales les déportations fructidoriennes en Guyane ou l'expédition d'Égypte : on sait de reste que ce furent des contre-coups de la politique intérieure. Mais s'il n'a pas servi la cause coloniale, le Directoire ne l'a pas desservie non plus. Il n'a surtout rien changé au système inauguré; il l'a au contraire fait appliquer avec vigueur dans les colonies qui nous restaient encore. La question coloniale

(1) On peut opposer à ce propos l'œuvre si remarquable que Talleyrand, lui-même ministre, lut à l'Institut, le 25 messidor an V, sous le titre : *Essai sur les avantages à retirer des colonies nouvelles dans les circonstances présentes.*

est donc, en 1800, au point où l'avait laissée la Convention en 1795.

II

CONSULAT ET EMPIRE.

Alors domine l'influence de l'homme qui, selon nous, porte presque seul la responsabilité de notre ruine et de nos antipathies coloniales.

Il a fait illusion d'abord, et ses premiers actes ont pu faire dire : « Qu'une de ses grandes ambitions, et l'une des plus constantes, ce fut de relever la puissance maritime de la France (1). » L'expédition d'Égypte, avec son grand appareil militaire et scientifique, ses premiers succès, ses perspectives de revanche dans l'Inde et d'influence dans le Levant, semblait, en effet, désigner Bonaparte pour le soldat de la colonisation. Les négociations qui nous valurent la Louisiane, la délimitation de la Guyane, les îles Ioniennes et la restitution de toutes les colonies occupées, qui même agitèrent l'échange de la Floride contre Parme et Plaisance, ont été menées par lui (2) avec une vive intuition

(1) M. RAMBAUD : *La France coloniale.* Introduction, p. XXXII.
(2) Et plutôt par Talleyrand, qui « avait atteint cette conception pratique et toute contemporaine d'une politique extérieure soucieuse de seconder, par la paix européenne, l'effort commercial, industriel et

des droits de la France, de ses intérêts coloniaux, de son besoin d'expansion. Jusqu'en 1802, la marine reçut une dotation importante et fut accrue; Anvers redevint entre nos mains le grand port qu'il avait été au seizième siècle.

Mais cette bonne volonté de l'homme de brumaire disparaît à mesure que grandit son pouvoir personnel. Elle n'était qu'un reste d'influence révolutionnaire, dont le dictateur eut hâte de se dégager. On peut bien le dire, en effet, après les travaux de Lanfrey et de M. Taine. Des natures comme celle de Bonaparte, égoïstes et dominatrices, ne savent pas se plier aux goûts et aux intérêts d'autrui, mais imposent les leurs. A mesure que, consul et empereur, il maîtrise les hommes et les choses, il est maîtrisé par ses propres instincts. Officier d'infanterie par éducation et par aptitude, il n'aime que l'armée et la stratégie de terre. Il a peut-être voulu, un moment, relever la marine, parce qu'il avait à se faire accepter et qu'il se savait responsable du désastre d'Aboukir. Mais, après le camp de Boulogne et après Trafalgar, il prétendit « qu'il n'y aurait jamais rien à tirer de la marine », et il la négligea définitivement.

Avec la marine, il négligea les colonies : l'un ne va pas sans l'autre. Le géographe Malte-Brun lui suggéra, en 1809, l'idée d'une occupation de Formose, et il en

---

colonial de la nation ». (Cf. PALLAIN : *Le ministère de Talleyrand sous le Directoire* [1889].)

LE DÉCLIN. 349

développa les motifs en un Mémoire très étudié qu'on a fait connaître récemment (1). Le Mémoire resta luxueusement relié sur les rayons de la Bibliothèque impériale. Le général Decaen, gouverneur de l'île de France, demanda avec insistance, par lettres et par envoyés spéciaux, quelques milliers d'hommes pour faire une descente sur les côtes de l'Hindoustan, où l'appelaient les Mahrattes. On ne l'écouta pas. La seule réponse qu'il obtint de l'Empereur montre précisément cet état d'esprit que nous venons de signaler : le dédain de la marine, le goût pour les opérations sur terre les plus invraisemblables, cet égoïsme qui ramène ou veut ramener tout à soi. Decaen affirmait que l'expédition était possible par mer avec dix mille hommes. Napoléon, sans autre information qu'une conversation décousue, soutient que l'aventure exige au moins vingt mille hommes; car, dit-il, « je suis très bien avec la Perse et Constantinople ; ainsi, je puis faire passer un corps d'armée, que je joindrai à leurs troupes, pour aller dans l'Inde par terre (2) ». Donc, l'expédition se fera par terre sous la conduite du maître, ou elle ne se fera point. Quant au profit, vraiment grand, qu'elle assurait, qu'importe? S'informant de l'état de l'île de France, absolument livrée à elle-même, et apprenant que les Anglais ne l'ont pas attaquée, il s'en étonne et

(1) Cf. *Revue de géographie*, janvier 1886.
(2) La toute récente étude de M. Vandal (*Napoléon et Alexandre*, Plon, 1891) éclaire ce « roman », comme l'appelle Talleyrand, mais ne contredit pas nos assertions; elle les fortifie plutôt.

déclare, avec une admirable insouciance, que c'est une grande « ânerie » de leur part. Les ministres savent, d'ailleurs, parfaitement à quoi s'en tenir sur les sentiments de leur empereur. Le ministre de la marine, Decrès, chargé des colonies, écrit à Decaen, le 16 janvier 1805 : « Je ne dois pas vous dissimuler que, dans la conjoncture actuelle, la prévoyance des fonctionnaires placés à la tête de nos colonies doit calculer toutes les chances, supposer la possibilité que la métropole applique à l'accomplissement des grands desseins de son auguste chef des fonds dont il serait indispensable de priver temporairement ses possessions d'outre-mer, et que ces fonctionnaires doivent en conséquence fixer toutes leurs méditations sur les moyens de se créer des ressources qui leur permettent de se passer, aussi longtemps qu'il se pourrait, de l'assistance de la mère patrie. » N'est-ce pas, sans déguisement, la politique de l'abandon, le sacrifice délibéré de l'intérêt colonial à l'ambition continentale?

Si encore Napoléon n'était coupable envers les colonies que de cet abandon! Mais il reste deux griefs, plus graves encore, à élever contre lui : le premier, d'avoir perdu, par sa faute, notre empire colonial; le second, de nous avoir fait perdre le goût de la colonisation.

On va répétant que Napoléon est une incarnation de la Révolution, le propagateur en Europe des idées révolutionnaires. Cette affirmation nous a toujours semblé de la dernière fantaisie. En Europe, Napoléon a promené le militarisme et le Code Napoléon, qui ne sont pas, que nous sachions, des fruits révolutionnaires (1). En France, il a mené une réaction violente contre l'œuvre et l'esprit de la Révolution. Il a fait reculer la France si loin en arrière qu'aujourd'hui même, où nous subissons encore son régime administratif, on ne fait que de renouer le fil de 89. Aux colonies, ce fut pis encore : rien ne fut respecté des innovations récentes.

La Constitution de l'an VIII fait d'abord table rase, en établissant que « le régime des colonies sera déterminé par des lois spéciales » (art. 91). C'était repousser le principe de l'assimilation, qui était la caractéristique du système colonial des assemblées révolutionnaires. Bientôt, un arrêté consulaire du 19 avril 1801 détermine l'administration de la Guadeloupe. C'étaient, sous de nouveaux noms, les offices de l'ancien régime : un capitaine général, commandant des forces, comme les anciens gouverneurs ou lieutenants généraux; un préfet, remplaçant l'intendant, avec des pouvoirs plutôt accrus; un commissaire de justice, qui est l'ancien procureur du Roi près des cours souveraines, mais avec des attributions policières qui sont le propre du régime napoléonien. L'arrêté du 16 juin 1802 achève cette prétendue réorganisation. Il décide que, pour

(1) Le Code civil consacre bien quelques-uns des principes de la Révolution. Mais il ne serait pas fort difficile de démontrer qu'il y contredit souvent, et certaines adjonctions, faites sous l'Empire, comme le majorat, sont en flagrante opposition.

l'état des personnes, pour la propriété, pour la compétence des assemblées coloniales, etc., *les colonies seront régies par les lois en vigueur avant la Révolution!* Ainsi étaient rétablis, d'un trait de plume, le pacte colonial dans toute sa rigueur et l'esclavage avec ses hontes. Pour le commerce, ce fut un retour violent au régime prohibitif, non plus par mesure transitoire et par représailles contre les Anglais, mais par système et contre les denrées coloniales elles-mêmes (1).

Qu'arriva-t-il? Nous perdîmes Saint-Domingue, que les noirs avaient jusqu'alors défendue contre les Anglais, appelés par les blancs, et qu'ils affranchirent pour se défendre contre le décret du 16 juin. D'autre part, les nécessités, ou simplement les caprices de la politique continentale, firent perdre toutes les colonies laissées sans défense. La Louisiane est vendue en 1803 à l'Amérique pour la somme dérisoire de 80 millions. Les traités de Paris consacrent l'abandon de Sainte-Lucie, Tabago, île de France, Seychelles, îles Ioniennes. Grâce à l'Empire, l'Angleterre achève, en 1815, son œuvre de spoliation, et la France devient la dernière des puissances coloniales. Elle ne mérite même plus ce nom pour un domaine de cent cinquante mille kilomètres carrés!

(1) Tissus de fil et coton prohibés; droits de 400 à 800 francs les cent kilos sur le coton brut; taxe de 100 francs les cent kilos sur les sucres, de 150 francs sur le poivre et le café, 200 francs sur le cacao, etc.

C'est alors vraiment que commence cette désespérance, ou, si l'on veut, cette désillusion en matière de conquêtes maritimes, que l'on place à tort après le traité de Paris de 1763. Alors s'ancra dans les esprits cette idée de Montesquieu que les colonies sont des possessions destinées à être perdues, et par suite sont une cause d'affaiblissement pour la métropole.

Alors aussi s'implanta un sentiment qu'on avait vu poindre à d'autres époques, qu'avaient représenté entre autres Montluc et Louvois, mais qui après l'Empire est devenu quasi universel en France. Par sa situation, la France peut, à sa volonté, être une grande puissance continentale ou une grande puissance maritime. Ses aptitudes sont presque égales pour l'un et pour l'autre rôle. Ses goûts ont toujours été assez indécis, et la nation peut être entraînée aisément dans un sens ou dans l'autre par ses hommes d'Etat. Colbert et Louvois ont représenté chacune des deux tendances; Richelieu les a servies l'une par l'autre. Le plus sage est sans doute « de pousser à entreprendre sur mer », où se rencontrent les grands profits, en se tenant sur la défensive du côté de l'Europe, où les déboires abondent. Cela était sage surtout en 1802, quand la France avait atteint et fait reconnaître ses frontières naturelles. Or, c'est tout le contraire que fit Napoléon, comme on sait. Il soumit, pendant quinze ans, les Français au régime des guerres continentales; il les grisa de gloire et de conquêtes; il leur donna l'ambition d'être le premier peuple et les meilleurs guerriers de l'Europe, il fit prédominer en eux, s'il ne le créa, cet orgueil dont il était lui-même possédé, de jouer le premier rôle dans la partie la plus civilisée du globe. Il n'est pas de disposition d'esprit plus anticoloniale que celle-là ; le labeur obscur dans une contrée sauvage ne convient pas à qui veut briller sur une grande scène. Mais ce n'est pas tout. Quand les Français auraient gardé l'esprit colonisateur, Napoléon les laissait hors d'état d'y satisfaire. Ses violences contre les nationalités, son mépris du droit privé et public, ont soulevé tant de haines et de colères que la France, aujourd'hui encore, représentée comme l'ennemie de tous, est obligée de faire face à tous sur ses frontières terrestres. « Un coup de canon tiré sur les bords du Saint-Laurent suffit pour mettre le feu aux poudres dans toute l'étendue du globe », disait Voltaire vers 1760 : c'est qu'alors la lutte coloniale était instante. Aujourd'hui, un coup de canon tiré sur le Danube, le Pô ou l'Elbe éteint toutes les pièces mises en batterie dans toutes les parties colonisées du globe ; car la crise européenne est à l'état aigu. La France, au moins, responsable des bouleversements napoléoniens, est paralysée hors d'Europe par le moindre mouvement européen. Napoléon l'a rivée au continent avec des chaînes de fer.

Tel est le résultat, assez triste, de cette période tourmentée qui termine la troisième époque de notre histoire coloniale. Commencée avec le désir de garder et d'accroître un empire colonial dont on sent le prix, elle se distingue d'abord par des réformes fondamentales de nature à faire aimer les colonies, où l'on saura trouver la liberté et une juste autonomie; puis, brusquement, elle est marquée par un abandon sans exemple de l'intérêt colonial et par la restauration brutale de toutes les iniquités sociales et politiques qui avaient le plus nui jusqu'alors et nuiront encore à l'émigration. L'aventurier de brumaire est l'auteur responsable de cette transformation; notre répulsion actuelle contre l'action aux colonies est une de ses plus mauvaises œuvres.

CHAPITRE II

L'OPINION.

L'intérêt et la discussion.

La nation, si troublée par la tourmente révolutionnaire et par l'agitation napoléonienne, a-t-elle pu garder un peu de son attention pour les colonies?

La réponse n'est pas douteuse. A aucune époque, la publicité coloniale n'a été aussi active et n'a suivi d'aussi près les événements. Durant ces vingt-cinq années d'émotions politiques et guerrières, il n'a pas été publié moins de 650 livres ou brochures sur les colonies. Cela fait une moyenne de 26 par an : aux époques précédentes, cette moyenne n'avait été que de 7, 6 et 4.

Il faut, en outre, remarquer que, de ces 650 publications, plus des cinq sixièmes appartiennent à la Révolution. Le Consulat et l'Empire en comptent 90 environ. La moyenne ressort donc à 56 de 1789 à 1800, et seulement à 6 de 1800 à 1815. Même, les quatre années du Consulat présentent une proportion sensiblement plus forte que les 11 de l'Empire. Il a paru, en effet, de 1800 à 1804, 36 livres sur les colonies, soit 9 par an ; de 1804 à 1815, les 54 publications restantes ne donnent qu'une proportion de 5 à peu près par an.

Faisant le même dénombrement pour chacune des périodes révolutionnaires, on trouve : de 1789 à 1792, en comptant les quatre années pleines, un total de 320 et la moyenne énorme de 80 par an; pour les sept autres années, une moyenne de 48. Toutefois, la Convention est mieux partagée que le Directoire : les trois quarts des 334 publications restantes lui appartiennent.

Enfin, le relevé par années donne ce résultat : 1789, 53 ouvrages; 1790, 108; 1791, 97; les années suivantes, jusqu'en 1795, environ 80; les années de 1795 à 1800, de 30 à 60.

Ces chiffres suggèrent de très clairs enseignements. Tout d'abord, la cause coloniale a été plaidée devant le public avec autant d'ardeur que les questions constitutionnelles elles-mêmes. Il s'en faut que, comme au seizième siècle, les préoccupations du dedans ou du dehors détournent les esprits des choses d'outre-mer. On a compris l'importance des colonies, et l'idée coloniale est descendue des hauteurs du trône aux salles des clubs.

De plus, cette publicité sans exemple ne suit pas seulement l'action ; elle s'y attache, elle la prépare ou la commente. C'est pour cela que la proportion annuelle va toujours diminuant depuis 1790. Les plus graves mesures ont été attendues au début de la Révolution; plus tard les positions étaient prises et la discussion inutile.

Presque toutes ces œuvres de polémique se groupent autour de quatre grandes questions : l'utilité des colonies, la liberté commerciale, l'abolition de l'esclavage, le régime colonial ou la guerre aux colonies.

On ne peut faire facilement la répartition entre elles. Elles sont trop voisines, trop dépendantes les unes des autres, pour n'avoir pas été abordées à la fois dans la plupart des ouvrages. Toutefois, il en est une qui l'emporte visiblement sur toutes, c'est la question de l'esclavage. Elle le doit à son intérêt humain et philosophique, et aussi à son caractère compréhensif : le sort présent et futur des colonies, leurs droits vis-à-vis de la métropole, leur prospérité agricole et commerciale, au dire d'une foule de polémistes, sont attachés à la solution de cette question. Plus de 250 livres ou opuscules y sont spécialement consacrés, et il n'en est pas un qui n'en traite au moins incidemment. Saint-Domingue, où la question est surtout instante, est l'objet de 330 publications jusqu'en 1800 seulement; 14 ouvrages, de 1800 à 1815, recherchent les moyens de recouvrer cette « perle des Antilles », que l'acte brutal de 1802 nous a fait perdre.

C'est encore la question de l'esclavage qui a le plus grand retentissement dans les œuvres de pure littérature. Le théâtre l'a agitée plus d'une fois. Dès 1789, un auteur anonyme, une femme peut-être (1), essaye de la

(1) *Moniteur* du 25 décembre 1789. — La pièce fut donnée au théâtre de la Nation.

porter devant le public dans un drame en trois actes et en prose intitulé : *L'esclavage des nègres, ou l'heureux naufrage*. La pièce était fort médiocre et tomba à plat. Mais c'est moins sa faiblesse littéraire que l'audace de son sujet et de ses conclusions (1), qui causa son malheur. La représentation fut, en effet, très tumultueuse : comme le dit le *Moniteur*, « on aurait cru que la grande cause de l'esclavage et de la liberté des nègres allait se traiter devant les partis que leurs divers intérêts devaient engager à la combattre ou à la défendre ». Cet insuccès ne découragea pas, pourtant, les auteurs dramatiques. L'Ambigu-Comique représentait, un mois après (janvier 1790), et donnait plusieurs fois, une pièce en un acte avec divertissement sous le titre : *Le nègre comme il y a peu de blancs*. Les comédiens du Beaujolais, en juillet 1790, faisaient applaudir *La belle esclave*. Le théâtre de Monsieur, le 12 décembre 1791, mettait en scène un opéra d'inspiration optimiste qui s'appelait : *Bon maître, ou les esclaves par amour*. Sous l'Empire même, quand la question semblait enterrée, M. de Cornillon mit la poésie lyrique à son service dans des *Odes*, suivies d'une lettre sur l'esclavage (1806); M. de Pinière l'avait aussi traitée sous la forme romanesque dans *Les colons*, parus en 1804.

Quant aux auteurs de tous les écrits polémiques, ce

---

(1) Des nègres fugitifs, condamnés à mort pour ce fait, sont sauvés à la prière de quelques blancs qu'ils avaient secourus dans un naufrage.

sont des députés ou journalistes, représentant généra
ment les principes philosophiques, des colons, déput
ou délégués, des négociants, parlant au nom des in
rêts coloniaux et commerciaux, des marins ou adn
nistrateurs des colonies, racontant ce qu'ils ont vu
fait.

Parmi les premiers, Brissot et Grégoire ont été l
plus féconds. Nous avons mentionné le Mémoire
Grégoire du 19 janvier 1790; au mois d'octobre s
vant, il publie une *Lettre aux philanthropes sur les m
heurs des noirs;* en juin 1791, une *Lettre aux noi
libres de Saint-Domingue et autres îles françaises;* lon
temps après, en 1810, 1822 et 1826, il reprend
sujet qu'il a fait sien, dans *La littérature des nègre*
dans un *Projet d'établir des peines infamantes cont
les négriers,* dans une dissertation sur « le préju
des blancs contre les noirs et sang-mêlés ». On ne pe
que rendre justice aux sentiments élevés qui l'o
inspiré, et cette charitable ardeur, d'ailleurs fort cri
quée, ne nous semble pas un des moindres titres
gloire du pieux évêque constitutionnel de Blois. Il
du reste, trouvé de nombreux émules dans le clergé
au dehors, l'abbé Sibire, l'abbé Cournand, Talleyra
lui-même, La Rochefoucauld-Liancourt, Dupont (
Nemours, etc. (1). En 1814, Sismondi a prêté

(1) L'abbé SIBIRE : *L'aristocratie négrière*, 1789. — L'abbé Cou
NAND : *Adresse à l'Assemblée nationale*, 1790. — DE TALLEYRAND : *M
moire à l'Académie des sciences*, 1797.

concours de sa science à cette cause dans ses deux opuscules si bien accueillis sur la traite (1). Quant à Brissot, il a fait de son journal *le Patriote* le porte-parole et le défenseur de la Société des amis des noirs, fort décriée, calomniée souvent, mais toujours active et de plus en plus influente. Il a soutenu contre Gouy d'Arcy, Moreau de Saint-Merry, Barnave, Malouet, une très vive polémique. Il a mérité d'être le point de mire des attaques de tous les défenseurs de l'esclavage.

Gouy d'Arcy et Moreau de Saint-Merry ont été, avec Dillon, les plus ardents avocats des colons, tant à la Chambre que dans la presse. Gouy d'Arcy, principalement, a tant écrit de lettres à Brissot, au marquis de Villette, à ses commettants, etc., qu'il en a fait un recueil en huit volumes, offert à l'Assemblée nationale et déposé dans ses archives (2). Moreau de Saint-Merry, sous une forme plus didactique, a présenté des *Considérations aux vrais amis du repos et du bonheur de la France, à l'occasion des nouveaux mouvements de quelques soi-disant amis des noirs* (1ᵉʳ mars 1791), ou sur *Les esclaves des colonies et les gens de couleur libres* (12 mai 1791). Il a publié plus tard (1797), en Amérique, une *Description physique, civile, politique et historique de la partie française de Saint-Domingue*. Dillon

(1) Le premier, *De l'intérêt de la France à l'égard de la traite*, a été imprimé en même temps à Genève, Londres et Paris.
(2) Lettres à ses commettants, 15-31 mai 1791.

s'est aussi adressé « aux vrais amis de la patrie » au sujet des troubles dans les colonies, et il a dû répondre à de nombreuses attaques personnelles. Après ceux-là et sous les autres assemblées, d'autres députés colons ont soutenu la même lutte : Dumorier, pendant la Législative, Lacour et Leborgne, durant la Convention, Lion et Dupuch, sous le Directoire. Ils ont été soutenus par Malouet, Clermont-Tonnerre, Barnave, « qui étaient colons ou dignes de l'être », suivant un mot de Gouy d'Arcy.

Mais il se trouva d'autres représentants directs ou indirects des colonies pour plaider avec une égale ardeur la cause des noirs et des sang-mêlé. En première ligne, il faut citer le mulâtre Raymond, dont la comparution à la barre de l'Assemblée et le discours ferme et modéré a eu la plus grande influence sur le vote du 15 mai 1791. Il n'a cessé de défendre l'intérêt de ses frères avec une remarquable énergie et un vrai talent. Dès 1789, il adresse à l'Assemblée des *Observations sur les droits des noirs;* il se charge de répondre aux *Considérations* de Moreau de Saint-Merry; il fait part de ses espérances, en mai 1793, « à ses frères les hommes de couleur ». Avec lui, un colon blanc, mais marié à une sang-mêlé, Monneron, député de Pondichéry et de l'île de France, a contribué au résultat final, en se séparant avec éclat, en cette circonstance, des autres députés des colonies, et en prouvant, dans les *Défenses* qu'il dut publier de sa conduite, que ses mandants professaient les mêmes sentiments (1). Belley et Littey, députés noirs de la Martinique, ont continué la polémique au temps de la Convention, quand ils avaient cause gagnée, mais quand déjà se discutaient les responsabilités.

Il n'était pas très sûr de soutenir la thèse des colons. Le peuple était pour les noirs. Pour avoir résisté au décret du 15 mai, Maury faillit être mis à la lanterne, Barnave perdit sa popularité, et Gouy d'Arcy, s'il faut l'en croire, fut tout près d'être victime des colères populaires (2).

Les négociants ont pris part, naturellement, à une querelle où ils avaient un intérêt direct. On trouve un grand nombre de *Lettres* de négociants aux différents journaux, *Journal de Paris*, *Journal des colonies*, le *Patriote*, le *Moniteur*, etc., ou bien des *Adresses* des députés extraordinaires du commerce, des chambres de commerce, des groupes de négociants; on trouve même des polémiques acerbes engagées d'une ville

---

(1) Réponse à Moreau de Saint-Merry, 21 septembre 1791.

(2) Voici comment il raconte la scène (Lettre à ses commettants, mai 1791) : « Hier, en plein jour, j'ai été accueilli dans la rue par une troupe de brigands bien payés sans doute pour me faire une insulte gratuite. Ils ont osé arrêter une calèche où j'étais avec ma femme, mes enfants et deux dames créoles. J'ai opposé beaucoup de prudence et de fermeté à leur attaque, et j'en ai été quitte pour des menaces de piller ma maison et de me mettre à la lanterne. J'ai harangué, sans m'effrayer, ce peuple égaré que je défends depuis deux ans et dont j'ai réclamé la juste reconnaissance. Je lui ai dénoncé comme perturbateurs du repos public ceux qui osaient le tromper sur le compte de ses véritables amis, et je me suis tiré de leurs mains avec avantage. »

à l'autre. Ainsi, le maire et les officiers municipaux de Bordeaux avaient publié, dans le *Patriote,* puis en brochure (31 mai 1791), une adresse aux assemblées coloniales, municipalités et comités des colonies françaises, pour faire acte d'adhésion au décret du 15 mai. Le lendemain, l'imprimerie de la *Feuille du jour* lançait une réponse commençant par ces mots : « Prenez-y garde, citoyens! et vous surtout, négociants du Havre, Nantes, la Rochelle, Marseille et Dunkerque. » En septembre, les chambres de commerce de Rouen, Nantes, Marseille, protestaient publiquement contre le décret. Dès le début, quelques villes avaient pris position dans le débat; le plus grand nombre, il faut le dire, avaient observé le silence qu'elles s'étaient imposé dans les cahiers. Les colons ayant résolu, le 12 février 1791, « d'éveiller les villes de commerce sur l'imminence du danger qui les menaçait », avaient rédigé et envoyé un projet d'adresse destiné à impressionner l'Assemblée. Or, dit Gouy d'Arcy, « de quarante villes maritimes ou de l'intérieur, mais toutes intéressées au commerce des colonies, à qui j'expédiai cette circulaire énergique, le plus grand nombre garda le silence; Bordeaux et Lyon se refusèrent à entrer dans nos vues patriotiques, mais Nantes, le Havre, Abbeville, Dunkerque, Rouen, se distinguèrent par une adhésion complète à nos principes (1) ». L'accord se fit plus tard, et une pétition

---

(1) Lettre citée.

fut envoyée à la Législative, le 22 janvier 1792, par les représentants du commerce et des colonies réunis : elle protestait contre les discours de Brissot, qui continuait à la tribune la campagne commencée dans le *Patriote* et préparait le décret du 24 mars.

Quant aux agents coloniaux, marins ou gouverneurs, qui durent se défendre contre des accusations ou qui rendirent compte de leurs actes, plusieurs déterminèrent un certain mouvement de presse. Ce n'était plus, en effet, auprès du Roi ou de l'Assemblée qu'on plaidait une cause : tout procès était porté au tribunal de l'opinion ; l'attaque et la défense étaient publiques. C'est ainsi que La Luzerne, Barbé-Marbois, Du Chilleau, gouverneurs ou intendants des îles, l'Assemblée du Cap, réputée rebelle, le colonel Mauduit, le capitaine Santo-Domingo, impliqués dans les troubles de Saint-Domingue, Lacrosse, Santhonax, commissaires civils, chargés d'appliquer les décrets de la Convention ou du Directoire, ont tenu à expliquer leur conduite dans des Mémoires, quelquefois déposés sur le bureau de l'Assemblée, mais toujours publiés. C'est à propos de la grave question du libre approvisionnement des colonies en denrées vivrières, et surtout en farines, qu'une violente polémique s'est élevée entre Gouy d'Arcy et les députés de Saint-Domingue, soutenant Du Chilleau, d'une part, l'ancien gouverneur devenu ministre, La Luzerne et l'ancien intendant, Barbé-Marbois, d'autre part. Cette affaire a donné lieu à une vingtaine de publications en 1790-1791 : Mémoires accusateurs ou justificatifs des intéressés; adresses ou répliques des commerçants ou des colons. De même, les rigueurs exercées par Santhonax et Polverel, qu'on appela « les égorgeurs de Saint-Domingue », ont provoqué de la part des colons quatorze protestations ou accusations.

Ces ardeurs de polémique étaient bien de nature à passionner les esprits pour les questions coloniales. Il ne faudrait pas croire pourtant que la curiosité n'eut en pâture que ces querelles. Bon nombre d'ouvrages d'intérêt théorique vinrent solliciter l'attention du public.

Il se trouve alors, comme aux âges précédents, des faiseurs de projets et des rêveurs de colonisation. Le *Recueil des Mémoires généraux,* auquel nous avons tant emprunté pour le dix-huitième siècle, contient de nombreuses propositions de la période révolutionnaire. Par exemple, un sieur Duchesne, citoyen de Blois, offre, le 12 fructidor an III, d'aller former dans les montagnes de la Guyane française un établissement, « pour occuper les militaires et leur procurer par leur travail une aisance qui déchargerait l'État de la pension qu'il leur doit »; un anonyme, en 1797, propose d'établir en Guyane une peuplade de blancs, recrutée parmi les jeunes gens et jeunes filles nubiles de Béarn (1). C'est principalement sur la Guyane que se

---

(1) *Mémoires généraux*, t. XIX, nos 19, 21, 22, 23, 24, 26

portent les vues de ce genre. Elle n'avait pas, en effet, souffert des attaques anglaises ou des désordres intérieurs. Couturier de Saint-Clair, député des colons de Guyane, le dit expressément dans ses *Observations sur l'état présent de la Guyane* (1797) : « L'essai de la liberté générale des noirs s'est fait dans la colonie de Cayenne sans contrariété (1). »

C'est aussi sur la Guyane que les théories les plus importantes ont été produites. Lescalier, dans deux livres publiés en 1791 et 1798, a dit le résultat de ses observations sur les moyens de mettre en valeur la Guyane et sur la culture propre aux terres basses. Malouet, en l'an X, a donné sa précieuse collection de Mémoires et correspondances officielles sur l'administration des colonies, et notamment sur la Guyane française et hollandaise (2). En même temps Giraud, d'après les notes de Vidal (3), écrit des Mémoires sur les avantages politiques et commerciaux de la Guyane. Mais d'autres colonies, pour différentes raisons, provoquèrent des études aussi importantes. La Louisiane, par exemple, au moment où elle fut vendue (1803), fut l'objet d'une demi-douzaine de descriptions, dissertations, récits de voyage, dont quelques-uns, comme le *Voyage en Louisiane*, de Baudry des Lozières, eurent plusieurs éditions. La curiosité, malgré tant de causes

---

(1) *Mémoires généraux*, t. XIX, n° 24.
(2) Paris, 5 vol. in-8°.
(3) D'après Barbier.

qui devaient la distraire, se porta même, comme autrefois, à la suite des voyageurs, sur tous les points du globe. Le Vaillant, Marchand, La Pérouse, d'Entrecasteaux, de Lesseps, Renouard de Sainte-Croix, par eux-mêmes ou par les soins de Milet-Mureau (pour La Pérouse), de Rossel et Beautemps-Beaupré (pour d'Entrecasteaux), de Fleurieu (pour Marchand), ont fait connaître, dans les années les plus remplies d'événements intérieurs et extérieurs (1789-90-95-97-1801-1810), l'intérieur de l'Afrique, les mers du Sud, le Kamtchatka, la Nouvelle-Guinée, les Philippines. On emprunte même les récits des étrangers, principalement des Anglais, comme ceux d'Isaac Wild ou miss Montaigu sur le Canada (1802, 1809), de Aubury sur l'Amérique centrale du Nord (1793), de Barrow sur la Cochinchine (1807), traduit par Malte-Brun, etc.; le fameux *Voyage d'Alexandre Humboldt aux contrées équinoxiales d'Amérique* a paru en français à Paris, dans la dramatique année 1814 (1). Les Académies favorisèrent cette curiosité. L'Académie de Marseille couronne, en 1792, l'*Éloge de Cook*, par Lemontey; celle de Toulouse, l'*Éloge de La Pérouse*, par Vinaty, en 1809. La critique historique s'en empare : en 1801, Janssen traduit de l'Allemand de Murre une étude sur le premier voyage de Pigafetta, et le célèbre Camus, en 1802, compose des Mémoires sur les collections de voyages de

---

(1) Trois vol. gr. in-4°. — Réédité 1819, 1825, etc.

de Bry et de Thévenot. La littérature enfin en prend sa part : l'idylle de *Paul et Virginie*, transportée au théâtre Italien, y a trente représentations en 1790; une pantomime en quatre actes représentant la mort du capitaine Cook tient l'affiche de l'Ambigu-Comique pendant les quatre premières années de la Révolution; un sieur de Roure, en 1811, compose un poème sur la conquête du Mexique; Chateaubriand, dans *Atala, René,* les *Natchez,* décrit la luxuriante nature des rives du Meschacébé ou Mississipi et semble exprimer un regret pour cette belle Louisiane, que nous venions de perdre.

Voilà, ce semble, assez de preuves pour établir que, suivant les proportions indiquées, les périodes si affairées de la Révolution et de l'Empire ne le cèdent à aucune autre dans l'étude et le goût des questions intéressant les colonies.

CONCLUSION.

Quelle idée peut se dégager des faits que nous avons relevés durant cette troisième époque de notre histoire coloniale, qui va de 1715 à 1815?

La curiosité manifestée par les publications, les aptitudes prouvées par l'énergique action des agents de colonisation, l'exacte et large compréhension des profits coloniaux, attestée par les Mémoires, tout cela est manifeste. Mais tout cela, grâce à une disposition non moins manifeste de notre caractère national, n'est utilisable qu'autant que les gouvernements montrent une égale bonne volonté, dégagent l'action coloniale de l'action continentale, réforment un système mal conçu, oppresseur, tracassier, propre à repousser toute immigration et à enrayer tout progrès.

Or, les gouvernements de Louis XV et de Louis XVI, et surtout des Assemblées révolutionnaires, que l'on a l'habitude de rendre responsables de tous nos échecs, sont précisément ceux qui, avec la bonne volonté des autres, ont le mieux montré cet esprit de réforme, seul capable de sauver l'œuvre coloniale de l'ancien régime. Il ne leur a manqué que de se dégager des complications européennes, qu'ils ont fait naître ou qu'ils ont subies. La Révolution est admirable en cela que, malgré des luttes continentales vraiment épiques, elle n'a pas un moment cessé de protéger, autant qu'elle l'a pu, nos possessions coloniales, et de les réformer avec hardiesse et sagesse. Nos colonies, en 1800, avaient tout ce qui pouvait les rendre prospères et attirer des immigrants : liberté administrative, liberté commerciale, liberté du travail et des personnes. Si cette tradition eût été suivie, notre histoire au dix-neuvième siècle eût été tout autre.

Mais le gouvernement impérial est venu tout changer. Il n'a eu, à l'égard des colonies, ni bonne volonté, ni souci de réformes. Il a, de parti pris, engagé à fond la France dans les aventures continentales. Par suite, il a interrompu brusquement le goût manifesté pendant trois siècles pour les entreprises d'outre-mer. Ce goût n'a pu tenir contre l'échec définitif de l'œuvre, contre la restauration d'errements condamnés par la discussion et l'expérience, contre l'abandon avoué d'une action qu'on ne croit plus, comme jadis, utile et glorieuse entre toutes. M. Leroy-Beaulieu donne pour causes à la faillite coloniale de l'ancien régime la routine administrative et l'impatience aventureuse des colons : il y faut joindre l'action et l'influence exercées sur notre histoire et sur nos esprits par la politique de l'Empire.

CONCLUSIONS GÉNÉRALES

I

Nous n'entreprendrons pas, pour la période contemporaine, la même étude de détail que pour les précédentes. Il y faudrait un volume, et ce travail est déjà long. De plus, l'histoire a besoin, pour être vraie et impartiale, d'une certaine perspective qui nous manque encore. Nous nous contenterons donc de résumer à grands traits les faits et les idées de ce siècle pour appuyer notre conclusion générale.

Tout d'abord, constatons que la chaîne rompue en 1802 n'a été renouée qu'en 1870. En d'autres termes, le régime colonial de l'ancien régime, restauré par Bonaparte, n'a définitivement cédé la place au régime innové par la Révolution qu'au moment où la France, affranchie des gouvernements personnels, a repris le programme de 89. Cette connexité des questions coloniale et politique en France est digne de remarque. Elle montre que l'esprit de progrès est, non pas le monopole d'un parti, mais la conséquence d'un principe. Il faut avoir le respect de la personne humaine et de ses droits pour admettre aussi bien l'autonomie administrative des colonies, la liberté civile et politique des colons, l'égalité commerciale de la colonie et de la métropole, que l'autonomie, la liberté et l'égalité de tous les citoyens d'un même État. On peut l'établir en axiome : point de régime libéral aux colonies sans institutions libres dans la métropole.

L'abolition de l'esclavage, préparée par l'exemple de la Révolution, par l'interdiction de la traite en 1808 dans les possessions anglaises, par la décision du congrès de Vienne, n'a été résolue qu'en 1833 en Angleterre, sous un ministère whig, et que le 27 avril 1848 en France, sous un gouvernement républicain.

L'administration des colonies, ramenée au despotisme centralisateur de l'ancien régime en 1802, n'en est pas encore, cela est triste à dire, complètement affranchie chez nous, à l'heure actuelle. Malgré l'exemple des Assemblées révolutionnaires, qui ont appliqué le principe de l'assimilation politique et économique, combinée avec l'autonomie pour les affaires locales, malgré celui de l'Angleterre qui, depuis 1842, pratique le système de l'autonomie politique et administrative, avec l'assimilation économique, tous nos gouvernements ont maintenu dans les colonies un régime d'exception, de centralisation à outrance, qui les livre aux caprices d'un bureaucrate ou d'un autocrate, une tutelle commerciale qui, pour n'être plus le pacte colonial, ne vaut pas toujours mieux. Le décret du 3 mai 1854 (article 18) est toujours en vigueur : il établit dans trois colonies privilégiées (Martinique, Guadeloupe, Réunion) le régime de la loi, partout ailleurs le régime du simple décret. Droits politiques, représentation, état civil, propriété, contrats et obligations, jury, sont institués ou sauvegardés par une loi dans trois îles, qui représentent la soixante-dix-huitième partie de notre empire colonial direct en superficie, et la cinquième en population : encore faut-il que la loi porte expressément application aux colonies. Partout ailleurs, ces droits primordiaux sont soumis à l'arbitraire du décret, avec ou sans avis du conseil d'État. Partout, même dans les trois îles, les cultes, la presse, les institutions de crédit, les pouvoirs administratifs, les travaux publics, la police, etc., sont régis, en droit, par la décision du gouvernement métropolitain ; en fait, par la volonté changeante d'un ministre ou secrétaire d'État, d'un chef de bureau ou d'un agent nommé par faveur.

Toutefois, des améliorations importantes ont été apportées durant les époques de liberté en France. La représentation des colonies dans le Parlement, reconnue en droit et en fait par la Révolution, abolie en 1800, refusée par la Restauration et la monarchie de Juillet, accordée par la Constitution de 48, abolie de nouveau par décret du 2 février 1852, demandée en vain par M. de Lareinty en 1865 et par M. J. Simon en 1869, n'a été consacrée que par la Constitution républicaine de 1875 (1). La représentation locale des communes et des cantons dans les conseils municipaux et généraux, réduite sous la Restauration à un simple choix fait par le Roi parmi des candidats présentés, à une élection censitaire sous la monarchie de Juillet, ramenée à une désignation officielle de notables par les décrets de 1854 et 1866, n'a été admise au droit du suffrage universel que par le décret du 3 décembre 1870 et étendue à toutes les colonies qu'à des dates toutes récentes (2). On retrouve même, à ce propos, dans beaucoup de nos possessions, ce traditionnel respect des races soumises qui nous est propre (3), et que nous avons constaté sous différentes formes à toutes les époques : le droit électoral a, en effet, été conféré par différents décrets, de 1880 à 1885, à un assez grand nombre d'indigènes (4).

Quant au régime économique, le pacte colonial,

(1) 1871 : 3 députés à l'Algérie; 1884 : 6 députés à l'Algérie; 1875 : 2 députés à la Réunion, la Guadeloupe, la Martinique; 1 à l'Inde, à la Guyane, au Sénégal, à la Cochinchine; 3 sénateurs à l'Algérie, 1 à la Réunion, à la Guadeloupe, à la Martinique.

(2) Guyane, 23 décembre 1878; Inde, 25 janvier 1879; Sénégal, 4 février 1879; Saint-Pierre et Miquelon et Nouvelle-Calédonie, 2 avril 1885; établissements d'Océanie, 10 janvier 1886.

(3) L'Angleterre, aux Indes, par exemple, n'admet que dans une très petite proportion le droit électoral pour les municipalités de villes et de districts. Dans les 897 municipalités, sur 7,795 membres, 1,882 le sont d'office, 4,589 sont nommés et 1,224 seulement élus. (AVALLE : *Colonies anglaises*, p. 76.)

(4) Au Sénégal, tout indigène est électeur après un séjour de six mois dans une des quatre communes. Dans l'Inde, tous les indigènes votent, ils sont seulement divisés par séries, suivant qu'ils se sont ou non soumis à la loi française.

rétabli en 1802, est resté en vigueur jusqu'en 1861. A ce moment, la métropole devint libre-échangiste et dut, en conséquence, abolir quelques entraves du commerce colonial. Mais, comme on l'a dit, « elle a aboli tout ce qui lui était à elle-même défavorable, tout ce qui profitait aux colonies ». Le sénatus-consulte du 4 juillet 1866 a permis aux conseils généraux des colonies de voter les tarifs d'octroi de mer sur les objets de toute provenance. C'était enfin l'affranchissement commercial, en apparence. Était-il bien réel? D'abord, il n'était concédé qu'aux trois îles privilégiées, et il fut étendu presque aussitôt (loi du 19 mai 1866 et du 17 juillet 1867) à l'Algérie. Toutes les autres colonies restèrent soumises au régime du décret, c'est-à-dire aux anciennes exigences et rivalités du commerce métropolitain. On a même paru maintes fois regretter la concession de 1866. Le secrétaire d'État aux colonies, dans une circulaire du 24 janvier 1884, « se faisant l'interprète des plaintes de l'industrie métropolitaine », mettait en demeure, presque avec menaces, les conseils généraux des colonies « de tenir compte des sacrifices que l'État s'impose pour ses possessions coloniales, et de la concurrence que les industriels étrangers font à l'industrie nationale dans les colonies; par suite, de rétablir les droits de douane (1)

---

(1) Abolis à la Martinique, 30 novembre 1866; à la Guadeloupe, 11 décembre 1866; à la Réunion, 5 juillet 1871. Remplacés par l'octroi de mer sur les denrées de toute provenance.

sur certains produits, comme les tissus... ». Il veut bien reconnaître la difficulté de le faire pour les denrées alimentaires. Mais ne saisit-on pas, dans ce langage, comme un retour au moins intentionnel à la pratique de l'exclusif, si vigoureusement attaquée et condamnée tout juste un siècle auparavant?

Il y a donc encore loin du régime actuel, malgré de bonnes réformes, à l'idéal de liberté et d'autonomie coloniale qui avait été celui des hommes de 89.

II

Ce qui nous en écarte le plus est cette manie de centralisation et de bureaucratie qui pèse sur les colonies comme sur la France intérieure. C'est encore un legs de Bonaparte. Il en résulte, entre autres maux : l'impunité pour ces proconsuls qui vont tyranniser les colonies; l'uniformité dans le traitement politique, administratif et économique, imposé à des pays dont les tendances et les besoins sont absolument disparates ; l'énormité des charges que supporte la métropole pour entretenir une armée de fonctionnaires pour la plupart inutiles (1); enfin, et par-dessus tout, le dégoût pour

(1) Gouverneur, directeur de l'intérieur, administrateur, commandant militaire, chef du service de santé, commandant de la marine, contrôleur et inspecteur, procureur général et juges, etc. — La dépense

toute émigration et toute entreprise commerciale, causé aujourd'hui comme avant 89 par l'omnipotence des agents du pouvoir. M. de Lanessan, dans son beau livre de l'*Expansion coloniale de la France*, propose, comme première et urgente réforme, de former des groupes coloniaux, au nombre de six. Chacun de ces groupes aurait assez de force pour se régir, s'entretenir, s'enrichir lui-même, et la métropole les débarrasserait de tant d'agents qui coûtent et nuisent. Elle n'aurait plus que quelques frais de surveillance et de défense générale (1). Le même esprit a inspiré les résolutions du Congrès colonial réuni à Paris en 1889. Il a émis des vœux pour la division des colonies en groupes, l'extension à toutes du régime de la loi, l'assimilation la plus large possible des étrangers établis et des indigènes, l'autonomie administrative, financière et militaire, des possessions telles que l'Indo-Chine, la reconnaissance des droits politiques à tous les colons et à tous les indigènes non assimilés, à condition de maintenir pendant le temps nécessaire la suprématie de l'élément français, enfin la propagation parmi les indigènes « de la langue, des procédés de travail et, progressivement,

---

ressort à 53 millions pour une population coloniale de 2,800,000, soit 19 fr. 25 par tête. En Angleterre, elle est de 50 millions pour une population de 200 millions, soit 0 fr. 25 par tête.

(1) Pendant que ce livre était sous presse, est survenue la nomination de M. de Lanessan au poste de gouverneur général de l'Indo-Chine. Espérons qu'il porte là-bas ses propres idées, et non les traditions de la rue Royale.

CONCLUSIONS GÉNÉRALES. 379

de l'esprit et de la civilisation de la métropole ». On peut dire que ce Congrès, où ont délibéré les hommes les plus éminents et les plus compétents en matière coloniale (1), a exposé toute la théorie de la colonisation, telle qu'on la conçoit à notre époque. Elle se réduit à une énergique décentralisation et à un franc retour aux doctrines de la Révolution. Mais combien de temps encore nous faudra-t-il pour appliquer cette excellente théorie? Fils de 89, quand dépouillerons-nous la livrée consulaire et impériale? La prospérité coloniale, aussi bien que la vraie liberté politique, est pourtant à ce prix.

Mais autre chose encore nous manque pour être une nation fructueusement colonisatrice.

On a pu remarquer, au cours de cet ouvrage, que la nation a toujours hautement manifesté sa curiosité pour les pays de colonisation et son goût pour les entreprises coloniales. Le dix-neuvième siècle est loin d'être inférieur aux précédents sous ce rapport. Si l'on en juge par les publications, ce n'est plus par centaines, mais par milliers qu'elles se comptent. La question de l'esclavage en a inspiré près de quatre cents, l'Algérie plus de sept cents. Les Revues ont publié une foule d'études souvent très importantes, dont l'analyse mériterait d'être faite. Les journaux donnent chaque jour

---

(1) MM. Le Myre de Villers, Bouquet de la Grye, contre-amiral Vallon, vice-amiral Thomasset, Isaac, Coste, Binger, de Cambourg, Détroyat, Pigeonneau, Foncin, Boutmy, Levasseur, Drapeyron, etc.

des articles de fond ou de circonstance, qui valent parfois des livres. Des écrivains du plus grand mérite en ont fait leur spécialité et y ont gagné leur renommée : M. Schœlcher pour l'esclavage; Ternaux-Compan et M. Margry pour la bibliographie et les recherches d'érudition; Michel Chevalier, Jules Duval, M. Leroy-Beaulieu pour la partie économique; M. de Lanessan pour la partie politique et administrative; Ferdinand Denis, MM. Dussieux et Gaffarel pour la partie historique, etc., etc. Des histoires élémentaires de notre colonisation, des récits de voyages, vrais ou imaginaires, ont joui d'une vogue sans exemple. Le meilleur moyen de trouver la gloire aujourd'hui est d'aller la chercher dans le continent noir ou dans le bassin de l'Amazone. Nous n'avons pas encore fait à nos grands explorateurs les honneurs du Panthéon, comme les Anglais ont fait à Livingstone les honneurs des caveaux de Westminster. Du moins, par des fêtes, des conférences, des livres, des articles de presse multipliés, nous leur faisons bien vite une sorte d'apothéose. Bref, la publicité coloniale a atteint de notre temps un développement inouï, et elle ne paraît même pas satisfaire la curiosité. Si nous cherchons l'intérêt dans les actes, c'est le même spectacle. Sans rappeler les conquêtes, ni l'action au dehors, l'activité au dedans est manifeste. Des sociétés, chez nous, qui n'avons ni l'habitude ni même le droit d'association, se sont fondées pour favoriser l'expansion et étendre l'influence de la France : en tête l'*Alliance française,* qui a pris pour tâche de répandre dans le monde, et surtout aux colonies, la langue française, et avec elle les goûts et les produits français ; la *Société d'émigration,* qui se fait l'intermédiaire entre les colonies et les émigrants ; la *Société des études maritimes et coloniales,* qui encourage tout ce qui peut rendre plus parfaite la théorie de la colonisation ; surtout la société toute récente (23 novembre 1889) fondée pour la création d'une école coloniale. On pourrait relever encore l'*Association des explorateurs,* les *Sociétés de géographie,* répandues dans presque tous les départements, brillantes et agissantes surtout à Paris, faisant toutes, et surtout la *Société de géographie commerciale,* la plus large part aux matières qui intéressent la colonisation. Le commerce, lui aussi, est entré dans le mouvement. Les chambres de commerce se sont multipliées (1) et sont devenues actives ; des syndicats professionnels de commerçants et d'industriels se sont fondés (2), ainsi que des associations pour le commerce d'exportation, des grandes compagnies de navigation transocéanienne, etc.

Mais, malgré tous ces faits, et d'autres non moins significatifs, nous répétons qu'il nous manque quelque chose pour bien réussir en colonisation. A toutes les époques, même à celle de Colbert, on se le rappelle, il y a eu une certaine disproportion entre l'intérêt mani-

(1) 89 en France et 14 aux colonies.
(2) 510, dont 167 à Paris.

festé et la part prise à l'œuvre coloniale. L'émigration a presque toujours été fort lente et l'activité commerciale restreinte; l'agitation en faveur des colonies a été plus spéculative qu'effective, plus officielle que nationale. Notre époque, qui a gardé l'empreinte du premier Empire, a encore accentué cette disproportion.

On n'émigrait guère au temps de Colbert; on n'émigre presque plus aujourd'hui. De 1877 à 1884, il n'a été introduit aux colonies que 516 individus (1)! L'Algérie reste à part. En Algérie, le nombre des immigrants européens s'accroît rapidement; mais, de 1876 à 1881, la population française n'a fait qu'un gain de 35,145 unités, quand la population étrangère en a fait un de 33,869 (2).

On ne s'est pas empressé, au dix-septième siècle, d'entrer dans les spéculations du commerce colonial; aujourd'hui nous nous laissons enlever l'approvisionnement de nos colonies. En Algérie, où les produits français, sauf les sucres, entrent en franchise, le mouvement de la navigation en 1884 a accusé : pour les entrées, 1,423 navires français jaugeant 1,018,496 tonnes, contre 2,156 navires étrangers chargés de 643,290 tonnes; pour les sorties, 1,317 navires et 949,639 tonnes de pro-

---

(1) DE LANESSAN, p. 784 et suiv. — Il s'agit seulement des passages gratuits opérés par l'État. Un plus grand nombre de personnes ont désiré émigrer. Par exemple, en 1884, il a été fait 1,603 demandes; 244 ont été accueillies, et 193 suivies d'exécution. Mais il est des demandes non recevables pour cause d'incapacité, d'immoralité ou de faiblesse physique. Elles ne peuvent compter.

(2) DE LANESSAN, p. 37.

venance française, 2,229 navires et 677,102 tonnes de provenance étrangère. Nous n'avons à Hellville (Nossi-Bé) qu'une maison française contre deux étrangères, et notre pavillon couvre 4,331,335 francs de marchandises importées ou exportées contre 3,474,650 francs de marchandises échangées sous pavillon étranger. La Réunion reçoit pour 7,832,138 francs de marchandises françaises et pour 18,125,168 de produits étrangers, importés, il est vrai, sous pavillon français. Il est entré au port de Saïgon, en 1883, 128 navires français, portant 131,924 tonnes, et 402 étrangers, jaugeant 423,995 tonnes; les Anglais seuls figurent au nombre de 246, et les Allemands de 99. Nos comptoirs de l'Inde ont reçu, à la même date, 200 navires français, dont 30 venant de France et le reste des colonies françaises, contre 507 étrangers. Dans nos établissements d'Océanie, les maisons françaises ont fait pour 1,056,559 fr. d'affaires, les maisons étrangères pour 4,897,212 fr. A la Nouvelle-Calédonie, il est entré 47 navires français contre 99 étrangers; l'importation française représente 4,755,992 francs, l'importation étrangère 5,289,272 francs. A la Martinique, en 1884, 336 navires français ont importé 169,964 tonnes de marchandises, et 702 navires étrangers 153,016 tonnes; sur une importation de 27,882,504 francs, la France et ses colonies ne comptent pas même pour la moitié (12,232,724 francs). La Guadeloupe a reçu, la même année, 11,343,829 francs de produits français et

12,757,978 francs de produits étrangers; Saint-Pierre et Miquelon, 3,945,425 francs contre 8,747,000. Partout donc, sauf au Sénégal et à la Guyane, où nous faisons presque tout le trafic, nous sommes dans un état d'infériorité notoire vis-à-vis de l'étranger. Il est vrai de dire que les denrées de nos colonies s'importent presque exclusivement en France. Notre trafic, en les revendant naturelles ou transformées sur le continent, y trouve donc une compensation et une revanche. Mais combien cette compensation est insuffisante! Combien on envie l'activité et le savoir-faire des Anglais, qui approvisionnent presque seuls leurs établissements (1)!

III

Voilà donc le résultat de notre enquête à travers les quatre siècles de notre histoire coloniale. Ce n'est pas le goût de la colonisation qui nous a manqué : dans les sphères pensantes, tout au moins, l'intérêt et la curiosité pour les établissements d'outre-mer ont toujours été fort

(1) L'importation anglaise est : aux Indes, de 82 pour 100; dans la province de Victoria, de 50,73 pour 100 par voie directe, de 90 pour 100 en y comprenant les autres colonies britanniques; à la Nouvelle-Zélande, en 1878, elle a été de 5,333,170 liv. st., sur 8,773,663 (Cf. AVALLE : *Les colonies anglaises*, passim.) — Voir, pour les chiffres du texte : DE LANESSAN et les *Notices coloniales*. Rapprocher le *Journal officiel* du 24 novembre 1890, du 16 mars 1891, etc.

CONCLUSIONS GÉNÉRALES. 385

vifs; ils le sont encore en notre temps, malgré la diversion opérée par le premier Empire. On est mal fondé aussi à nous refuser le génie de la colonisation : les Français ont eu, plus que tous autres, l'esprit d'aventure; ils savent, mieux que personne, se faire aimer en même temps que respecter ; notre système colonial actuel, n'était cette malheureuse centralisation qui semble collée à nous comme une tunique de Nessus, ne vaut pas moins que celui des autres et témoigne de nos aptitudes. Mais il n'est pas niable que la nation, depuis au moins le milieu du dix-septième siècle, s'est laissé conduire à l'action coloniale par les gouvernements, et qu'elle n'a pas été spontanément colonisatrice. Il ne l'est pas non plus que sa participation effective a diminué sensiblement en ce siècle, à cause de la faillite coloniale et du danger continental dont est responsable le premier Empire.

Est-ce à dire que la France doive renoncer à la politique coloniale? Non, certes! Comme l'a dit Vauban, les établissements coloniaux « sont à la fois nobles et nécessaires ». Ils le sont surtout à l'heure présente, et pour les motifs qu'un homme d'État, qui a voulu garder l'anonyme, a exposés dans cette page qu'on ne saurait trop méditer (1) :

« Pendant que Gaulois et Germains s'épuisent en

---

(1) *Revue de géographie*, janvier 1890. — Voir, dans la même *Revue*, les remarquables articles de M. Gide, janvier-février 1886. — Voir aussi Seeley : *L'Expansion de l'Angleterre* (traduction Rambaud et Baille).

armements et se préparent à une lutte fratricide, les Anglo-Saxons font la conquête du monde. De la Méditerranée au cap de Bonne-Espérance, la Grande-Bretagne, qui possède un tiers de l'Asie et l'Australie, envahit le continent noir..... Nos établissements du Congo et du Sénégal, ceux de l'Allemagne et du Portugal, qui végètent faute de capitaux, ne sauraient entraver cette occupation; d'eux-mêmes, poussés par la misère, ils se fondront dans le grand empire anglo-africain.

« De leur côté, les États-Unis cherchent à constituer la fédération américaine, et si le congrès international de Washington n'a pas donné la solution désirée, le succès de l'entreprise n'en est pas moins assuré.....

« Enfin la race slave conquiert silencieusement le nord de l'Asie et se prépare à envahir la Chine, dont la civilisation collectiviste ne tardera pas à s'écrouler au contact de l'individualisme chrétien qui pénètre de plus en plus dans l'Empire, autrefois fermé aux Européens.

« Ces entreprises sont d'autant plus inquiétantes que les progrès de l'industrie ne permettent plus à chaque nation de consommer ses propres produits et exigent des marchés d'exportation. Que deviendrons-nous quand l'Amérique, l'Afrique, l'Asie et l'Océanie nous seront fermées (1)?

« L'Europe occidentale, succombant sous le poids

---

(1) Rapprocher le *Mémoire* écrit à la veille de 89 et analysé plus haut, liv. III, chap. II, p. 270-73.

CONCLUSIONS GÉNÉRALES.

d'une dette de 63 milliards, sera réduite à la misère, et ses habitants n'auront d'autre ressource que d'émigrer dans des contrées plus favorisées.

« Déjà cet exode de la famine est commencé; si la France, grâce à son merveilleux climat et à ses habitudes d'épargne, a pu résister jusqu'ici, plusieurs faits économiques semblent indiquer que le moment est proche ou elle sera atteinte..... Malgré l'accroissement de la fabrication, les exportations diminuent : 4,216 millions en 1866, contre 4,548 millions en 1876 et 4,281 millions en 1886. Quant au mouvement des métaux précieux, les entrées de 511 millions en 1866, 645 millions en 1876, se transforment en une sortie de 136 millions en 1888. Nous vivons sur notre capital.

« Par intuition, l'opinion publique se préoccupa de ce péril, et sous l'impulsion des sociétés de géographie, fondées après la guerre de 1870, l'expansion coloniale, le seul remède pratique, prit un grand développement, et nous eûmes la bonne fortune de rencontrer deux hommes d'État, M. Gambetta et M. J. Ferry, qui, comprenant les véritables intérêts de la France, dirigèrent ce mouvement.....

« Mais si la conception fut grandiose, l'exécution laissa trop à désirer..... Nous sommes à attendre des résultats. Cependant le pays a dépensé des centaines de millions et perdu des milliers d'hommes. Chacun se demande à quoi servent ces sacrifices.

« La parole est à la géographie.

« Soyons géographes et agissons en géographes, c'est-à-dire avec discernement, mais agissons! »

Oui, il faut agir, il faut se répandre au dehors, il faut, tandis qu'il en est temps, nous faire une bonne place en Afrique, en Asie, en Océanie, partout où il y a des terres fertiles inoccupées ou des groupes de population inexploités commercialement. Mais, pour agir avec cette énergie et ce discernement qu'on demande, pour agir en géographes, il faut le devenir. Or, nous n'en avons ni les habitudes ni le tempérament. Nous ne voyageons pas, nous n'étudions pas, au moins suffisamment, les divers pays et leurs forces productives, nous ne développons même pas nos forces physiques.

Selon nous, la question coloniale se réduit à une question d'éducation. Il faut refaire notre caractère national. Si nous devions rester ce que nous sommes ou ce qu'on nous a faits, autant vaudrait renoncer à une action fort chère dont les profits ne pourraient nous revenir; autant vaudrait liquider notre avoir colonial actuel et vivre d'épargne, jusqu'au moment fatal marqué par les penseurs pour notre absorption dans une race plus active, mieux douée et surtout mieux élevée.

Est-il donc si difficile de se refaire? Oui, peut-être pour un individu; mais, pour un peuple, c'est l'affaire d'une génération ou deux. Selon la forte parole de

Stuart Mill, « l'éducation est la culture que la génération présente donne à la génération qui va la suivre pour la rendre capable de garder intact et d'accroître, si possible, l'héritage intellectuel et moral des générations disparues ». Si donc notre génération a la pleine intelligence des idées qui conviennent à présent et conviendront au siècle prochain pour tenir sa place et jouer son rôle dans la mêlée ethnographique qui se prépare, il lui suffira de les transmettre à la génération qui va suivre.

Que faut-il, après tout? Tout simplement réformer notre enseignement secondaire. S'adressant aux classes moyennes et riches, formant la nature de ceux-là mêmes qui auront des capitaux à employer et qui, par la supériorité de leur culture intellectuelle, dirigeront toujours, quoi qu'il arrive, la fortune politique de la nation, il doit viser à leur donner toutes les qualités qui peuvent convenir à des colons et à des commerçants. Or, que fait-il aujourd'hui? Il développe chez tous, sans distinction, cet esprit classique, qui entretient le goût de la discussion et de la phrase, l'habitude du lieu commun poétique ou oratoire, et qui est précisément l'opposé de l'esprit colonisateur et commercial. A ce dernier, il faut la science positive des lieux, des productions, des procédés d'échange, etc., tout ce qui en un mot prépare à l'action. Ce n'est pas seulement par l'insuffisance ou le mauvais choix de ses matières que cet enseignement est funeste : c'est surtout par son influence. Il a pour effet de détruire l'esprit de commerce et, comme le disait l'auteur du Mémoire rappelé plus haut, « de concentrer la considération publique dans une classe d'hommes absolument étrangère aux intérêts de la société, tels qu'il les faut combiner aujourd'hui ». Michel Chevalier le remarquait déjà en 1845 : « Les classes riches ou aisées et les classes qui, sans avoir la fortune, ont l'instruction, répugnent à l'éducation commerciale et même à l'éducation industrielle et manufacturière, parce qu'elles sont imbues de préjugés contre l'exercice des professions commerciales et industrielles. Il leur déplait d'y destiner leurs fils. Ils en pensent ce qu'en pensaient les grands esprits de l'antiquité, Aristote, Platon, Cicéron, malgré la métamorphose qu'a subie l'organisation de la société. » Un spirituel publiciste, M. Edmond Deschaumes (1), précisait cette critique, à propos du livre de M. Frary, et lançait cette boutade fort juste : « Le futur fabricant de moutarde est taillé sur le même patron que le futur ministre. Le lycée est comme un arbre auquel on demanderait de produire des amandes et des prunes, des cerises et des coings. »

Réformons donc nos lycées et notre enseignement secondaire, ou cessons de coloniser : il n'y a pas de milieu. Réservons à une élite intellectuelle les études purement littéraires et spéculatives, le grec et le latin,

---

(1) Rédacteur à l'*Evénement*.

les mathématiques transcendantes et les arcanes de la philosophie. Mais donnons au plus grand nombre cet enseignement commercial qui doit être l'enseignement de l'époque et qui nous manque (1). Donnons-lui même cet enseignement colonial qu'a réclamé le Congrès de 1889 (2).

Puisqu'il faut coloniser, il n'est que temps d'acquérir les qualités, les goûts, les connaissances de colonisateurs. Ils nous ont trop manqué jusqu'à présent.

(1) On sait qu'en Angleterre et aux États-Unis, c'est le principal, l'enseignement classique étant l'exception. En Allemagne, il est donné dans 85 écoles spéciales, suivies par 10,000 jeunes gens; en Autriche-Hongrie, dans 302 établissements ayant une population scolaire de plus de 40,000; en Italie, dans 422 écoles techniques comptant 25,000 élèves... En France, 7 écoles commerciales instruisent 2,000 jeunes gens!

(2) « Considérant que l'enseignement de la géographie coloniale dans les établissements publics d'instruction est insuffisant; que la diffusion de cet enseignement aurait pour résultat, en répandant le goût et la connaissance des questions coloniales, de détourner partiellement sur nos colonies le courant qui porte aujourd'hui les jeunes Français vers les carrières libérales; émet le vœu qu'une part plus importante soit faite à l'enseignement de la géographie coloniale dans les établissements d'enseignement secondaire, et que, dans la mesure du possible, cet enseignement soit aussi donné par l'instituteur aux enfants des écoles primaires. »

FIN.

APPENDICE

MÉMOIRE (1775) SUR LES COLONIES D'AMÉRIQUE (1).

(SANS DATE. — ANONYME.)

Les colonies que la France possède en Amérique ont été établies pour servir à l'augmentation du commerce et de la richesse nationale ; elles suppléent par la consommation considérable qu'elles font des ouvrages de nos manufactures et des productions territoriales, aux débouchés extérieurs dont la diminution devient de jour en jour plus sensible en proportion de l'attention que nos voisins donnent à perfectionner leurs manufactures, leur agriculture, et à étendre leur commerce : elles fournissent à nos armateurs, en échange des denrées qu'on leur porte, des sucres, des caffés, des cottons, du cacao, de l'indigot, du rocou et autres productions de cette espèce, en assé grande quantité pour suffire non-seulement à la consommation intérieure du royaume, mais encore à l'aprovisionnement de la plus grande partie des nations de l'Europe, ce qui est d'un grand poids dans la balance du commerce, devient pour nous une source intarissable de richesses, de population et de force, et rend ces colonies dignes de toute l'attention du gouvernement.

(1) Archives coloniales, *Mémoires généraux*, t. XXI, n° 63. — Cahier de 103 pages.

APPENDICE.

La France possède en Amérique une partie de l'isle Saint-Domingue, les isles de la Martinique, Sainte-Lucie, la Guadeloupe et dépendances, de Cayenne et toute la partie de la Guyane, à prendre de la rivière de Maroni jusqu'à la baye de Vincent Pinçon, enfin les isles Saint-Pierre et Miquelon, dans l'Amérique septentrionale, à l'entrée du golfe Saint-Laurent.

Pour donner une idée juste de ces différentes possessions, je vais faire le tableau en raccourci de leur situation actuelle quant à la *religion,* au *gouvernement,* à l'administration de la *justice,* à la *police,* à la *finance,* à la *population,* au *commerce* et à la *culture.*

Je commencerai par les objets communs à toutes les colonies.

(Suit un développement sur les productions de l'Amérique; nous le supprimons, pour abréger; il n'apprend rien de nouveau.)

C'est cette différence entre les productions de l'Europe et celles de l'Amérique, et l'échange qui en est établi entre ces deux parties du monde, qui rend nos colonies si utiles à la métropole. — Mais ces colonies, qui n'ont été fondées que pour la plus grande prospérité du commerce national, que la France a formées, qu'elle conserve et protège à grands frais, n'existeraient cependant que pour l'avantage des nations étrangères si ces nations pouvaient les approvisionner et en achetter les productions : c'est ce qui a donné lieu aux lois prohibitives contenues dans les lettres patentes de 1717.

Les colonies ne pouvant achetter ni vendre qu'aux négotians ou armateurs français, le commerce national ne doit donc jamais les laisser manquer des objets dont elles ont besoin ni d'occasions de se deffaire de leurs productions, mais ces obligations entre le négotiant et le colon ne sont guère scrupuleusement remplies de part et d'autre. Les habitants des colonies font le plus qu'ils peuvent le commerce de contrebande, malgré les batteaux du domaine et les corvettes envoyées pour s'y opposer; le commerce de France, de son côté, les laisse souvent manquer des objets de première nécessité, principalement de nègres et de morue...

ÉTAT DES COLONIES

PREMIÈREMENT : OBJETS COMMUNS A TOUTES.

1° *Administration* (1).

A l'origine, gouverneurs généraux. Depuis trois ans (2), par mesure d'économie, *commandants généraux,* connaissant, de concert avec les *intendants* ou *commissaires ordonnateurs,* de la culture, du commerce, de la justice, de la police. Le commandant, en cas de dissentiment, a la prépondérance. Ils peuvent faire en commun des règlements provisoires sur tous les objets, sauf l'approbation du Roi. Les commandants sont seuls chargés de la défense et de la partie militaire. Les intendants ont seuls la connaissance de la manutention des magasins, approvisionnements, finance : l'autorité sur les officiers d'administration et celle qui leur est attribuée par les ordonnances de 1681, 1689, 1765 sur la marine militaire et marchande.

2° *Police et défense.*

Milices composées de tous les habitants, tant blancs que de couleur affranchis, sous les ordres de capitaines de paroisse et commandants de quartier soumis au commandant général de l'île. Elles ont été réorganisées par ordonnance de 1767, réglant les revues annuelles du commandant général, semestrielles des commandants de quartier, trimestrielles des capitaines. — Avant 1763, il y avait des troupes de fusiliers, sous le titre de compagnies franches, détachées de la

---

(1) Nous résumons, à partir d'ici.
(2) Cette transformation est de 1772; le Mémoire est donc de 1775.

marine, des compagnies de canonniers, de bombardiers, un régiment suisse ayant le dépôt de ses recrues à Rochefort, une compagnie de cadets, à Rochefort, composée de créoles. En 1763, on leur a substitué des régiments de troupes de terre, qu'on relevait tous les trois ans. En 1766, on a créé une légion de trois mille hommes pour Saint-Domingue, puis on a fait deux régiments de cette légion, et cet arrangement a servi pour la Martinique et la Guadeloupe.

3° *Religion.*

Jusqu'à présent, pas d'évêques, mais des missionnaires, soumis à des *préfets apostoliques* de leur ordre, relevant du Pape. Le gouvernement, par lettres patentes à diverses dates, a autorisé l'établissement de plusieurs Ordres religieux, et leur a distribué les dessertes des cures. — En 1763, les préfets apostoliques, contraints à prendre des lettres d'attache du Roi et à faire enregistrer les brefs du Pape aux conseils supérieurs. — Puis, on a substitué au clergé régulier un clergé séculier, sous la direction des *vicaires apostoliques* revêtus de la dignité d'évêques, et le revenu des congrégations fut employé à l'entretien du nouveau clergé. Mais, jusqu'à présent, les moines, par intrigue et en faisant même appel aux Espagnols (l'évêque espagnol de Saint-Domingue ayant la prétention d'être le métropolitain de toutes les Antilles), ont réussi à retarder l'expédition des bulles d'évêques et des brefs des vicaires apostoliques.

4° *Justice.*

Établis à diverses époques : Conseils supérieurs, juridictions royales, sièges d'amirauté. — Les juridictions ou sénéchaussées connaissent en première instance de toutes les affaires civiles et criminelles; les sièges d'amirauté, d'après le règlement du 12 janvier 1713, s'étendent dans tous les lieux où il y a sénéchaussée, sur toutes les affaires maritimes et de commerce interlope; les juridictions royales et sièges d'amirauté relèvent, par appel, du Conseil supérieur dans le ressort duquel ils sont situés. Ils sont astreints, par l'édit de mai 1664, de se conformer à la coutume de Paris et autres lois intérieures du royaume et à celles enregistrées par les Conseils supérieurs.

Lois particulières aux colonies. Lois françaises sur le payement des dettes ne sont pas applicables aux colonies. On avait pensé à y substituer la saisie mobilière et la contrainte par corps; mais la première ne peut porter que sur les esclaves, seule richesse des établissements, et on peut facilement les cacher; de plus, les prisons dans ces climats seraient mortelles. En 1764, tribunal de conciliation, établi par les administrateurs de Saint-Domingue, pour assurer le payement des dettes; il a été détruit. On a proposé d'autoriser les administrateurs, sans autre formalité de justice, à contraindre les débiteurs, ou encore de supprimer les formalités de justice, qui sont ruineuses. — Le système anglais est le meilleur : jury de douze habitants élus, siégeant chaque mois et statuant sur les dettes, fixant des délais, pouvant ordonner séquestre ou vente.

5° *Propriété*.

Les colonies étant domaniales, les propriétés sont fondées sur des concessions faites par les commandants généraux et intendants, seuls juges, sauf appel au Conseil du Roy, des contestations relatives à ces concessions, à la distribution des eaux, à l'ouverture des chemins royaux. Exception pour Saint-Domingue, où ces choses dépendent d'un tribunal spécial dit *Tribunal terrien*, composé du gouverneur, de l'intendant et de trois conseillers des Conseils supérieurs; il est soumis à l'appel au Roy.

6° *Population*.

BLANCS. — Bien qu'il y ait un grand nombre de gentilshommes dans nos colonies, le blanc de la plus vile extraction va de pair avec l'homme de la plus haute naissance. Les privilèges dont jouissent les gens de condition, qui ont fait entériner leurs titres, se bornent à être exemptés du droit de capitation pour douze têtes d'esclaves et à être employés en qualité d'officiers de milices, de préférence aux autres.

GENS DE COULEUR. — Nègres, mulâtres, métis ou quarterons, libres ou esclaves. Les libres ne peuvent occuper aucun emploi, même s'ils sont de père gentilhomme. Les habitants ne peuvent affranchir sans la permission des administrateurs. — Il y a encore les marrons, dont on fait la chasse avec les gens de couleur libres.

7° *Finances.*

D'abord, commerce par échanges. Arrêt du 16 novembre 1672 qui ordonne d'introduire une petite monnaie frappée exprès, et de donner cours à toutes les monnaies françaises, avec une augmentation capable de les empêcher d'en sortir et fixée en 1726 à la moitié en dehors de la somme (2 livres de France, 3 livres des colonies). Mais on en a fait commerce, et les espèces de France sont devenues rares; on n'y voit plus que des portugaises, des pistoles d'Espagne, des piastres gourdes, etc.

Les droits royaux ne sont pas les mêmes dans toutes les îles. — A Saint-Domingue : droits d'aubaine, de bâtardise, de déshérence, confiscations, successions non réclamées, épaves, bacs, fermes des postes et boucheries (droits de bac de la petite ance produisant 35,000 livres par an, concédés pour trente ans à madame le duchesse de Brancas; ferme des postes, 45,000 livres; boucheries, 120,000 livres, le tout argent des îles); droits d'octroi fixés (arrêts du 8 avril 1721, 7 septembre 1723 et 1er février 1766) par l'Assemblée de la colonie, composée des deux conseils supérieurs et de quatre commandants de quartier les plus anciens, sont restés ce qu'ils étaient en 1670 : sucre blanc, 30 livres le millier; sucre brut, 15 livres le millier; café, 14 deniers la livre; coton,

18 deniers la livre; indigo, 8 l. 4 la livre; sirop, 7 l. 10 le boucault; le taffia, 6 livres la barrique; les cuirs en poil, 2 livres la baunette; les cuirs tannés, 15 livres le côte; les maisons, 2 1/2 pour 100 du loyer; les nègres d'habitation, 4 livres par tête; nègres de ville et bourg, 12 livres par tête; soit, au total, 3,575,421 livres. Il y a en plus des droits municipaux de tant par tête d'esclave. Enfin, comme en France, droit de 4 deniers par livre sur toutes dépenses faites pour le service du Roy, 6 deniers sur la solde des marins des bâtiments qui arment ou désarment, la part prélevée pour les invalides de la marine sur les prises des navires interlopes. — A la Martinique et à la Guadeloupe, mêmes taxes, qui produisent en tout 1,200,000 livres, argent des îles : droit de capitation de 9 livres par tête de blanc. 15 livres par tête de gens de couleur libres, 25 livres par tête de nègre non attaché à la culture, 21 livres pour les nègres sucriers, 18 livres pour ceux attachés aux autres habitations; droit d'industrie, à raison de 5 pour 100 du loyer de la maison occupée; droit de 1/2 pour 100 à la sortie de toutes les productions, de 3 pour 100 sur les sirops et taffias. La Guadeloupe coûte annuellement au Roi 1,104,894 livres, non compris les vivres et approvisionnements des troupes.

DEUXIÈMEMENT : LES COLONIES.

Saint-Domingue (1).

Gouverneur général ayant sous ses ordres, depuis 1763, deux commandants en second pour les parties du Nord et du Sud, chaque partie divisée en quartiers et paroisses. Dans chaque quartier un commandant chargé de la police.

Deux régiments d'infanterie à deux bataillons de troupes

---

(1) Nous omettons le résumé historique qui précède chaque monographie.

réglées, avec détachement d'artillerie et du génie; 239 compagnies de milices formant 13,834 hommes.

Deux conseils supérieurs, à Port-au-Prince et au Cap, composés d'abord d'habitants, puis, depuis 1766, d'avocats au Parlement de Paris, obligés de résider, avec traitement de 8,000 livres. Les administrateurs nomment les assesseurs des conseils. Ils nomment provisoirement à tous offices et emplois.

Desserte des cures entre les mains des Dominicains et des Capucins : 24 aux premiers, 21 aux autres Les Dominicains vivent du casuel, qui est considérable, et ont une habitation « dont le revenu serait plus que suffisant »; les Capucins reçoivent du Roy 500 livres par curé. Communauté d'Ursulines au Cap, pour l'éducation des filles. Deux hôpitaux desservis par les Frères de la charité.

Population : 19,000 blancs, 206,000 esclaves, 8,000 libres de couleur.

Commerce intérieur avec la partie espagnole. Commerce extérieur avec les armateurs français qui portent farine, vin, huile, toiles, étoffes, quincaillerie, etc., qui prennent sucre, café, coton, indigo, etc. — Importation de France, plus de 80,000,000 de livres; exportation en France, 160 à 180 millions. — De plus, commerce avec l'étranger au môle Saint-Nicholas, pour bois, animaux vivants, sirops, tafias.

En 1759, création de deux chambres d'agriculture et de commerce; menacées de suppression en 1772, sur la plainte des gouverneurs, qui craignaient leurs critiques.

Martinique.

Huit quartiers ayant chacun leur commandant; subdivisés en vingt-huit paroisses avec un capitaine. — Commandant général et intendant ont toute autorité.

Cures desservies par Dominicains et Capucins. Couvents de religieuses dominicaines et d'Ursulines sous l'autorité des Capucins. Hôpitaux aux religieux de la charité. — Collège à Fort-Royal, fondé par le P. Charles-François, supérieur des

Capucins, où l'on enseigne le latin, les mathématiques et les langues étrangères.

Conseil supérieur composé du commandant général, du commandant en second, du major général, du commandant de Sainte-Lucie, du commissaire de la marine, faisant fonction de délégué général, de quatorze conseillers titulaires et quatre assesseurs, un procureur général, un substitut et un greffier. Il a dans son ressort les juridictions de Sainte-Lucie et la Trinité et les sièges d'amirauté y établis.

Chambre d'agriculture ayant son député à Paris.

Un régiment de deux bataillons, avec détachement d'artillerie et de génie. Milices divisées en 95 compagnies, formant 7,000 habitants.

Population : 11,600 blancs, 2,260 noirs libres, 73,000 esclaves.

Commerce : importation de France, 23 millions; exportation en France, 25 millions.

Sainte-Lucie.

Un commandant particulier; un aide-major général dépendant du commandant général de la Martinique et un officier d'administration.

Neuf paroisses desservies par des Capucins, sous les ordres du préfet de la Martinique. Pension du Roi à chacun de 1,000 livres.

Juridiction et siège d'amirauté dépendant de la Martinique.

Détachement de 50 hommes du régiment de la Martinique.

Population : 15,000 nègres, 24 sucreries, 900 habitations en café, coton, etc.

Entrepôt établi en 1767.

Guadeloupe.

Réunie en 1768 au gouvernement général de la Martinique. Cures desservies par Dominicains, Carmes et Capucins.

26

Chambre d'agriculture ayant un député au bureau du commerce de Paris.

Régiment d'infanterie à un bataillon, avec détachement d'artillerie, un ingénieur en chef et deux ingénieurs ordinaires. Milices formant 70 compagnies, avec effectif de 4,171 hommes.

Population : 11,852 blancs, 1,145 gens de couleur libres, 84,037 esclaves.

Commerce d'environ 40 millions se partageant à peu près par moitié pour l'importation et l'exportation.

Elle a pour dépendances : Marie-Galande, Saint-Martin, Saint-Barthélemy, les Saintes.

Marie-Galande a un commandant, un major, un officier d'administration, une juridiction, un siège d'amirauté. — Elle fait un commerce de 1,500,000 livres.

Guyane.

Commandant général ; ordonnateur.

Cinq cures desservies, depuis la dissolution de l'Ordre des Jésuites, par des prêtres séculiers sous la direction d'un préfet apostolique qui a 2,400 livres de traitement, chaque curé ayant 2,000 livres.

Conseil supérieur composé du gouverneur, de l'ordonnateur, du lieutenant du Roy, de 8 conseillers, de 4 assesseurs, un procureur général et un greffier.

Population : 2,000 blancs, y compris la garnison, formant 600 hommes, 10,000 esclaves.

Commerce : 9,070,000 livres. — Six sucreries ne suffisent pas à la consommation des habitants.

FIN DE L'APPENDICE.

TABLE DES MATIÈRES

Pages
AVANT-PROPOS. 1

LIVRE PREMIER.

Première époque : DES DÉBUTS DU SEIZIÈME SIÈCLE AU MINISTÈRE DE RICHELIEU.

Les découvertes.

CHAP. 1er. — *L'action* — Les découvertes.	3
CHAP. II. — *L'intérêt.* — L'opinion; l'initiation du public.	15
§ 1. — Avant Villegagnon	Id.
§ 2. — Villegagnon.	24
§ 3. — Après Villegagnon	29
CHAP. III. — *La discussion.* — Curieux, opposants et apôtres.	36
§ 1. — Les curieux.	Id.
§ 2. — Les opposants.	44
§ 3. — Les apôtres.	53

LIVRE II.

Deuxième époque. — DU MINISTÈRE DE RICHELIEU A LA FIN DU RÈGNE DE LOUIS XIV.

La plus grande expansion. — Les Compagnies.

Première partie : RICHELIEU ET LA RÉGENCE.

CHAP. 1er. — *L'action.* — Aspect nouveau de la question. .	73
§ 1. — Le système de Richelieu.	74

TABLE DES MATIÈRES.

	Pages
§ 2. — La colonisation devient question d'État.	82
§ 3. — L'action sous la Régence.	83
CHAP. II. — *L'intérêt.* — Les mémoires et les publications.	87
§ 1. — Mémoires adressés à Richelieu.	Id
§ 2. — Mémoires de la Régence.	98
§ 3. — Les publications.	101
§ 4. — Faits particuliers.	116
CHAP. III. — *La discussion.* — Les plaintes des commerçants.	131

Deuxième partie : Colbert et Louis XIV.

CHAP. Ier. — *L'action.* — La question coloniale dans les conseils de gouvernement.	139
§ 1. — Colbert et Louis XIV.	140
§ 2. — Richelieu et Colbert.	144
§ 3. — L'expansion coloniale et la politique extérieure.	162
CHAP. II. — *L'intérêt.* — La collaboration.	168
§ 1. — Le gouvernement après Colbert	Id.
§ 2. — Les agents.	171
§ 3. — Les commerçants et la nation.	179
CHAP. III. — *L'intérêt* (suite). — Les publications.	190
§ 1. — Nombre et caractère.	Id.
§ 2. — Curiosité manifestée.	205
CHAP. IV. — *La discussion.* — L'opposition et les appréciations.	213
§ 1. — L'opposition classique.	Id
§ 2. — Les appréciations du système.	217
§ 3. — Conclusion.	228

LIVRE III.

Troisième époque. — De la paix d'Utrecht a la paix de Vienne (1815).

Le déclin.

Première partie : Louis XV et Louis XVI.

CHAP. Ier. — *L'action.*	233
§ 1. — La sollicitude gouvernementale.	236
§ 2. — Les innovations.	247

TABLE DES MATIÈRES.

	Pages.
CHAP. II. — *L'intérêt.* — Mémoires et publications	259
§ 1. — Mémoires et projets	260
§ 2. — Publications	274
CHAP. III. — *La discussion.* — Partisans et adversaires; théoriciens, colons et négociants.	292
§ 1. — Partisans et adversaires.	293
§ 2. — Liberté commerciale et esclavage	307
§ 3. — Conclusion	330

Deuxième partie : RÉVOLUTION ET EMPIRE.

CHAP. Ier. — *L'action.*	333
§ 1. — La Révolution	Id.
§ 2. — Le Consulat et l'Empire	347
CHAP. II. — *L'opinion.*	356
CONCLUSIONS GÉNÉRALES	372
APPENDICE	393

FIN DE LA TABLE DES MATIÈRES.

PARIS
TYPOGRAPHIE DE E. PLON, NOURRIT ET Cie
rue Garancière, 8.

A LA MÊME LIBRAIRIE :

Richelieu et la monarchie absolue, par le vicomte G. D'AVENEL. 4 vol. in-8°. Prix .. . . 30 fr.
   (Couronné par l'Académie française, grand prix Gobert.)

Louis XIV. Louvois. Vauban et les fortifications du nord de la France, d'après des lettres inédites de Louvois adressées à M. de Chazerat, directeur des fortifications à Ypres, par H. CHOTARD. 1 vol. in-18. Prix. . . . . 3 fr.

Dupleix, d'après sa correspondance inédite, par Tibulle HAMONT. Un vol. in-8°, avec cartes. Prix. . . . . 7 fr. 50

Lally-Tollendal, d'après des documents inédits, par Tibulle HAMONT. 1 vol. in-8°, avec cartes. Prix. . . . . 7 fr. 50

Abraham du Quesne et la marine de son temps, par A. JAL. 2 vol. in-8°, avec portrait et nombreux fac-simile. . . . . 16 fr.
   (Couronné par l'Académie des inscriptions et belles-lettres, grand prix Gobert.)

Robert Surcouf, d'après des documents authentiques, par Robert SURCOUF, ancien sous-préfet. 1 vol. in-8°. Prix. . . . . . 7 fr. 50

Nicolas Foucquet, par J. LAIR. 2 vol. in-8° avec deux portraits en héliogravure. Prix. . . . . 16 fr.

Jean-Baptiste Tavernier, écuyer, baron d'Aubonne, chambellan du Grand Électeur, d'après des documents nouveaux et inédits, par Ch. JORET, professeur à la Faculté des lettres d'Aix. In-8°. . 7 fr. 50

Journal des Campagnes au Canada, de 1755 à 1760, par le comte DE MAURÈS DE MALARTIC, lieutenant général des armées du Roi, gouverneur des îles de France et de Bourbon (1730-1800), publié par son arrière-petit-neveu le comte Gabriel de MAURÈS DE MALARTIC, et par Paul GAFFAREL, professeur à la Faculté des lettres de Dijon. 1 vol. in-8°, avec cartes et portrait. Prix. . . . . 8 fr.

Une colonie féodale en Amérique : L'Acadie (1604-1881), par RAMEAU DE SAINT-PÈRE. 2 vol. in-18, avec carte. Prix. . . . . . 8 fr.

L'Économie patronale. **Traicté de l'Œconomie patronale,** dédié en 1615 au Roy et à la Reyne mère du Roy, par Ant. DE MONTCHRÉTIEN, avec introduction et notes par Th. FUNCK-BRENTANO. In-8° . 10 fr.

La Question d'Orient au dix-huitième siècle : Le partage de la Pologne et le traité de Kaïnardji, par Albert SOREL. 2° édition, revue par l'auteur. 1 vol. in-18. Prix. . . . . 3 fr. 50

Au Tonkin : Un an chez les Muongs. Souvenirs d'un officier, par Frédéric GARCIN. 1 vol. in-18, avec cartes et gravures. Prix. . 4 fr.

Campagne dans le haut Sénégal et dans le haut Niger (1885-1886), par le colonel FREY. 1 vol. in-8° avec cartes. Prix. 7 fr. 50

PARIS. TYPOGRAPHIE DE E. PLON, NOURRIT ET Cⁱᵉ, RUE GARANCIÈRE, 8.

www.ingramcontent.com/pod-product-compliance
Lightning Source LLC
Chambersburg PA
CBHW071112230426
43666CB00009B/1925